놀라운 하나님의 은혜?

IVP(InterVarsity Press)는
캠퍼스와 세상 속의 하나님 나라 운동을 지향하는
IVF(InterVarsity Christian Fellowship)의 출판부로서
생각하는 그리스도인을 위한 문서 운동을 실천합니다.

Copyright © 1997 by Philip D. Yancey
Originally published in English under the title
What's So Amazing about Grace? by The Zondervan Corporation L.L.C.
501 Nelson Place, Nashville, Tennessee 37214, U.S.A.
All rights reserved.

This Korean edition is published by arrangement with The Zondervan
Corporation L.L.C., a division of HarperCollins Christian Publishing, Inc.
through rMaeng2, Seoul, Republic of Korea.

This Korean translation edition © 1999, 2009, 2020 by Korea InterVarsity Press
156-10 Donggyo-Ro, Mapo-Gu, Seoul 04031, Republic of Korea

이 한국어판의 저작권은 알맹2 에이전시를 통하여
The Zondervan Corporation L.L.C.와 독점 계약한 IVP에 있습니다.
신 저작권법에 의하여 한국 내에서 보호받는 저작물이므로
무단 전재와 무단 복제를 금합니다.

놀라운 하나님의 은혜?

필립 얀시
윤종석 옮김

IVP

차례

한국의 독자들에게 · 7
프롤로그: 마지막 최고의 단어 · 11

1부
주 은혜 놀라워

이야기 하나 바베트의 만찬 · 22
1장 은혜 없는 세상 · 31
2장 사랑에 애타는 아버지 · 51
3장 은혜의 색다른 계산법 · 69

2부
비은혜의 사슬 끊기

이야기 둘 끊지 못한 사슬 · 90
4장 비본성적 행위 · 99
5장 왜 용서인가? · 115
6장 복수 · 135
7장 은혜의 무기고 · 153

3부
파문의 향기

이야기 셋 사생아의 집 · 176

8장 불량품 사절 · 183

9장 은혜로 치유된 눈 · 201

10장 허점 · 223

11장 은혜 기피증 · 245

4부
듣지 않으려는 세상을 위한 은혜의 꾸밈음

이야기 넷 해럴드 형 · 272

12장 뒤섞인 향기 · 285

13장 뱀 같은 지혜 · 303

14장 한 점 푸르른 땅 · 323

15장 중력과 은혜 · 347

감사의 말 · 365

주 · 367

한국의 독자들에게

나는 이 책을 미국 남부에서 자라난 미국인 입장에서 썼습니다. 그곳에서 나는 인종차별주의 문화에 절어 있는 율법주의적인 교회에 다녔습니다. 나는 그 교회와 문화 모두에서 은혜가 사라진 삶, 즉 비은혜의 비극적인 결과를 보기 시작했습니다. 내가 살던 지역은 남북전쟁 이후 남아 있던 뼈다귀를 물고 있는 개처럼 뻔히 보이는 불의를 계속해서 씹어 왔습니다. 백인은 자신들의 특별한 지위를 잃은 것을 원망했고, 흑인은 노예생활과 착취의 역사에 대한 원한을 품고 있었습니다. 안타깝게도 내가 출석했던 교회는 성적 순결에 대해서는 많은 말을 했지만, 그러한 상처를 치유하는 것에 대해서는 거의 아무것도 하지 않았습니다.

내가 한국인이었다면, 나는 책을 다르게 썼을 것입니다. 물론 나도 한국에서 일어난 전쟁과 그에 뒤따랐던 공포와 위협들을 겪어야 했겠지요. 어쨌든 한국에도 비은혜가 분명한 갈등 이상으로 더 깊이 침투해 있다고 생각합니다. 나는 한국 교회의 분열에서 그 비은혜를 봅니다. 한국 교회에 장로교 교단이 백 개가 넘는다고 하더군요. 미국과 마찬가지로 학위, 성공, 업적에 따라 개인의 가치를 매기는 한국의 신분 문화에서도 나는 비은혜를 봤습니다. 그 속에서는 이룬 것 없는 이들은 실패자라는 자괴감을 갖습니다. 또한 나는 학생들, 심지어 어린이들에게까지 적용되는 성공을 위한 길이라는 명분으로 등급을 매기는 압박에서 비은혜를 봤습니다.

하지만 결국엔 한국, 미국, 러시아, 중국, 브라질 사람 모두가 은혜에 대한 보편적인 갈급함을 갖고 있습니다. 예수님이 들려주신 탕자 비유에 두 아들이 나옵니다. 한 명은 순종적이고 성실했지만, 다른 한 명은 인생을 탕진했지요. 은혜는 하나님이 값없이 주신 선물이지만, 선물을 받기 위해서는 손을 펴 내밀어야 합니다. 그렇지 않으면 선물은 땅에 떨어져 버립니다. 예수님의 이야기에 나오는 형은 주먹을 쥐고 손을 펴지 않았습니다. 그의 손 안에는 원한이 쥐여 있었습니다. 반면에 무책임했던 동생은 자신이 저지른 행위에 대해 변명할 수밖에 없었습니다. 오히려 손을 내미는 수밖에 없었지요.

버려졌거나 뒤처졌다고 느끼는 독자, 즉 경쟁 사회에서 낙오됐다고 생각하는 독자가 있다면, 은혜는 바로 당신을 위한 것입니다. 자축하며 다른 이들을 판단하려는 유혹을 받는 잘 나가는 이들이 있다면, 은혜는 바로 당신을 위한 것입니다. 은혜를 아는 것은 하나님을 알아가는 첫걸음입니다. 성경이 우리에게 "너희가 그 은혜로 인하여 믿음으로 말미암아 구원을 받았다"라고 말하기 때문입니다. 은혜를 빼고서는 당신은 하나님을 알 수 없습니다.

필립 얀시

프롤로그

마지막 최고의 단어

> 나는 남들이 다 아는 것 말고는 아는 게 없다.
> 은혜가 춤추면 나도 따라서 춤출 수밖에.
> _ W. H. 오든

전작 『내가 알지 못했던 예수』에 소개한 이야기가 있다. 이는 그 후로도 오랫동안 내 마음을 사로잡은 실화로, 시카고에서 밑바닥 인생들을 상대로 일하고 있는 한 친구에게서 들은 것이다.

매춘부 하나가 나를 찾아왔네. 집도 없고 몸도 병든 데다 찢어지게 가난해서 두 살 먹은 딸아이 하나 먹여 살릴 수 없는 처지였지. 울먹이며 하는 이야기가 두 살 된 자기 딸을 변태 성욕자들한테 돈을 받고 팔아 왔다는 거야. 딸의 몸을 한 시간만 팔면 자기가 하룻밤 버는 것보다 수입이 좋다나. 마약 살 돈을 대려면 어쩔 수 없다더군. 차마 듣기에도 끔찍한 이야기였네. 일단은 내게 법적인 책임이 생겼지. 아동 학대 사례는 무조건 신고하도록 되어 있으니까. 그 여자에게 뭐라고 말해야 할지 모르겠더군. 교회에 가서 도전받아 볼 생각은 안 해 봤냐고 겨우

물어봤지. 그때 그 얼굴에 스쳐 지나가던 충격 어린 표정은 평생 못 잊을 걸세. "교회요! 거긴 뭐하러 가요? 안 그래도 충분히 비참한데, 가면 그 사람들 때문에 더 비참해질 거예요."

친구 말을 듣는 중 퍼뜩 이런 생각이 떠올랐다. 이 매춘부와 다를 바 없는 여자들이 예수님을 찾아왔다. 그들은 피해 달아나지 않았다. 자신이 비참할수록 예수님을 피난처로 삼았던 것이다. 교회는 이 은사를 잃어버린 것인가? 분명한 것은 예수님이 살아 계실 당시 그분께 모여든 밑바닥 인생들이 지금 그분의 제자들에게는 더 이상 환영받지 못하고 있다는 것이다. 어찌된 일인가?
이 물음에 파고들수록 마음이 끌리는 중요한 단어가 하나 있었다. 지금부터 하는 이야기는 전부 이 한 단어를 풀어낸 것이다.

∨ ∨ ∨

글 쓰는 일을 하다 보니 종일 단어 놀이를 하게 된다. 단어로 장난을 치고 속 뜻을 헤아려 보고 잘게 쪼개도 보고 머릿속을 온통 채워도 본다. 그러다가 단어도 세월이 가면 오래된 고기처럼 상하는 것을 발견했다. 의미가 변질되는 것이다. 'charity'라는 단어를 생각해 보라. 흠정역 역자들은 지고한 형태의 사랑을 생각하다 그 의미를 담을 말로 'charity'를 골랐다. 그러나 요즘은 야멸치게 거절할 때도 이 말을 쓴다. "그런 선심(charity) 따위는 필요 없어!"
내가 은혜에 대한 생각을 떨치지 못하는 것은 아마도 중요한 신학 용어 중에서 이것만은 아직 상하지 않았기 때문일 것이다. 내가 이것을 '마지막 최고의 단어'라 부르는 것은 그 단어의 용례마다 하나같이 그 본연의 영광스러움이 웬만큼 살아 있기 때문이다. 이 단어는 거대한 암반처럼 우리의 자랑스러운 문명을 떠받치고 서서, 모든 좋은 것은 우리의 노력을 통해서가 아니라 하나님의 은혜로 주어지는 것임을 일깨우고 있다. 요즘 같은 세속적인 풍조에도 불구하고 근본은 여전히 은혜를 향하고 있는 것이다. 이 단어가 어떻게 사용되는지 보자.

식전에 감사 기도를 드리는(say grace) 이들이 많은데 이는 일용할 양식을 하나님의 선물로 인정하는 것이다. 우리는 타인의 친절에 고마워하고(grateful), 반가운 소식에 기뻐하며(gratified), 성공했을 때 축하받고(congratulated), 손님을 정중하게(gracious) 모신다. 서비스가 마음에 들면 팁(gratuity)을 놓는다. 이 모든 용례마다 과분한 것을 받은 자의 순수한 기쁨이 배어 있다.

작곡가는 악보에 꾸밈음(grace notes)을 넣을 수 있다. 원곡조는 아니지만—별도 추가니까(gratuitous)—없으면 서운할 예쁜 장식을 보태는 것이다. 나는 베토벤이나 슈베르트의 피아노 소나타를 처음 대하면 우선 꾸밈음 없이 몇 번 쳐 본다. 그것도 그런 대로 곡은 되지만, 향료처럼 곡에 맛을 더해 주는 꾸밈음을 넣어 치면 얼마나 다른지 모른다.

영국 영어의 몇 가지 용례에는 이 단어의 신학적 기원이 짙게 암시돼 있다. 신민들은 왕을 '폐하'(Your grace)라고 부른다. 옥스퍼드나 케임브리지 학생들은 일부 과목 면제 혜택을 받을(receive a grace) 수 있다. 국회는 사면령(act of grace)을 발표해서 죄수를 풀어 준다.

뉴욕 출판사들의 얹어 주기(gracing) 정책에도 신학적 의미가 담겨 있다. 1년분 잡지를 구독하면 구독이 끝난 후에도 몇 권을 더 받을 수 있다. 이것은 연장 구독을 노리고 무료로(gratis) 보내 주는 덤이다. 신용 카드, 렌트카 업소, 대출 기관도 다 고객에게 별도의 지불 유예 기간(grace period)을 주고 있다.

　반대말에서도 배울 것이 있다. 신문에 '공산주의의 몰락'(fall from grace) 기사가 실렸다. 이는 지미 스웨거트, 리처드 닉슨, O. J. 심슨을 두고 했던 표현이다. 은혜를 모르는 사람을 가리켜 '배은망덕'(ingrate)하다고 하고 심하게는 '불한당'(disgrace)이라고 욕한다. 정말 비열한 사람은 장점(saving grace)이라곤 전혀 없다. **은혜**의 어근 용례 중 내가 제일 좋아하는 것은 발음도 매끄러운 '기피 인물'(persona non grata)이라는 표현이다. 모종의 배신 행위로 미국 정부에 해를 끼치는 사람은 기피 인물로 공식 낙인이 찍힌다.

∨ ∨ ∨

이런 갖가지 영어 용례를 보아 **은혜**란 분명 놀라운 말이다. 과연 우리 시대 마지막 최고의 단어다. 물 한 방울 속에 해의 모습이 숨어 있듯이 복음의 진수가 그 속에 들어 있다. 세상은 자기도 모르는 사이에 은혜에 목말라 있다. 작곡된 지 200년이 지난 찬송가 "나 같은 죄인 살리신"(Amazing Grace)이 여전히 각종 순위 차트에 진입하는 것도 놀랄 일이 못 된다. 안식처 없이 표류하는 세상이 믿음의 닻을 내리기에 은혜만큼 좋은 곳은 없다.

　그러나 은혜가 주어지는 상태는 악보의 꾸밈음만큼이나 찰나적인 것이다. 꿈 같은 밤에 베를린 장벽이 무너지고, 남아공 흑인들은 처음 해 보는 투표에 마냥 들떠 길게 줄지어 서 있고, 이츠하크 라빈과 예세르 아라파트는 백악관 정원에서 악수를 나눈다. 그 순간만큼은 은혜가 내린다. 그러나 곧이어 동유럽은 장기 재건 사업에 침통한 표정을 짓고, 남아공은 국정 운영 방식을 찾기에 바쁘고, 아라파트가 가까스로 총격을 피하자 라빈이 총탄에 쓰러진다. 스러지는 별처럼 은혜도 마지막 흐릿한 불빛을 뿜어내고는 곧 '비은혜'의 암흑 속에 묻히고 만다.

리처드 니버는 말했다. "기독교의 위대한 개혁은 여태 몰랐던 것을 새로 찾아야 이루어지는 것이 아니다. 그것은 이미 있는 것을 전혀 다르게 보는 이가 있을 때 일어난다."[1] 어찌된 일인지 바울의 표현대로 '은혜의 복음'을 전파하도록 세움받은 기관인 교회 안에도 은혜가 부족한 것을 볼 수 있다.

스티븐 브라운의 책에, 수의사는 개만 보고도 생면부지의 개 주인에 대해 많은 것을 알 수 있다는 이야기가 있다. 세상은 이 땅의 그리스도인들을 보고 하나님에 대해 무엇을 배울까? 헬라어로 '카리스'(charis)라는 은혜의 어원을 따라가 보면 '기쁘다, 즐겁다'라는 뜻의 동사가 나온다. 그러나 내 경험상 사람들이 교회를 생각할 때 처음 떠오르는 이미지는 기쁨이나 즐거움이 아니라 짐짓 거룩한 체하는 자들이다. 사람들이 보기에 교회란 잘못을 청산한 후에 가는 곳이지 있는 모습 그대로 가는 곳이 아니다. 은혜보다 도덕이 먼저인 것이다. 그 창녀는 말했다. "교회요! 거긴 뭐하러 가요? 안 그래도 충분히 비참한데, 가면 그 사람들 때문에 더 비참해질 거예요."

이런 태도는 외인들의 오해나 편견 탓도 있다. 나는 은혜 충만한 그리스도인 자원 봉사자들이 주축을 이룬 영세민 무료 식당, 노숙자 거주 시설, 환자 보호 시설, 재소자 사역 기관 등에 직접 가 본 일이 있다. 그런데도 그 여자의 말이 가슴을 찌르는 것은 교회의 약점을 꼬집었기 때문이다. 교인들 중에는 지옥에 가지 않기 위해 너무 신경을 쓴 나머지 천국을 향한 여정의 기쁨을 놓치는 이들도 있고, 현대 '문화 전쟁' 이슈에 관심을 갖느라 비은혜 세상에 은혜의 안식처라는 교회의 사명을 망각하는 이들도 있다.

"은혜는 어디에나 있다." 조르주 베르나노스의 소설 『어느 시골 신부의 일기』에서 죽어가는 신부가 한 말이다.[2] 맞다. 그러나 우리는 복음에 귀 기울이지 않은 채 그냥 지나쳐 버릴 때가 얼마나 많은가!

나는 신학교를 다녔는데, 졸업하고 몇 년 후 비행기에서 그 대학 총장 옆자리에 앉은 적이 있다. 그분은 내게 신학교 교육이 어땠느냐고 물었다. 나는 이렇게 답했다. "좋은 점도 있고 나쁜 점도 있었죠. 경건한 사람을 많이 만났습니다. 실은 거기서 하나님을 만났죠. 그 점에 대해 감히 어떤 평가가 있을 수 있겠습니까? 하지만 나중에 깨달은 건데 그 4년 동안 은혜에 대해서는 거의 배운 게 없더군요. 복음의 핵심이자 성경의 가장 중요한 단어일 텐데 어떻게 그게 빠질 수 있었을까요?"

후에 어느 채플 시간에 그분과의 대화를 인용한 적이 있는데, 그것이 그만 교수들의 심기를 건드리고 말았다. 나를 다시 강단에 세우면 안 된다는 이야기도 나왔다. 마음씨 좋은 한 교수는 내게 편지를 써서 표현을 달리했어야 하지 않느냐고 물었다. 주변에 가득한 은혜를 학생인 내가 잘 받을 줄 몰랐다고 말했어야 했던 걸까? 그분은 평소 내가 존경하고 사랑하는 분이었기에 나는 그분의 질문을 두고두고 깊이 생각해 보았다. 그러나 결국 내가 내린 결론은 그 신학교 캠퍼스에서 어느 곳 못지않게 많은 비은혜를 겪었다는 것이다.

상담가 데이빗 시맨즈는 자신의 상담 경험을 이렇게 요약했다.

나는 오래 전에 복음주의적인 그리스도인들이 겪는 정서적 문제의 주요 원인은 대부분 다음 두 가지라고 결론 내릴 수밖에 없었다. 하나는 하나님의 무조건적인 은혜와 용서를 깨닫고 받아들이지 못하며 누리지 못하는 것이고, 또 하나는 그 무조건적인 사랑, 용서, 은혜를 다른 사람들에게 베풀지 못하는 것이다. 우리는 훌륭한 은혜의 신학을 읽고 듣고 믿는다. 그러나 그렇게 살지는 않는다. 은혜의 복음이 정서의 차원까지 뚫고 들어가지 못하는 것이다.[3]

∨ ∨ ∨

고든 맥도날드가 이렇게 말한 적이 있다. "웬만한 일에는 세상도 교회 못지않거나 교회보다 나아요. 집을 지어 주고 가난한 자를 먹여 주고 아픈 사람을 고쳐 주는 일은 굳이 교인이 아니어도 할 수 있지요. 하지만 세상이 못하는 일이 하나 있습니다. 바로 세상은 은혜를 베풀 수 없다는 것이죠."[4] 이것은 교회가 맡아야 할 절체절명의 사명을 지적한 말이다. 세상이 은혜를 찾을 곳이 교회말고 또 어디 있겠는가?

이탈리아 소설가 이냐시오 실론의 소설에는 경찰에게 쫓기는 혁명 투사 이야기가 나온다. 동지들은 그를 숨기려고 신부복을 입혀 알프스 산기슭의 오지 마을로 보낸다. 소문이 돌자 곧 갖가지 사연의 죄 많고 삶에 지친 시골 사람들이 문 앞에 줄을 잇는다. '신부'는 손을 저으며 돌려보내려 하지만 허사다. 결국 자리에 앉아 은혜에 주린 자들의 사연을 들어 줄 수밖에 없었다.

은혜에 대한 목마름, 이것이야말로 사람들이 교회를 찾는 이유가 아닐까?『근본주의자로 성장하기』라는 책에는 일본의 어느 선교사 훈련원 졸업생들의 동창회 이야기가 나온다. 한 동창생이 말한다. "한두 명만 빼고 우리는 다 믿음을 떠났다 다시 돌아온 자들입니다. 돌아온 사람들에게는 한 가지 공통점이 있습니다. 은혜를 만난 것입니다."[5]

방황과 배회와 절망으로 얼룩진 내 신앙 여정도, 돌아보면 은혜를 찾아서 여기까지 온 것이다. 한때 교회를 등진 것도 거기에 은혜가 별로 없었기 때문이고, 다시 돌아온 것도 다른 곳에서 은혜를 찾지 못했기 때문이다.

나는 은혜를 제대로 맛본 사람도 못 되고, 받은 만큼 베푼 사람도 못 되며, 은혜의 '전문가'는 추호도 아니다. 사실은 그래서 이 책을 쓰는 것이다. 나는 은혜를 더 알고 깨닫고 경험하고 싶다. 감히 은혜에 대해 은혜스럽지 않은 책을 쓸―그럴 위험은 얼마든지 있다―마음은 없다. 은혜를 갈망한다는 점 외에는 아무 자격도 없는 한 사람의 순례자로서 이 책을 쓴다는 것을 처음부터 알아주기 바란다.

은혜는 글로 쓰기 쉬운 주제가 아니다. E. B. 화이트(White)는 이렇게 말했다. "[은혜도] 개구리처럼 해부할 수 있으나 그렇게 하는 사이 생명을 잃고 만다. 완전히 과학적인 취지가 아닌 다음에야 그 내장을 보고 기분 좋을 사람은 없다." 나는 『새 가톨릭 백과사전』에서 은혜에 대한 무려 13쪽에 달하는 풀이를 읽고 나서 은혜를 해부해서 내장을 파헤치고 싶은 생각이 깨끗이 사라졌다. 생명을 잃는 일은 없어야 한다. 그래서 이 책도 논리보다 실화 위주가 될 것이다.

한마디로, 나는 은혜를 설명하기보다는 전달하고 싶은 것이다.

1부

주 은혜 놀라워

이야기 하나
바베트의 만찬

덴마크 태생 카렌 블릭센은 거상과 결혼해 1914년부터 1931년까지 영국령 동부 아프리카에서 커피 농장을 경영하며 지냈다(그녀의 소설 『아웃 오브 아프리카』는 그 시기를 다룬 것이다). 그녀는 이혼 후 덴마크로 돌아가 이자크 디네센이란 필명으로 영어로 작품을 쓰기 시작했다. 그 중 『바베트의 만찬』[1]은 80년대 영화화된 후 컬트의 고전이 되었다.

원작의 무대는 노르웨이지만 덴마크의 영화 제작진은 덴마크의 가난한 어촌으로 장소를 바꾸었다. 진창길과 초가 지붕 오두막들만 있는 마을이었다. 이 우중충한 동네에서는 수염이 하얀 목사가 루터교의 한 금욕주의 분파 신도들 몇을 이끌고 있었다.

어떤 세상 쾌락이 노르 보스부르그의 시골뜨기를 유혹할 수 있으랴. 신도들은 세상을 철저히 등졌다. 옷도 까만 색 일색이었고, 음식도 에일(ale) 맥주를 섞은 물에 빵을 넣고 끓여 만든 묽은 죽과 삶은 대구가 전부였다. 주일이면 신도들은 모여서 "내 본향 예루살렘 사모하는 그 이름" 같은 찬송을 불렀다. 이 땅의 삶은 지나가는 과정으로 견디며 오로지 새 예루살렘만 보고 살았다.

부인을 잃고 혼자 된 늙은 목사에게는 딸이 둘 있었다. 마르틴 루터의 이름을 딴 마르틴느와 루터의 제자 필립 멜랑히톤의 이름을 딴 필리파다. 두 자매의 눈부신 아름다움은 아무리 애써도 감출 수 없어 마을 사람들은 순전히 이 자매를 보는 즐거움으로 교회에 오곤 했다.

그러다 마르틴느는 어느 젊은 기병대 장교의 눈에 들었다. 마르틴느가 그의 접근을 물리치자—무엇보다 늙어 가는 아버지는 누가 보살펴 드린단 말인가?—장교는 말을 타고 떠나 소피아 여왕의 시녀와 결혼한다.

필리파는 외모가 아름다웠을 뿐만 아니라 목소리도 꾀꼬리 같았다. 필리파가 예루살렘 노래를 부르면 천상 도성이 눈앞에 아른거리는 듯했다. 그 덕에 그녀는 당시 가장 유명한 프랑스인 오페라 가수 아쉴 파팽을 만나게 된다. 건강상의 이유로 가끔 그 곳 해안에 와서 머물곤 하던 파팽은 어느 날 죽은 듯이 고요한 마을의 흙길을 걷다 파리 국립 오페라에 내놓아도 손색이 없을 정도의 목소리를 듣고 깜짝 놀라 찾아온 것이다.

파팽은 필리파에게 창법을 가르쳐 주겠다고 나섰다. "온 프랑스가 그대 발 앞에 엎드릴 것이오. 왕들이 줄지어 그대를 맞을 것이고 그대는 마차에 실려 저 화려한 '카페 앙글레'에 가서 저녁을 들게 될 것이오." 마음이 들뜬 필리파는 몇 번만 레슨을 받기로 했다. 몇 번만. 그러나 사랑에 관한 노래를 부르자 그녀는 불안해졌고 마음이 흔들리자 더욱 괴로웠다. 파팽의 입술을 느끼며 그 품에 안겨 "돈 지오반니"의 아리아를 마친 순간 필리파의 마음은 온통 이 신종 쾌락을 끊어야 한다는 생각뿐이었다. 필리파의 아버지가 더 이상의 레슨은 사절하겠다는 편지를 보내오자 아쉴 파팽은 1등 당첨 복권을 잃기라도 한 듯 잔뜩 속이 상해서 돌아갔다.

  15년이 지난 후 마을은 많이 달라졌다. 독신으로 중년에 이른 두 자매는 어떻게든 돌아가신 아버지의 사명을 이으려 했다. 하지만 목사의 엄한 통제가 없어지자 신도들의 관계는 극도로 나빠졌다. 남자 신도끼리 사업상의 문제로 앙심을 품는가 하면, 어떤 남녀 둘이 30년간 눈이 맞아 바람을 피웠다는 소문도 돌았고, 10년 넘게 말을 안 하고 지내는 노파들도 있었다. 주일이면 여전히 모여 예전에 부르던 찬송을 불렀지만 그나마 나오는 사람은 몇 명 안 됐고 음악에도 생기가 없었다. 그 와중에도 목사의 두 딸은 변치 않는 신앙심으로 예배 순서도 짜고 마을의 이 빠진 노인들에게 죽도 끓여 대접했다.

  누구도 감히 진창길에 나설 엄두조차 못 낼 만큼 비가 억수같이 쏟아지던 어느 날 밤, 두 자매 집 문간에 땅이 꺼질 듯 쿵 하는 소리가 들렸다. 문을 열고 보니 웬 여자가 쓰러져 있었다. 두 자매의 도움으로 정신을 차리긴 했지만, 그녀는 덴마크어를 전혀 몰랐다. 대신 여자는 아쉴 파팽이 쓴 편지를 한 장 내밀었다. 그 이름을 보는 순간 필리파는 얼굴이 붉어졌다. 소개장을 읽는데 손이 떨렸다. 여자의 이름은 바베트였다. 그녀는 프랑스 내전 통에 남편과 아들을 잃고 자신마저 목숨이 위태로워 피신해야 하던 차에 파팽이 이 마을이라면 그녀를 거둬 줄 수 있지 않을까 싶어 배편을 마련해 준 것이다. "바베트는 요리를 할 줄 압니다." 편지에는 그렇게 쓰여 있었다.

두 자매는 다달이 바베트에게 줄 돈도 없었거니와 우선 하녀를 두다는 것 자체가 내키지 않았다. 요리 솜씨도 믿을 수 없었다. 프랑스 사람들은 말고기에 개구리도 먹지 않던가? 그러나 바베트는 몸짓으로 애원하며 애간장을 녹였다. 머물게만 해주면 무슨 일이든지 하겠다는 것이었다.

그렇게 해서 바베트는 12년 동안 두 자매 밑에서 일하게 된다. 우선 마르틴느가 대구 다듬는 법과 묽은 죽 만드는 법을 가르쳐 주자 바베트는 눈썹을 치켜올리며 콧잔등을 썰룩거렸다. 그래도 시키는 일에 토를 다는 일은 없었다. 바베트는 마을의 가난한 사람들에게 먹을 것도 주고 집안 일도 전부 도맡아 했다. 주일 예배도 거들었다. 다들 침울하게 가라앉은 동네가 바베트 덕에 생기를 되찾았다고 입을 모아 말했다.

바베트에게 12년 만에 처음으로 편지가 온 날 마르틴느와 필리파는 깜짝 놀랐다. 바베트는 이전의 프랑스 생활에 대해서 한 번도 입을 연 적이 없던 터였다. 편지를 다 읽은 바베트는 두 자매를 올려다보며 좋은 일이 생겼다고 덤덤히 말했다. 프랑스의 한 친구를 통해 매년 복권을 샀는데 올해 산 복권이 당첨돼 만 프랑을 타게 되었다는 것이다. 두 자매는 바베트의 손을 잡고 축하해 주면서도 속으로는 슬픔이 앞섰다. 그들은 바베트가 곧 떠날 것이라고 생각했다.

우연히도 바베트의 복권이 당첨된 때는 두 자매가 아버지의 100주년 생신을 기념하는 잔치를 열려던 시기였다. 바베트가 부탁이 있다며 찾아왔다. "저는 지난 12년간 한 번도 무언가를 부탁드려 본 일이 없어요." 바베트가 그렇게 운을 떼자 두 자매도 고개를 끄덕였다. "그런데 이제 부탁이 하나 있어요. 아버님의 생신 기념 예배 저녁 식사를 제가 준비하고 싶어요. 제대로 된 프랑스 요리로 차리고 싶어요."

왠지 찜찜한 기분이 들었지만 12년 동안 한 번도 부탁해 본 일이 없다는 바베트의 말은 사실이었다. 그러니 들어주지 않고 어쩌겠는가?

프랑스에서 돈이 오자 바베트는 준비 차 며칠 집을 비웠다. 바베트가 돌아온 뒤 몇 주 동안 선착장에 도착한 배들에서 내려 놓은 짐들은 바베트의 부엌으로 운반되었다. 그리고 노르 보스부르그 사람들 눈앞에는 엄청난 광경이 연이어 벌어졌다. 일꾼들이 밀고 가는 외바퀴 수레에는 작은 새들이 든 상자가 가득 실렸는데 그런 수레가 한 둘이 아니었다. 샴페인—아니 샴페인까지!—과 포도주가 든 통들도 뒤를 이었다. 소 머리 전체, 신선한 야채, 프랑스산 버섯, 꿩들과 햄, 이상한 바다 생물들, 계속 살아서 뱀 같은 머리를 좌우로 흔드는 커다란 거북이, 이 모든 것들이 지금은 바베트가 엄격히 관리 중인 부엌 곧 두 자매의 집 부엌에 모여들었다.

웬 악마들의 잔치인가 싶어 깜짝 놀란 마르틴느와 필리파는 이 난관을 교회 신도들에게 알렸다. 남은 신도라야 꼬부랑 노인 열한 명이 전부였다. 다들 혀를 차며 동정을 표했다. 이들은 이야기 끝에 프랑스 음식을 먹긴 먹되 행여 바베트가 착각에 빠질지도 모르니까 음식에 대한 평은 일체 삼가기로 뜻을 모았다. 혀는 찬송과 감사하는 데 쓰라고 있는 것이지 외국산 음식이나 탐하라고 있는 게 아니라는 것이다.

저녁 먹는 날인 12월 15일은 눈이 내려 어두운 마을을 하얀 빛으로 밝혀 주었다. 두 자매는 뜻밖의 손님이 온다는 소식에 기뻤다. 아흔 살의 노파 로벤헬름이 조카의 부축을 받아 참석하기로 한 것이다. 그런데 그 조카는 바로 오래 전 마르틴느에게 청혼했던 기병대 장교로 지금은 장군이 되어 왕궁에서 근무하고 있었다.

바베트는 어디서 구했는지 자기며 유리 그릇을 두루 갖춰 놓고 촛불과 나무로 실내를 꾸몄다. 식탁은 근사해 보였다. 식사가 시작되자 마을 사람들은 약속대로 연못가 거북이처럼 침묵을 지켰다. 말을 하는 사람은 장군뿐이었다. "아몬틸라도주(酒)로군요!" 그는 첫 잔을 들며 감탄했다. "여태껏 마셔 본 것 중 최고입니다." 이어 수프 맛을 본 그는 대번에 그것이 거북이 수프임을 알았다. 그런데 유틀란드 근해에서 어떻게 이런 걸 구할 수 있었을까?

"세상에!" 다음 코스 요리를 맛본 장군이 다시 입을 열었다. "이건 블리니스 데미도프 아닙니까!" 다른 손님들은 주름살 패인 얼굴로 그 진귀한 요리를 말 한마디 없이 무표정하게 먹고 있었다. 장군이 1860년산 뵈브 클리코 샴페인에 열광하자 바베트는 일하는 아이를 시켜 장군의 잔에 술이 떨어지지 않도록 했다. 오직 장군만이 바베트가 내놓은 요리의 진가를 아는 듯했다.

그 밖에 누구도 음식이나 술에 대해 말이 없었지만 잔치는 점차 시골 사람들의 사나운 인심에 신기한 힘을 발하기 시작했다. 분위기가 좀 훈훈해지고 혀가 풀리자 목사가 살아 있었던 옛날 이야기도 나오고 만(灣)이 얼던 해 크리스마스 이야기도 나왔다. 사업 계약 때 사기를 쳤던 남자 신도는 마침내 상대에게 잘못을 빌었고 원수같이 지내던 두 노파도 말문을 트기 시작했다. 한 할머니가 트림을 하자 옆자리 할아버지는 대뜸 "할렐루야!"로 받았다.

장군이 할 수 있는 이야기는 음식 이야기뿐이었다. 일하는 아이가 식사의 최후 일격(coup de grâce, 여기에도 은혜라는 말이 들어간다)으로 돌 그릇에 담긴 메추라기 새끼 요리를 내오자 장군은 이 요리는 유럽에서도 딱 한 군데, 한때 여자 주방장의 명성이 높았던 파리에서 유명한 '카페 앙글레'라는 식당에서밖에 보지 못했다며 감탄했다.

취기가 올라 기분이 좋아진 장군은 마음을 주체하지 못하고 일어나 한마디 했다. "친애하는 여러분, 은혜와 진리가 하나로 만나고 의와 천국의 기쁨이 입 맞추는 밤입니다." 그렇게 말문을 연 그는 잠시 뜸을 들였다. "그는 취지에 맞게 말을 가다듬는 습관이 있었다. 그러나 여기 목사의 순박한 신도들이 모인 곳에서는 가슴에 훈장을 가득 단 로벤헬름 장군의 풍채 좋은 몸도 절로 쏟아져 나오는 메시지의 통로에 지나지 않는 듯했다." 장군의 메시지는 은혜였다.

신도들이 그의 말을 다 알아듣지는 못했지만 그 순간 "현세에 대한 허황된 환상이 그들의 눈에서 비늘처럼 벗겨지면서 그들은 우주의 참 모습을 보게 되었다." 이 적은 무리는 모임을 폐하고 밖으로 나갔다. 하늘에는 별이 총총 빛나고 마을은 반짝이는 눈 옷을 입고 있었다.

"바베트의 만찬"은 두 장면으로 막을 내린다. 밖에서는 노인들이 우물가에 빙 둘러서서 손을 잡고 늘 부르던 신앙의 노래를 힘차게 부른다. 진정한 연합의 장면이다. 바베트의 만찬으로 빗장이 열리자 은혜가 슬며시 흐르던 것이다. 이자크 디네센은 그들은 "마치 모든 죄가 양털같이 하얗게 씻겨 깨끗한 새 옷을 입고 어린양처럼 뛰노는 것"처럼 느꼈다고 덧붙인다.

마지막 장면은 실내. 더러운 접시, 기름투성이 냄비, 조개껍질, 거북이 등딱지, 먹다 남은 뼈다귀, 깨진 상자, 채소 찌꺼기, 빈 병 등이 정신이 사나울 만큼 산더미처럼 쌓여 있는 부엌. 지저분한 부엌 한복판에 앉아 있는 바베트는 12년 전 처음 올 때만큼이나 지쳐 있다. 두 자매는 약속을 지키느라 아무도 바베트에게 식사 평을 해주지 않았다는 데 퍼뜩 생각이 미쳤다.

"정말 훌륭한 저녁 식사였어요, 바베트." 마르틴느가 망설이며 말한다.

바베트는 마음이 딴 데 가 있는 듯 한참 만에 입을 연다. "제가 한때 카페 앙글레의 요리를 맡았었지요."

"바베트가 파리로 돌아가도 오늘 저녁을 잊지 않을게요." 마르틴느는 바베트의 말을 듣고 있지 않은 듯 말을 잇는다.

그러자 바베트는 파리로 돌아가지 않을 거라고 말한다. 거기 가봐야 친구들과 친척들은 이미 다 처형당했거나 감옥에 가 있다. 물론 파리에 돌아가려면 돈도 많이 들 것이다.

"그 만 프랑은 어쩌고요?" 두 자매가 묻는다.

이어 바베트가 충격적인 말을 했다. 방금 사람들이 먹어 치운 만찬에 당첨금 만 프랑을 단 한 푼도 안 남기고 다 썼다는 것이다. 그러고는 하는 말. "놀라지 마세요. 카페 앙글레에서는 열두 명이 제대로 먹는 데 그만큼 들어요."

장군의 말을 들어 보면 이자크 디네센은 『바베트의 만찬』을 단순히 멋진 식사 이야기가 아니라 은혜―베푸는 자의 부담으로 거저 받는 선물―의 비유로 쓴 것이 분명해진다. 잔뜩 굳은 얼굴로 바베트의 식탁에 둘러앉은 신도들에게 로벤헬름 장군은 뭐라고 했던가!

우리는 모두 은혜란 우주 안에서 발견될 수 있는 것이라고 들었습니다. 그러나 우리 인간은 어리석고 시야가 짧다 보니 하나님의 은혜마저 유한한 줄 압니다.…눈이 열리는 순간에야 은혜의 무한함을 보고 깨닫게 되지요. 친애하는 여러분, 은혜가 요구하는 것은 아무것도 없습니다. 믿음으로 기다리다 감사로 인정하면 그뿐입니다.

12년 전 바베트는 은혜 없는 사람들 속에 떨어졌다. 루터의 추종자인 그들은 거의 매주 은혜에 대한 설교를 들으면서도 주중이면 경건과 금욕으로 하나님의 사랑을 사려 했다. 이들에게 은혜는 만찬, 바베트의 만찬이란 형태로 찾아왔다. 그것은 받을 자격도 없고 값도 내지 않은 자들에게 베풀어진, 평생 한 번 있을까 말까 한 진수성찬이었다. 은혜는 노르 보스부르그에도 같은 식으로 찾아왔다. 베푸는 자의 부담으로 값없고 조건 없이 거저 온 것이다.

1장
은혜 없는 세상

> 오, 우리가 하나님의 은혜보다 더 찾아 헤매는
> 유한한 인간의 순간적 은혜여!
> _ 셰익스피어, 「리처드 3세」

내 친구한테서 들은 이야기다. 그는 출근길 버스 안에서 옆자리에 앉은 젊은 여자가 통로 맞은편의 남자와 나누는 이야기를 들었다고 했다. 여자는 '뉴욕 타임즈'지 최장기 베스트셀러 기록을 세운 M. 스캇 펙의 『아직도 가야 할 길』을 읽고 있었다.

"무슨 책을 읽고 계십니까?" 남자가 물었다.

"친구가 준 거예요. 이 책 때문에 인생이 바뀌었다나요."

"그래요? 어떤 책입니까?"

"글쎄요. 무슨 인생 지침서 같기도 하고. 아직 별로 못 읽었어요." 여자는 책장을 두르르 넘겼다. "장 제목이 이렇네요. 훈련, 사랑, 은혜…."

남자가 말을 끊었다. "은혜가 뭐죠?"

"저도 몰라요. 아직 은혜까지 못 나갔어요."

저녁 뉴스를 듣노라면 이 여자의 마지막 말이 생각날 때가 있다. 전쟁, 폭력, 경제 불황, 종교 갈등, 법정 싸움, 가정 파괴 등으로 얼룩진 세상은 필시 아직 은혜까지 못 나간 것이리라. "인간에게서 은혜를 빼면 얼마나 초라한 존재가 되는가." 시인 조지 허버트의 탄식이다.

안타깝게도, 나는 일부 교회를 방문할 때도 이 버스에서의 대화가 떠오른다. 예수님의 놀라운 은혜의 말씀이 교회라는 그릇 안에서 물 탄 술처럼 묽어지고 있다. 사도 요한은 "율법은 모세로 말미암아 주어진 것이요, 은혜와 진리는 예수 그리스도로 말미암아 온 것이라"(요 1:17)라고 말했다. 오랜 세월 그리스도인들은 진리를 논의하고 판정하는 일에 엄청난 힘을 쏟아 왔다. 교회마다 제각기 변호하는 진리가 있다. 은혜는 어떤가? 은혜에서 남보다 앞서려는 교회를 찾기가 얼마나 어려운가?

은혜는 기독교가 세상에 줄 수 있는 최상의 선물이요, 복수보다 강하고 인종 차별보다 강하고 증오보다 강한 힘을 발하는 영적 신성(新星)이다. 슬픈 일이지만 이 은혜에 갈급한 세상에 교회가 내보이는 비은혜가 또 하나 있다. 우리 그리스도인들은 바베트의 만찬에 참여하는 사람들이기보다는 빵으로 만든 죽이나 먹으러 모인 우중충한 사람들처럼 보일 때가 너무 많다는 것이다.

∨ ∨ ∨

나는 '율법 시대'와 '은혜 시대'를 명확히 구분짓는 교회에서 자랐다. 구약의 윤리 금령은 대부분 따르지 않았지만 우리만의 금기 사항이 순위별로 정해져 있는 것은 정통 유대교 못지않았다. 1순위는 음주와 흡연(단 경제가 담배에 의존해 있는 남부이다 보니 흡연만큼은 약간 참작이 되었다). 이 2대 죄악 바로 다음은 영화. 심지어 "사운드 오브 뮤직"을 마다하는 교인들도 많았다. 당시 막 선을 보이던 록 음악 역시 그 기원이 사탄적이라는 의심 속에 혐오 대상이 되었다.

그 밖의 금기 사항－화장을 하고 보석을 소지하는 것, 일요일자 신문 읽는 것, 주일에 운동을 하거나 경기를 관람하는 것, 남녀가 함께 수영하는 것(이상하게 그것을 '혼욕'이라 불렀다), 여자 아이들의 치마 길이, 남자 아이들의 머리 길이 등－은 신앙의 수준에 따라 지키는 사람도 있고 어기는 사람도 있었다. 그러나 이런 모호한 부분의 규정까지 지켜야 신앙 좋은 사람이 된다는 분위기가 매우 짙었다. 그렇게 살다 보니 율법 시대도, 은혜 시대도, 내겐 별로 달라 보이지 않았다.

그 후 다른 교파 교회들을 가 보면서 신앙에 대한 이런 사다리 오르기식 접근 방식이 매우 보편적인 것임을 알게 되었다. 천주교, 메노파, 그리스도의 교회, 루터교, 남침례교 할 것 없이 저마다 굳어진 율법 목록이 있었다. 그런 정해진 틀에 잘 따라야 교회는 물론 하나님의 인정을 받는 것이다.

나는 후에 고난의 문제에 대해 책을 쓰기 시작하면서 또 다른 형태의 비은혜를 만났다. 고난받는 이들을 향한 나의 동정적 태도에 일부 독자들이 이의를 달고 나선 것이다. 그들은 고난은 받아 마땅한 사람들이 받는 것이요 하나님의 벌이라고 했다. 욥의 친구들이 말한 "재 같은 속담"(욥 13:12)의 현대판이라 할까.

신앙심 깊은 스위스 의사 폴 투르니에는 『죄책감과 은혜』에서 "죄책감이라는 매우 심각한 문제를 살펴보기에 앞서 우선 종교가－모든 신앙인의 종교는 물론 나의 종교도—자유는커녕 오히려 파멸을 가져다줄 수 있다는 매우 명백하고도 비극적인 사실을 지적하지 않을 수 없다"[2]라고 술회한 바 있다.

이어서 투르니에는 자기를 찾아온 환자들 이야기를 들려준다. 오랜 옛날에 지은 죄로 죄책감을 품고 사는 남자, 10년 전에 한 낙태를 마음에서 떨치지 못하는 여자. 투르니에는 환자들이 진정 구하는 것은 은혜라고 말한다. 그러나 일부 교회에서 그들이 만난 것은 수치심, 형벌에 대한 위협, 정죄 의식 등이다. 한마디로, 은혜를 찾아 들어선 교회에서 비은혜만 경험하고 가는 것이다.

친구 중에 이혼한 여자가 있는데 최근에 내게 이런 이야기를 털어놓았다. 열다섯 살 난 딸과 함께 교회 본당에 서 있는데 사모가 다가오더니 "이혼하신다고요. 이해가 안 되는군요. 자매가 예수님을 사랑하고 남편도 예수님을 사랑한다면 무엇 때문에 그러는 거죠?"라고 말했다고 한다. 평소 말을 걸어 온 적이 거의 없던 사모가 딸도 있는 데서 그렇게 매몰차게 면박을 주자 친구는 그만 기가 질리고 말았다. "그렇잖아도 남편과 나 둘 다 주님을 진정으로 사랑하는데도 부부 관계가 손써 볼 수 없을 만큼 파국으로 치달아 마음이 무척 아팠어요. 사모님이 그냥 나를 안아 주면서 정말 안됐다고 말해 주셨다면…."

마크 트웨인은 "선량하다는 단어가 가진 최악의 의미에서 볼 때 선량한" 자들 이야기를 자주 입에 올렸다. 이것은 오늘의 그리스도인들에 대한 세평을 그대로 대변하는 말이라고 생각할 이들이 많을 것이다. 요즘 나는 처음 만나는 이들—예컨대 비행기 옆 좌석에 앉은 사람—과 말문을 트면서 물어보는 말이 하나 있다. "'복음주의적인 그리스도인' 하면 맨 처음 생각나는 게 무엇입니까?" 귀에 거슬릴 정도로 낙태 금지를 외치고 동성애를 반대하고 인터넷 검열을 주장하는 각종 운동 단체가 생각난다는 다분히 정치적 성향의 답이 대부분이다. 몇 년 전 해체된 기관인 도덕적 다수(The Moral Majority) 이야기도 간혹 들린다. 은혜 근처에라도 가는 이야기는 한 번도—단 한 번도—들어 보지 못했다. 그리스도인들이 세상에 풍기는 냄새가 그와는 거리가 먼 탓이리라.

H. L. 멩켄은 청교도를 누군가 어디서 행복하게 잘 살까 봐 불안해서 견딜 수 없는 사람으로 묘사한 바 있다. 오늘날에는 많은 사람들이 똑같은 이미지를 복음주의자나 근본주의자들에게 갖다 붙일 것이다. 이 완고하고 기뻐하지 않는 듯한 인상은 어디서 온 것인가? 유머 작가 어마 봄베크의 칼럼에서 힌트를 찾을 수 있다.

얼마 전 주일에 교회에서 한 꼬마가 고개를 돌려 사람들 얼굴을 하나씩 쳐다보며 웃고 있길래 유심히 바라본 적이 있다. 아이는 꼴깍거리는 소리를 내거나 침을 뱉거나 콧노래도 부르지 않았고 발로 차거나 찬송가를 찢거나 엄마 가방을 뒤지지도 않았다. 그냥 웃고만 있었다. 잠시 후 아이 엄마가 아이를 확 잡아채더니 브로드웨이 소극장에서 관객더러 들으라고 하는 독백마냥 다 들리는 소리로 말했다. "그만 좀 웃어! 여긴 교회야!" 그러면서 아이를 한 대 쥐어박았다. 아이의 볼에 눈물이 흐르자, "차라리 그게 나아" 하고 덧붙인 뒤 다시 기도하는 자세로 돌아갔다.

나는 벌컥 화가 났다. "온 세상이 울고 있으니 너도 이제부터라도

울어" 하는 말로 들렸다. 나는 얼굴에 눈물 자국이 난 그 아이를 내 옆에 앉혀 놓고 하나님 이야기를 들려주고 싶었다. 기뻐하시는 하나님, 웃으시는 하나님, 우리를 지으실 만큼 유머 감각이 있으신 하나님.… 통념상 우리는 조문객처럼 엄숙하고 비극을 연기할 때처럼 비장하며 소중한 것을 전부 갖다 바치면 믿음이 좋은 줄 안다.

얼마나 어리석은 일인가. 지금 이 엄마는 우리 문명에 남아 있는 유일한 빛, 유일한 소망, 유일한 기적, 유일한 무한의 약속 옆에 앉아 있는 것이다. 이 아이가 교회에서 웃을 수 없다면 어디로 가란 말인가?[3]

물론 그리스도인에게 이런 면만 있는 것은 아니다. 나도 은혜를 실천하는 그리스도인을 많이 알고 있다. 그럼에도 불구하고 교회는 어찌된 일인지 역사 이래 줄곧 이런 비은혜의 평판을 들어 왔다. 영국의 한 소녀가 이렇게 기도했다고 한다. "오 하나님, 나쁜 사람들은 착해지게 해주시고 착한 사람들은 친절해지게 해주세요."

고전 『종교적 경험의 다양성』에도 나와 있듯이 금세기 미국의 대표적 철학자 윌리엄 제임스[4]는 교회에 우호적이었다. 그러나 그런 그조차도 그리스도인들이, 모자를 벗어 인사하지 않는다는 이유로 퀘이커 교도들을 핍박하고 옷감을 염색하는 것의 도덕성을 따지며 열을 올릴 때는 그 속 좁은 모습을 도무지 이해할 수 없었다. 그의 책에는 "꽃향기도 맡지 않고 목이 탈 때 물도 마시지 않고 파리도 쫓아내지 않고 흉물을 봐도 싫은 내색을 안 하고 자신의 편익에 관한 일체의 불평도 하지 않고 어디 앉지도 않고 무릎 꿇을 때 팔꿈치로 받치지도 않기로" 작정한 어느 프랑스 시골 신부의 금욕적인 이야기가 나온다.

유명한 신비주의자 십자가의 성 요한은 신자들에게 모든 기쁨과 희망을 억누르고 "유쾌한 것 대신 불쾌한 것"을 찾으며 "자신을 경멸하고 남들도 자기를 경멸해 주기를 바라야" 한다고 가르쳤다.[5] 성 베르나르는 스위스의 아름다운 호수를 외면하려고 습관처럼 눈을 가리곤 했다.

요즘은 율법주의도 양상이 바뀌었다. 문화가 철저히 세속화되다 보니 교회의 비은혜도 도덕적 우월감 내지 '문화 전쟁'의 적을 향한 호전적 태도로 나타나는 경우가 많다.

연합 없는 교회도 비은혜의 일면이다. 마크 트웨인은 개와 고양이를 한 울에 넣어 잘 지내나 실험해 보았다고 이야기하곤 했다. 개와 고양이가 잘 지내자 이번에는 새와 돼지와 염소를 넣어 보았다. 약간의 적응기를 거치자 이들 역시 잘 지냈다. 이번에는 침례교인과 장로교인과 가톨릭교인을 넣어 보았다. 울 안에는 살아 남은 자가 아무도 없었다.

현대 유대인 지성 안토니 헥트는 훨씬 심각하게 말했다.

> 시간이 갈수록 그것을[나 자신의 신앙을] 더 잘 알게 되었을 뿐만 아니라 주변의 개신교 및 천주교 신자들의 신앙도 점점 깊이 보게 되었다. 거의가 내가 존경하는 사람들이요 내게 많은 것, 특히 선(善) 자체를 알게 한 이들이다. 개신교나 천주교는 교리 면에서도 마음에 와 닿는 부분이 많다. 그러나 개신교도와 천주교도 사이의 씻어 낼 수 없는 깊은 적대감, 내게 그보다 더 충격적인 것은 없다.[6]

그리스도인들을 조금 흉본 것은 나도 그 중 하나인데다가 우리 모습을 실제보다 좋게 부풀릴 까닭이 전혀 없기 때문이다. 나의 삶도 동물의 촉수처럼 뻗쳐 오는 비은혜와의 싸움이다. 어린 시절에 경험한 엄한 규율의 잔재야 벗었겠지만 지금도 하루하루 교만, 하나님의 인정을 받아야 할 것 같은 기분, 판단하려는 본능 따위와 싸우고 있다. 헬무트 틸리케의 말처럼 "마귀는 자신의 뻐꾸기 알을 신앙의 둥지에 떨어뜨려 놓는 재주가 있다. 부패한 은혜가 풍기는 악취에 비하면 지옥의 유황불 냄새는 아무것도 아니다."[7]

사실 유독성 비은혜는 어느 종교에나 있다. 최근 되살아난 인디언 태양무(太陽舞) 이야기를 목격자들에게서 직접 들은 적이 있다. 라코타 부족 젊은 전사들은 자기 젖꼭지에 독수리 발톱을 묶고 그 줄을 소위 거룩한 기둥에 매 놓은 뒤 발톱으로 인해 살점이 찢겨 나갈 때까지 몸을 반대쪽으로 잡아챈다. 그러고는 뜨거운 천막에 들어가 몸이 더 이상 열기를 견딜 수 없을 때까지 새빨갛게 달아오른 돌덩이를 쌓아 올린다. 이는 모두 속죄를 위한 것이다.

코스타리카에 갔을 때 열심 있는 신도들이 무릎에 피가 나도록 자갈길을 기어가는 것을 보았다. 인도에서는 힌두교도들이 천연두 신과 독사 신에게 제사드리는 것도 보았다. 또 '풍기 단속 경찰'이 곤봉을 들고 길마다 돌며 복장이 눈에 거슬리거나 차를 몰고 다니는 여자를 잡는 이슬람 국가에도 가 보았다.

역설적이게도 종교라면 질색을 하는 인본주의자들이 종종 더 지독한 비은혜를 만들어 낸다. 요즘 대학가에서는 여권 신장, 환경 보호, 문화 다원론 등 소위 자유주의 활동가들에게서 비은혜 풍조를 유감 없이 볼 수 있다. '율법주의'의 압권은 역시 치밀한 감시망을 짜서 일체의 반동적 사고나 잘못 쓴 말, 공산주의 이상에 역행하는 태도를 그대로 고해 바치게 했던 소비에트 공산주의일 것이다. 일례로 솔제니친은 편지에 스탈린에 대해 한마디를 잘못 쓴 벌로 몇 년이나 수용소 생활을 해야 했다. 나는 원추형 종이 모자, 각색된 군중 참회 등 그야말로 완벽을 기했던 중공의 급진 좌파의 종교 재판보다 더 가혹한 종교 재판을 본 적이 없다.

가장 훌륭한 인본주의자들도 종교가 거부한 체계를 대신 할 비은혜 체계를 고안해 낸다. 벤자민 프랭클린의 13조 덕목에는 침묵("타인이나 자신에게 유익한 말만 하라. 쓸데없는 이야기는 삼가라"), 절약("타인이나 자신에게 유익한 일에만 돈을 쓰라. 즉 낭비하지 말라"), 근면("시간을 허비하지 말라. 항상 무언가 유익한 일을 하라. 불필요한 활동은 잘라 내라"), 평온("하찮은 일이나 일상적, 의례적 사건에 동요하지 말라") 등이 있다. 그는 공책을 만들어 각 쪽마다 한 가지 덕목을 쓴 뒤 칸을 나누어 '결격 사항'을 적었다. 그는 금주의 덕목을 하나씩 골라 매일 실수를 낱낱이 적는 일을 13주 주기로 매년 네 차례씩 반복했다. 프랭클린은 이 작은 공책을 수십 년간 갖고 다니며 무결한 13주를 위해 애썼다. 진전이 보일수록 그는 또 다른 결격 사항으로 고생해야 했다.

타고난 본성 중 **교만**만큼 다스리기 힘든 것은 없으리라. 없는 척 가장해 보라. 붙들고 싸워 보라. 무조건 눌러 보라. 최대한 죽여 보라. 교만은 여전히 살아 있다. 그리고 시도 때도 없이 불쑥불쑥 튀어 나와 건재

를 과시할 것이다.…설사 완전히 정복했다고 생각해도 그 자체가 다시 겸손에 대한 교만이 될 것이다.[8]

이런 갖가지 형태의 절실한 노력이 사실 은혜에 대한 깊은 갈망을 반증하는 것은 아닐까? 우리는 비은혜의 연기가 자욱한 울 안에 살고 있다. 은혜란 성취가 아닌 선물로서 외부로부터 오는 것이다. 그러나 치열한 경쟁과 적자생존의 세상, '2등은 없다'는 이 세상에서 은혜는 얼마나 쉽게 사라지고 마는가!

죄책감은 은혜에 대한 갈망의 표출이다. 로스앤젤레스의 어느 단체에서는 "사과 전화"를 운영하고 있다.[9] 이는 고객들에게 한 번의 통화료에 잘못을 고백할 수 있는 기회를 제공하는 전화 서비스다. 신부는 못 믿겠는다는 사람들이 자동 응답기에 죄를 털어놓는다. 익명으로 이 서비스를 이용해 60초짜리 메시지를 남기는 사람은 매일 200명에 달한다. 간음은 단골 죄목이다. 강간, 아동 성 학대, 살인 등 범죄 행위에 대한 고백도 꽤 된다. 알코올 중독자였다가 술을 끊은 한 사람은 이런 메시지를 남겼다. "18년간 알코올 중독자로 살면서 해를 입혔던 모든 분들께 잘못을 빌고 싶습니다." 전화벨은 계속 울린다. "죄송하다는 말밖에…." 젊은 여자가 울고 있다. 자기가 일으킨 교통 사고로 다섯 명이 죽었다는 것이다. 그들을 "다시 살아 돌아오게 할 수만 있다면."

불가지론자 배우 W. C. 필즈가 분장실에서 성경을 읽고 있는 것이 한 동료의 눈에 띄었다. 필즈는 당황하여 냅다 성경을 덮더니 이렇게 해명했다. "허점을 찾아보려고 본 거야." 혹 은혜를 찾고 있었던 것은 아닐까.

풀러 신학교의 루이스 스미즈는 수치심과 은혜의 관계를 주제로 책을 썼다(제목도 그에 맞게 『수치심과 은혜』였다). 그의 경우 "죄책감은 문제가 아니었다. 그보다 더 나를 지배한 것은 딱히 어떤 죄와 연결지을 수 없는, 내가 가치 없는 인간이라는 느낌이었다. 내게 용서보다 더 필요한 것은, 설사 내 모습이 마음에 들지 않더라도 하나님은 나를 받아 주시고 소유로 삼으셔서 품어 주시고 인정하시며 절대 나를 버리시지 않는다는 확신이었다."[10]

스미즈는 계속해서 파괴적 수치심의 3대 원인으로 '세속 문화'와 '은혜 잃은 종교'와 '용납 없는 부모'를 꼽는다. 세속 문화의 기조는 사람이란 외모도, 기분도, 능력도 늘 좋아야 한다는 것이다. 은혜 잃은 종교에 의하면 누구든 율법 조항을 지켜야 하며 만약 실패할 경우에는 영영 파멸이다. 용납 없는 부모 — "넌 창피하지도 않니!" — 는 자식들에게 아무리 노력해도 합격점에 이를 수 없음을 확인시켜 줄 뿐이다.

오염된 공기를 느끼지 못하는 도시인들처럼 우리도 부지중에 비은혜를 호흡하고 있다. 이미 유치원 때부터 시험과 평가를 거쳐서 우열반 배정을 받는다. 산수, 과학, 읽기 등 성취도에 따른 점수 매기기가 그때부터 시작되며 심지어 대인 관계나 시민 의식도 점수로 환산된다. 채점한 시험지를 봐도 틀린 답—맞는 답이 아니라—에 표시가 되어 있다. 모두가 성인판 '왕 가리기'(King of the Hill) 놀이인 냉혹한 서열식 현실 세계에 대한 준비다.

군대는 철저한 비은혜 집단이다. 모든 군인은 호칭과 제복과 봉급과 행동 수칙이 정해져 있어 타인과의 관계에서 자신의 위치를 정확히 알고 있다. 상관에게 경례하고 복종하며 부하에게 명령한다. 기업은 군대보다 덜하지만 잘 보면 별 차이가 없다. 포드사 직원들은 1급(평사원과 비서)부터 27급(대표이사)까지 등급이 매겨져 있다. 옥외라도 주차장 자리를 따로 가지려면 최소 9급은 돼야 하고, 13급은 창쪽 자리에 화분과 인터콤 장치가 지급되며, 16급 사무실에는 전용 화장실이 딸려 있다.

어느 기관이나 자기 몫은 자기가 **벌어야** 한다는 비은혜가 주조를 이루고 있는 것 같다. 사법 기관이나 항공사 마일리지 프로그램이나 대출 회사는 은혜로 움직일 수 없다. 정부는 아예 거리가 멀다. 스포츠 후원사도 패스 좋고 스트라이크 잘 던지고 득점 많이 내는 선수에게 상을 줄 뿐 패자는 설 곳이 없다. 해마다 '포춘'지는 500대 부자 명단을 내 놓지만 500대 빈민 이름은 아무도 모른다.

거식증이라는 질병은 비은혜의 직접적인 산물이다. 십대 소녀들이 예쁘고 날씬한 모델을 이상형으로 삼아 자기도 그렇게 되려고 사력을 다해 굶는 것이다. 거식증은 현대 서구 문명의 괴이한 부산물로 역사상 유례가 없으며 현대에도 아프리카 같은 곳(날씬한 것보다는 통통한 것을 선호하는)에서는 거의 찾아볼 수 없다.

이 모든 것이 소위 평등 사회라는 미국 안에서 벌어지는 현상이다. 한편 계급이나 인종이나 신분 따위의 고착된 사회 제도로 비은혜를 심화시켜 온 나라들도 있다. 얼마 전까지만 해도 남아공은 모든 국민을 백인, 흑인, 유색인, 아시아인(후에 일본 투자가들의 반발로 정부는 '명예 백인'이라는 신종 범주를 고안해 냈다) 등 인종의 네 가지 범주 중 하나에 속하게 했다. 인도의 카스트제도는 어찌나 복잡했던지 영국인들이 인도에서 300년 동안 살면서 전혀 몰랐던 새로운 계층을 1930년대에 와서야 발견했을 정도다. 최하위 천민을 위해 빨래를 해 주는 것이 주 역할인 이 비참한 인생들은 자신들이 위의 계층 사람들의 눈에 띄면 부정을 타게 한다고 믿어서 밤에만 나올 뿐 타인과의 접촉을 일체 피했다.

얼마 전 '뉴욕 타임즈'지에서 일본의 범죄를 연재로 다룬 적이 있다.[1] 거기서 제기된 질문은 인구 십만 명당 감옥에 가 있는 사람이 미국은 519명인 반면 일본은 왜 37명밖에 안 되느냐 하는 것이었다. 기자는 해답을 찾고자 살인죄로 형을 살고 나온 지 얼마 안 되는 한 일본인 남자를 인터뷰했다. 그는 감옥에서 15년 있는 동안 면회 온 사람이 아무도 없었다고 했다. 옥에서 나오자 부인과 아들이 오긴 했지만 절대 자기 동네에 나타나지 말라는 말을 하려고 온 것뿐이다. 그 사이 결혼한 세 딸은 지금도 그를 상대조차 하지 않는다. "손자 손녀도 넷이나 있는 것 같은데…." 남자가 슬프게 말했다. 그는 아직 그들의 사진조차 본 적이 없다. 일본 사회는 비은혜의 위력을 발휘할 수 있는 길을 알고 있다. '체면'을 중시하는 문화는 명예를 훼손하는 자들에게 발붙일 곳을 주지 않는다.

실적이 아닌 혈연으로 맺어진 가족조차도 비은혜로 오염된 공기를 마시고 있다. 헤밍웨이의 한 소설이 이를 잘 보여 준다. 어느 스페인인 아버지가 집을 나가 마드리드로 간 아들과 화해하기로 다짐한다. 아버지는 뒤늦게 양심에 가책을 느끼며 '엘리베랄' 신문에 이런 광고를 낸다. "파코, 화요일 정오에 몬타나 호텔에서 만나자. 다 용서했다. 아빠." 파코는 스페인에서 흔한 이름이다. 아버지가 그 곳에 나

가자 파코라는 이름의 젊은 남자가 무려 800명이나 나와서 저마다 아버지를 기다리고 있었다.[12]

헤밍웨이는 가정의 비은혜를 잘 알았다. 신앙이 독실했던 그의 부모는—헤밍웨이의 조부모는 복음주의적인 휘튼 대학 출신이다—아들의 방종한 삶이 싫었다. 나중에 어머니는 아들이 자기 눈에 띄는 것조차 그냥 두지 않았다. 아들의 생일에, 케이크와 함께 아버지가 자살할 때 쓴 권총을 보낸 일도 있다. 한번은 그녀는 편지에 어머니의 인생은 은행과도 같다는 내용을 써 보냈다. "자식은 누구나 세상에 태어날 때 아무리 써도 바닥나지 않을 것 같은 큰 통장을 받고 나온다."[13] 자라는 동안 아이는 예금은 전혀 하지 않고 인출만 한다. 그러나 나중에 다 자라면 지금껏 찾아 썼던 구좌를 다시 채워 놓는 것이 자식의 도리다. 헤밍웨이의 어머니는 이어 아들에게 "구좌의 잔고 유지를 위해 예금할" 수 있는 길을 하나하나 구체적으로 써 놓았다. 꽃, 과일이나 사탕, 어머니 이름으로 나온 청구서를 몰래 지불해 주는 것, 무엇보다도 "하나님과 구주 예수 그리스도에 대한 의무 불이행"을 청산하겠다는 결단. 그러나 헤밍웨이는 어머니나 어머니의 구주에 대한 미움을 끝내 떨쳐내지 못했다.

〰 〰 〰

꾸밈음은 단조로운 비은혜의 배경음에 끼어들어 가끔 높고 밝고 경쾌한 소리를 내 준다.

한번은 할인점에 가서 바지를 골라 주머니에 손을 넣었는데 20달러짜리 지폐가 들어 있는 게 아닌가. 주인이 누구인지 전혀 알 길이 없었다. 가게 지배인은 나에게 그냥 가지라고 했다. 바지 한 벌 사고 (13달러) 그보다 더 많은 돈을 챙겨 나오기는 난생 처음이었다. 그 바지를 입을 때마다 그날 일이 떠오른다. 지금도 할인 이야기만 나오면 나는 친구들에게 그 일을 이야기한다.

언젠가 4,200미터 높이의 산에 오른 적이 있다. 나로서는 처음 시도해 본 일인데, 온 몸이 탈진되는 무지막지한 등산이었다. 다시 평지에 내려오자 저녁은 고기로 푸짐하게 먹고 앞으로 일주일은 운동을 하지 않아도 될 것 같은 기분이 들었다. 마을로 돌아오는 길에 차가 산굽이를 도는데 태곳적 모습을 그대로 간직한 알프스의 한 호수가 눈에 들어 왔다. 주위를 두르고 있는 연둣빛 미루나무 숲 뒤로 이때껏 본 중 제일 선명한 무지개가 아치를 그리고 있었다. 나는 할 말을 잃은 채 길가에 차를 세우고 한참을 바라보았다.

우리 부부는 로마 여행 때 한 친구의 조언에 따라 아침 일찍 성 베드로 성당에 가 보았다. 친구의 조언은 이랬다. "날이 밝기 전에 버스를 타고 베르니니 조상(彫像)들로 장식된 다리로 가게. 거기서 일출을 기다렸다가 바로 몇 구획 떨어진 성 베드로 성당으로 달려가는 걸세. 이른 아침 그 곳엔 수녀와 순례자와 신부들뿐이라네." 그날 아침 태양은 타이버 강을 붉게 물들이고 베르니니의 아름다운 천사상 위로 주홍빛 햇살을 쏟으며 뽀얀 하늘로 떠올랐다. 친구에게 들은 대로 우리는 그 장면을 뒤로 하고 혼신을 다해 성 베드로 성당으로 달렸다. 로마는 막 잠에서 깨어나고 있었다. 그야말로 관광객이라곤 우리 둘밖에 없었다. 대리석 바닥에 닿는 우리의 발소리가 성당 안에 크게 울려 퍼졌다. 피에타상, 제단 등 갖가지 유적을 감상한 뒤 미켈란젤로가 디자인한 대형 돔의 밑부분에 있는 발코니에 가 보려고 옥외 계단을 올랐다. 광장 맞은편에 200명이나 되는 사람이 한 줄로 늘어서 있는 모습이 눈에 띈 것은 바로 그때였다. "타이밍이 완벽했군." 나는 그들이 관광객인 줄 알고 아내에게 말했다. 그러나 그들은 관광객이 아니라 독일에서 순례길에 오른 성가대였다. 그들은 줄지어 광장 안으로 들어와 우리가 서 있는 발코니 바로 밑에 반원형으로 둘러서서 찬송을 부르기 시작했다. 그들의 화음 섞인 목소리가 돔 둘레로 울려 퍼지자 미켈란젤로의 천장은 웅장한 예술 작품을 벗어나 그대로 천국 음악의 사원이 되었다. 소리는 우리의 세포 속까지 울려서 들어왔다. 몸을 기대도 될 듯, 그 안에서 헤엄을 쳐도 될 듯, 소리는 그렇게 살아 있는 형체로 변했다. 발코니가 아니라 그 찬송이 우리를 떠받치고 있는 듯했다.

분명 거기에는, 무상의 선물과 뜻밖의 경사가 무한한 기쁨을 가져다준다는 신학적 의미가 담겨 있다. 은혜가 밀려온다. 또는 어떤 자동차 스티커의 말처럼 "은혜는 뜻밖에 찾아온다".

많은 경우 로맨틱한 사랑은 순수한 은혜에 가장 근접한 경험이다. 나를—나를!—세상에서 가장 멋지고 매력 있고 괜찮은 상대로 보아 주는 사람이 있다. 나를 생각하며 잠 못 이루는 사람이 있다. 용서를 빌기도 전에 감싸주는 사람, 옷 입을 때 내 생각을 하는 사람, 나 중심으로 삶을 바꾸는 사람이 있다. 나를 있는 모습 그대로 사랑하는 사람이 있다. 기독교적 감각이 뛰어난 존 업다이크나 워커 퍼시 같은 현대 작가들이 소설을 쓸 때 성관계를 은혜의 상징으로 택하는 이유가 여기 있는 것 같다. 그들은 우리 문화가 이해하는 언어, 즉 교리로서의 은혜가 아닌 소문으로서의 은혜를 말하고 있는 것이다.

엄마가 전해 준 상투어를 그대로 말하는 저능아에 대한 영화 "포레스트 검프"도 같은 맥락이다. 이 얼간이는 월남전에서 전우들을 살려 내고, 외도한 애인 제니를 끝까지 버리지 않고, 자신과 자식에게 진실을 지키며, 남들이 자기를 두고 우스갯소리를 해도 전혀 모른 채 살아간다. 영화는 신비스런 깃털이 나오는 장면으로 시작되고 끝난다. 그것은 너무 가벼워 어디로 떨어질지 모르는 은혜의 꾸밈음 같은 것이다. "포레스트 검프"는 도스토옙스키가 쓴 『백치』의 현대판이라 할 수 있다. 불러일으킨 반응도 비슷했다. 그 영화를 단순하고 황당하고 교묘히 사람들을 조종하는 것으로 본 사람들도 많지만, 그 속에서 "펄프 픽션"이나 "내츄럴 본 킬러"의 잔혹한 비은혜를 깨끗이 상쇄해 준 은혜의 파문을 본 사람들도 있다. 그 결과 "포레스트 검프"는 당대 최고의 성공작이 되었다. 세상은 은혜에 굶주려 있다.

∨ ∨ ∨

피터 그리브는 나환자로 살아온 일생을 회고록으로 펴냈다.[14] 그는 인도에 살던 중 병에 걸렸다. 부분 마비에 한쪽 눈까지 멀어 영국에 돌아온 그는 성공회 수녀들이 운영하는 어느 공동체에 넘겨졌다. 일도 할 수 없는데다 사회에서 버림받았다는 생각에 원망만 생겼다. 그는 자살을 생각했다. 공동체를 탈출하려고 치밀한 계획도 여러 번 세웠지만 나가도 갈 데가 없어서 그만두곤 했다. 하루는 이상하게 일찍 잠이 깨어 산책을 나갔다. 어디서 웅성거리는 소리가 나길래 가 보니 수녀들이 성당 안에서 환자들 이름을 벽에 붙여 놓고 기도하고 있었다. 그 중에 자기 이름도 있었다. 혼자가 아니라 더불어 함께 있다는 경험은 그의 삶을 완전히 바꿔 놓았다. 자신도 세상에 필요한 존재임을 느꼈다. 은혜를 느낀 것이다.

신앙－그렇게 문제가 많고 비은혜를 일삼는 나쁜 성향이 있음에도 불구하고－이 지금도 계속되고 있는 것은 인간이 뜻밖의 순간에 외부로부터 오는 값없는 선물의 신성한 아름다움을 알기 때문이다. 우리는 죄책감과 수치심의 인생에는 파멸밖에 기다리는 것이 없다는 생각을 단호히 거부하고, 새로운 법이 통하는 또 다른 세계에 억척스레 희망을 둔다. 인간은 사랑에 굶주리며 자란다. 그리고 너무 깊어 표출이 안 될 뿐, 늘 신의 사랑을 갈망하며 산다.

내게는 은혜가 신앙의 형식이나 신앙 고백을 통해 처음 다가온 것이 아니다. 나는, 은혜라는 말을 종종 사용했지만 전혀 다른 의미로 쓴 교회에서 자랐다. 많은 종교적 단어와 마찬가지로 은혜도 의미가 걸러져서 내가 더 이상 신뢰할 수 없을 정도였다.

나는 음악을 통해 처음으로 은혜를 알았다. 신학 대학에 다닐 때 나는 문제아로 통했다. 사람들은 드러내 놓고 나를 위해 기도했고 심지어 "귀신을 쫓아내 줄까?"라고 묻기도 했다. 나는 사람들에게 시달렸고 어지럽고 심란했다. 밤이면 기숙사 문이 잠겼지만 다행히 내 방은 1층에 있었다. 나는 창문을 타고 빠져나와 몰래 길이 3미터의 스타인웨이 그랜드 피아노가 있는 예배실을 찾곤 했다. 나는 겨우 악보를 볼 수 있을 정도의 희미한 불빛만 비치는 깜깜한 예배실에 앉아 매일 밤 한 시간 정도 베토벤의 소나타, 쇼팽의 서곡, 슈베르트의 즉흥곡 따위를 쳤다. 손가락의 촉각으로나마 틀이 잡힌 세상을 느낀 것이다. 심신이 온통 혼란스럽고 세상이 뒤죽박죽이었지만 나는 거기서 구름처럼 홀가분하고 나비 날개처럼 신비로운 아름다움과 은혜와 경이의 숨겨진 세계를 보았다.

나는 자연 속에서도 비슷한 일을 겪었다. 나는 어지러운 상념과 사람을 떠나 층층나무가 간간이 섞인 소나무 숲에서 오래 산책을 하곤 했다. 강기슭을 따라 꼬불꼬불 잠자리의 자취도 좇고 머리 위를 선회하는 새 떼도 바라보고 무지갯빛 딱정벌레를 찾아 통나무 껍질도 뜯었다. 자연이 모든 생물체에게 형태와 자리를 내주는 확실하고 지당한 방식이 참 좋았다. 세상에는 웅장함도 있고 위대한 선(善)도 있고 기쁨의 자취도 있다는 증거를 보았다.

그때쯤 나는 사랑에 빠졌다. 꼭 떨어지는 기분, 참을 수 없는 가벼움의 상태로 한없이 곤두박질하는 기분이었다. 지축이 한쪽으로 기울었다. 그때까지만 해도 나는 연애를 인간이 만들어 낸 허구, 14세기 이탈리아 시인들이 지어낸 것 정도로 치부하며 믿지 않았다. 선과 미 못지않게 사랑에도 나는 전혀 준비되어 있지 않았다. 하루 아침에 심장이 가슴에 담아 둘 수 없을 만큼 부풀어 올랐다.

신학 용어로 '일반 은총'을 경험한 것이다. 그리고 감사를 느끼되 감사할 대상이 없고 경이를 느끼되 경배할 대상이 없다는 것이 비극임을 깨달았다. 나는 서서히, 아주 서서히, 어렸을 때 내버린 믿음으로 되돌아왔다. C. S. 루이스는 "맡아 보지 못한 꽃송이의 향기, 들어 보지 못한 곡조의 메아리, 밟아 보지 못한 나라의 소식"을 향한 깊은 갈망을 일깨워 주는 것을 "은혜의 물방울"이라 했다. 내가 경험한 것이 바로 그것이다.

렌즈를 통해 세상을 보면 정작 렌즈를 느끼지 못한다. 이런 렌즈처럼 은혜는 어디에나 있다. 결국 하나님은 내게 주변의 은혜를 볼 수 있는 눈을 주신 것이다. 확신컨대 내가 글 쓰는 사람이 된 것은 은혜 잃은 그리스도인들에 의해 변색된 낱말들을 되찾기 위함이다. 나의 첫 직장은 어느 기독교 잡지사였는데 거기서 전혀 가식 없이 신앙을 내 속도대로 키워 갈 수 있게 해준 마음씨 좋고 지혜로운 사장 해럴드 마이라를 만났다.

나의 초기 저서 중에는 폴 브랜드 박사와 함께 쓴 것이 몇 있다. 그는 장기간 인도 남부의 열대 불모지에서 대부분 천민 계급에 속한 나환자들을 돌보며 지낸 사람이다. 아무리 봐도 비전 없는 그 땅에서 브랜드는 하나님의 은혜를 경험하고 전달했다. 나는 이런 사람들의 은혜를 입으면서 은혜를 배웠다.

내 은혜의 성장 여정에는 벗어야 할 허물이 또 하나 있었다. 어려서 배운 하나님의 형상이 심히 불완전한 것임을 깨달은 것이다. 나는 시편 기자의 표현처럼 하나님이 "자비로우시며 은혜로우시며 노하기를 더디 하시며 인자하심이 풍부하신" 분임을 알게 되었다.

은혜는 자격 없는 자에게 값없이 거저 온다. 나도 그 중 하나다. 나는 가정과 교회에서 배운 비은혜의 연쇄 사슬 가운데 하나의 굳은 고리처럼 원한과 분노에 가득 찼던 이전의 내 모습을 돌아본다. 그러나 이제는 내 나름대로의 방식으로 은혜의 곡조를 부르려 하고 있다. 지금껏 느낀 모든 치유와 용서와 성화의 아픔이 오직 하나님의 은혜에서 비롯된 것임을 무엇보다 확실히 알고 있기 때문이다. 교회가 이 은혜를 키우는 씨앗이 되기를 빈다.

2장

사랑에 애타는 아버지

> 바로 그 탕자에게 아버지 집의 추억이 되살아났다.
> 그 아들이 경제적으로 잘 살았다면
> 집에 돌아갈 생각은 결코 하지 않았을 것이다.
> _ 시몬느 베이유

영국에서 열린 비교 종교학 회의에서 세계 각국 전문가들이 기독교 신앙의 독특성을 찾아 토론에 들어갔다. 그들은 여러 가지 답을 하나씩 지워 나갔다. 성육신? 신이 인간의 모습으로 현현한 이야기는 타종교에도 있다. 부활? 사자의 환생 기사 역시 타종교에 있는 것이다. 토론이 길어지고 있는데 C. S. 루이스가 방을 잘못 찾아 들어왔다. "토론 주제가 뭡니까?" 그의 질문에 동료들이 전 세계 종교 중 기독교만이 기여할 수 있는 바를 찾는 중이라고 말하자 루이스가 답했다. "그거야 쉽죠. 은혜 아닙니까?"[1]

얼마 동안의 토론을 계속 한 끝에 참석자들도 같은 결론을 내릴 수밖에 없었다. 하나님의 사랑이 값없이 조건 없이 우리를 찾아온다는 개념은 인간의 모든 본성과는 상반되는 것 같다. 불교의 고행, 힌두교의 업보, 유대교의 언약, 이슬람교의 법전은 모두 노력으로 인정

받는 길을 제시하고 있다. 감히 하나님의 사랑을 무조건적으로 받는 것은 기독교뿐이다.

　예수님은 은혜에 대한 우리의 본능적 저항을 잘 아셨기에 은혜 이야기를 더 자주 하셨다. 선인에게나 악인에게나 고루 비추이는 햇빛, 심지도 거두지도 않고 거저 먹고 사는 새, 가꾸는 이 없어도 험한 산자락에 절로 피는 들꽃 등 우리에게 하나님의 은혜로 가득 찬 세상을 보여 주셨다. 현지인이 보지 못하는 것을 외국인 관광객이 짚어 내는 것처럼 예수님은 어디서나 은혜를 보셨다. 그러나 예수님이 은혜를 분석하거나 정의하신 일은 한 번도 없다. 은혜라는 단어도 거의 사용하신 적이 없다. 대신 비유 즉 이야기를 통해 은혜를 전해 주셨다. 이제 외람되나마 그런 비유를 현대판으로 바꿔 보려 한다.

〰 〰 〰

　맨해튼 남동쪽 펄튼 수산 시장 근처에 어느 부랑자가 살고 있었다. 생선 내장이 썩는 악취가 코를 찌른다. 동 트기 전 요란스레 들이닥치는 트럭 소리도 싫다. 시장에 사람들이 북적대기 시작하면 경찰까지 와서 못살게 군다. 다행히 아래쪽에는 귀찮게 할 사람이 없다. 거기서 이 반백의 걸인은 사람을 피해 화물 선착장 쓰레기 더미 뒤에 누워 잔다.

　일꾼들이 이탈리아 말로 고함을 쳐 가며 트럭에서 뱀장어와 가자미를 쏟아 놓던 어느 이른 아침, 부랑자는 일어나 관광객 식당가 뒤편 쓰레기 더미를 뒤지고 다닌다. 전날 밤 사람들이 먹다 버린 마늘빵, 감자 튀김, 피자 부스러기, 케이크 조각 등 역시 일찍부터 서두르면 수입이 짭짤하다. 배가 찰 때까지 먹고 나머지는 갈색 종이 봉투에 담는다. 음료수 병과 깡통은 녹슨 쇼핑 카트 안 비닐 봉지에 슬쩍 감춘다.

아침녘 항구의 안개로 뿌옇던 태양이 어느덧 부둣가 빌딩 숲을 타고 넘는다. 시든 상추 더미 사이로 지난 주 복권 한 장이 눈에 띈다. 그냥 지나칠까 하다 습관의 힘으로 집어들어 주머니에 구겨 넣는다. 한때 형편이 좀 나았을 때는 매주 복권도 샀지만 지금은 아니다. 한낮이 지나서야 복권 생각이 나서 신문 자판기 앞에서 복권을 들고 서서 숫자를 맞춰 본다. 처음 세 자리가 맞는다. 네 번째도, 다섯 번째도, 일곱 개가 다! 있을 수 없는 일이다. 그와는 거리가 먼 일이다. 뉴욕 복권이 부랑자한테 맞다니.

그러나 사실이다. 그날 오후 기자가 찾아와 헐렁한 바지에 수염이 텁수룩한 부랑자를 앞으로 20년간 해마다 24만 3천 달러씩 지급받을 새로운 스타로 띄우는 사이에도 그는 눈부신 조명에 눈을 가늘게 뜨고 있다. 가죽 미니스커트를 입은 미모의 기자가 얼굴에 마이크를 들이대며 묻는다. "기분이 어때요?" 걸인은 멍하니 쳐다본다. 여자의 향수 냄새가 확 풍겨 온다. 기분이 어떠냐는 말, 정말 오래 전, 까마득히 오래 전에 들어 본 말이다.

그는 아사 직전까지 갔다 온 사람의 심정이다. 그리고 다시는 굶주리지 않으리라 다짐한다.

∨ ∨ ∨

로스앤젤레스의 한 사업가가 모험 여행 붐을 돈벌이에 이용해 보기로 했다. 미국인이라고 다 해외 여행 때 홀리데이인에서 자고 맥도날드에서 먹는 것은 아니다. 일상의 탈피를 선호하는 이들도 있다. 그는 세계 7대 불가사의 여행을 생각해 냈다.

고대 불가사의는 대개 흔적이 남아 있지 않지만, 다행히 바벨론 공중 정원(공중에 걸려 있는 것처럼 낭떠러지에 만들었다는 정원—편집자 주)을 복원하려는 움직임이 일고 있었다. 이리저리 뛰어다닌 끝에 이 사업가는 전세 비행기와 버스 편과 숙박 시설은 물론 관광객들에게 전문 고고학자와 같이 작업할 기회를 주겠다는 가이드까지 찾아냈다. 모험 여행자들의 구미에 딱 맞는 것이다. 고가의 텔레비전 광고 시리즈도 제작을 맡겨 부유층 관광객들이 시청하는 골프 시합 시간으로 방영 일정을 잡아 두었다.

재정은 어느 벤처 자본가로부터 백만 달러 대출을 맡아 놓았다. 5회째 여행부터 운영비를 충당하고 대출금 상환에 들어간다는 계산이었다.

그러나 그가 계산하지 못한 것이 하나 있었다. 첫 여행이 시작되기 두 주 전 사담 후세인이 쿠웨이트를 침공했고 미 국무성은 이라크 여행을 전면 금지했는데 하필이면 고대 바벨론 가공원이 바로 이라크에 있었다.

그는 벤처 자본가에게 어떻게 이 사실을 말해야 할지 3주를 고민했다. 은행마다 찾아다녀 보았지만 성과가 없었다. 주택 담보 대출을 알아보니 순 대출금은 고작 이십만 달러, 필요한 돈의 5분의 1밖에 안 됐다. 결국 짜낸 것이 매달 오천 달러씩 평생 동안 갚아 나가는 방안이었다. 그렇게 계약서를 작성했다. 그러면서도 마음은 한없이 무거웠다. 한 달에 오천 달러면 대출금 백만 달러의 이자도 안 되는 돈이다. 거기다 매달 오천 달러를 어디서 구한단 말인가? 그냥 파산해 버리면 신용은 끝장이다. 그는 선셋 가(街) 벤처 사무실로 찾아가 잔뜩 기가 죽어 더듬더듬 사과한 뒤 그 우스꽝스러운 상환 계획서를 꺼내 보였다. 에어컨을 틀어 놓은 사무실에서 땀이 다 났다.

벤처 자본가는 손을 치켜들며 말을 막았다. "잠깐만요. 무슨 말도 안 되는 얘깁니까? 상환이라뇨?" 그리고 웃었다. "이러지 마십시오. 나는 투자가입니다. 벌 때도 있고 손해 볼 때도 있습니다. 선생님 계획에 모험성이 있다는 것을 알고 있었어요. 물론 아이디어는 좋았죠. 전쟁이 난 건 선생님 책임이 아닙니다. 그냥 잊어버리십시오." 그러더니 계약서를 찢어서 종이 분쇄기에 집어던졌다.

∨ ∨ ∨

예수님의 은혜 이야기는 세 개의 복음서에 조금씩 다르게 나온다. 하지만 내가 제일 좋아하는 이야기는 전혀 다른 곳에 있다. 바로 1990년 6월 '보스턴 글로브'지에 실린 기상천외한 결혼 피로연 기사다.

한 여자가 약혼자와 함께 보스턴 시내 호텔에 가서 피로연 음식을 맞췄다. 우선 책자를 꼼꼼히 살펴 식기류를 고른 뒤 맘에 드는 꽃장식 사진을 가리켜 보였다. 둘 다 입맛이 고급이라 음식값이 만삼천 달러나 나왔다. 보증금 조로 반액만 수표를 끊어 주고 집에 와서 이번에는 청첩장 목록을 뒤적거렸다.

청첩장이 도착하기로 되어 있던 날, 남자가 딴소리를 했다. "난 아직도 잘 모르겠소. 평생의 결단인데, 좀더 시간을 두고 생각해 봅시다."

여자는 화가 나 피로연을 취소하러 호텔로 갔다. 이벤트부 책임자는 아주 이해심 많은 여자였다. "어쩜, 제 경우랑 똑같네요." 그러면서 그녀는 자기가 당했던 파혼 이야기를 들려주었다. 그러나 환불은 안 된다고 했다. "계약은 취소가 안 돼요. 천삼백 달러밖에 돌려받으실 수 없어요. 선택은 나머지 보증금을 떼이든지 그냥 피로연을 열든지 둘 중 하나죠. 죄송해요. 정말 죄송해요."

말도 안 되는 이야기였지만 생각을 거듭할수록 여자의 마음은 파티를 여는 쪽으로 기울었다. 결혼 피로연이 아니라 그냥 먹자판으로 못할 것도 없으니까. 그녀는 10년 전 노숙자 보호소에 기거한 적이 있었다. 그 후 다시 독립해서 좋은 데 취직해 혼수 비용도 웬만큼 장만해 둔 터였다. 이제 그 돈을 보스턴의 밑바닥 인생들을 시내로 불러 하룻밤 대접하는 데 쓰면 좋겠다는 생각이 들었다.

그렇게 해서 1990년 6월 보스턴 시내 하얏트 호텔에서는 전대미문의 파티가 열렸다. 여자는 각종 구제 단체와 노숙자 보호소에 초청장을 보냈다. 그 더운 여름 밤, 종이판에 붙은 피자 조각이나 긁어 먹던 사람들이 일류 닭 요리로 배를 불렸다. 턱시도를 입은 하얏트의 웨이터들이 알루미늄 보행기와 목발을 짚은 노인들에게 전채 요리를 내왔다. 남녀 부랑자들과 알코올 중독자들이 하룻밤 고달픈 길거리 생활에서 벗어나 샴페인을 마시고 초콜릿 웨딩 케이크를 먹고 밤늦도록 대형 밴드 음악에 맞춰 춤을 추었다.

∨ ∨ ∨

소녀는 미시간 주 트래버스 시티 위쪽 버찌 농장에서 성장했다. 부모는 약간 구식이라 딸이 듣는 음악, 코걸이, 치마 길이 따위에 과민 반응을 보이곤 한다. 어쩌다 외출 금지령이 떨어지면 소녀는 가슴이 부글부글 끓는다. 그날도 말다툼 후 아버지가 방문을 두드리자 딸이 소리친다. "아빠가 미워요!" 그날 밤 소녀는 그 동안 생각으로만 수없이 연습했던 일을 행동에 옮긴다. 가출을 한 것이다.

디트로이트는 전에 교회 중고등부에서 타이거즈팀의 경기를 보기 위해 버스를 타고 한 번밖에 가 본 일이 없다. 트래버스 시티 신문마다 디트로이트 시내 갱단, 마약, 폭력 기사가 무서울 정도로 자세히 보도되고 있던 터라 소녀는 부모가 설마 그런 곳으로 자기를 찾아나서지는 않으리라 생각한다. 캘리포니아나 플로리다라면 모를까 디트로이트는 아니겠지.

이틀째 되던 날 소녀는 지금까지 본 것 중 제일 큰 차를 몰고 다니는 한 남자를 만나게 된다. 남자는 차도 태워 주고 점심도 사 주고 머물 곳도 마련해 준다. 소녀는 남자가 준 알약을 먹고 생전 몰랐던 기분에 빠져든다. 소녀는 '역시 내가 옳았어. 엄마 아빠는 재미있는 건 하나도 못하게 했던 거야'라고 단정한다.

그렇게 한 달, 두 달, 한 해가 별 탈 없이 지나간다. 큰 차를 모는 남자―소녀에게 '사장님'으로 통하는―는 소녀에게 남자들이 좋아하는 일을 몇 가지 가르친다. 상대가 아직 미성년자인만큼 남자들이 내는 돈에도 웃돈이 붙는다. 소녀는 마음껏 룸 서비스도 주문해 가며 빌딩 옥상의 고급 주택에서 살고 있다. 가끔 식구들이 생각날 때도 있지만 지금은 자기가 거기서 자랐다고 믿어지지 않을 정도로 그들의 삶이 답답하고 촌스럽게 보인다.

소녀는 어느 날 우유팩 뒷면에 "사람을 찾습니다"라는 문구와 함께 자기 사진이 실린 것을 보고 잠시 놀란다. 하지만 머리는 이제 금발이고 짙은 화장에 여기저기 구멍도 뚫고 보석까지 단 여자를 그 아이로 착각할 사람은 없을 것이다. 거기에다 친구들도 대부분 가출을 하긴 했지만 디트로이트 바닥에서 서로 밀고하는 일이란 없다.

1년이 지나면서 소녀의 얼굴에 병색이 돌기 시작한다. 돌연 낯빛이 바뀌는 사장을 보고 소녀는 경악한다. "요즘 같은 세상에 빈둥거려서는 안 돼." 사장이 불만을 표하고 소녀는 어느새 한 푼도 없이 길거리로 나앉게 된다. 여전히 하룻밤에 두세 건씩 일을 건지기는 하지만 이제는 큰돈도 못 받는데다 그나마 받는 돈도 마약을 사는 데 쓰면 끝이다. 겨울이 오자 소녀는 대형 백화점 밖 쇠창살에 기대어 잔다. 그러나 '잔다'는 것은 틀린 말이다. 한밤중 디트로이트 시내는 십대 소녀가 경계를 풀 수 있는 곳이 못 된다. 어둠이 깔려 온다. 기침이 심해진다.

그날 밤도 사람들의 발자국 소리를 들으며 깨어 있는데 한순간 모든 것이 달라 보이기 시작한다. 무대의 주인공 같던 기분은 더 이상 간 데 없고 춥고 무서운 도시의 길 잃은 아이 같은 심정만 남는다. 소녀는 훌쩍거리기 시작한다. 주머니는 비어 있는데 배가 고프다. 대책이 필요하다. 소녀는 바닥에 웅크리고 코트 위에 신문지까지 덮어쓴 채 떨고 있다. 불현듯 끊겼던 기억이 되살아나며 하나의 영상이 가슴 가득 떠오른다. 천지에 벚꽃이 만발한 5월의 트래버스 시티, 소녀의 황금빛 사냥개가 테니스 공을 찾아 벚꽃이 흐드러진 나무 숲 속을 달리는 장면.

"하나님, 제가 어쩌다 집을 나왔을까요?" 소녀가 혼잣말로 중얼댄다. 가슴이 미어지는 것 같다. "우리 집 개도 나보다 잘 먹는데." 소녀는 흐느낀다. 그리고 한순간에 깨닫는다. 견딜 수 없을 정도로 집에 돌아가고 싶다는 것을.

연거푸 세 차례 전화를 걸지만 계속 응답기만 울린다. 처음 두 번은 그냥 끊지만 세 번째는 메시지를 남긴다. "아빠 엄마, 저예요. 집에 갈지도 모르겠어요. 집 방향 버스를 타요. 그 쪽에 가면 자정쯤 될 거예요. 아빠 엄마가 없으면 그냥 버스에 앉아 캐나다까지 가겠죠."

버스가 디트로이트와 트래버스 시티 사이의 경유지를 모두 통과하는 데는 일곱 시간쯤 걸린다. 그 사이 소녀는 자기 계획의 허점을 깨닫는다. 만약 아빠 엄마가 출타 중이라 메시지를 못 듣는다면? 하루 이틀 더 기다린 후 직접 통화를 했어야 하지 않을까? 설사 집에 계신다 해도 딸 하나 오래 전에 죽은 셈치고 단념하고 계실지도 몰라. 충격을 극복할 시간을 드릴 걸.

이런 염려 중에도 아버지에게 할 말을 준비하느라 소녀의 생각은 어지럽기만 하다. "아빠, 죄송해요. 잘못했어요. 아빠 잘못이 아니에요. 다 제 잘못이에요. 아빠, 용서해 주세요." 수없이 되뇌는 말, 연습인데도 벌써 목이 잠긴다. 남한테 잘못을 빌어 본 적이 언제던가.

버스는 베이 시티부터 불을 켜고 달린다. 바퀴에 숱하게 스쳐 닳아진 도로 위로 작은 눈송이가 흩날리고 아스팔트에서 뿌옇게 김이 난다. 고향의 밤은 칠흑같이 어둡다는 것을 그 동안 까맣게 잊고 있었다. 사슴 한 마리가 쏜살같이 길을 가로지르는 바람에 버스가 잠시 출렁인다. 길 옆에는 트래버스 시티까지 남은 거리를 알리는 표지판

이 나왔다 사라지고 또 나왔다 사라졌다. '오, 하나님.'

버스의 에어 브레이크가 쉿 소리를 내며 드디어 터미널 안으로 들어서자 운전사가 쉰 목소리로 안내 방송을 한다. "정차 시간은 15분입니다." 소녀의 인생을 판가름 낼 운명의 15분. 소녀는 손거울로 얼굴을 살피고 머리를 매만진 뒤 위아래 이로 립스틱을 지워 낸다. 손가락 끝의 담배 얼룩을 보며 부모님이 자기를 알아볼까 잠시 생각해 본다. 물론 나와 계신 경우의 이야기다.

앞일을 전혀 모른 채 소녀는 터미널로 들어선다. 오만 가지 상상을 다 해 봤지만 정작 눈앞에 펼쳐진 것은 정말 꿈에도 생각하지 못했던 장면이다. 콘크리트 벽에 플라스틱 의자뿐인 미시간 주 트래버스 시티 버스 터미널 안에 형제 자매부터 시작해 삼촌들, 사촌들, 할머니, 증조 할머니, 이모 할머니까지 무려 사십 명이나 되는 일가친척이 다 나와 서 있는 것이다. 저마다 우스꽝스러운 파티 모자를 쓰고는 요란한 악기를 불면서. 터미널 벽은 온통 컴퓨터로 뽑아 낸 "환영!" 현수막으로 뒤덮여 있다.

환영 인파 속에서 아빠가 다가오자 소녀는 녹아 내리는 수은처럼 눈물이 아른거리는 눈으로 아빠를 보며, 외워 둔 말을 시작한다. "아빠, 죄송해요…."

아빠가 말을 막는다. "쉿! 이러고 있을 때가 아니야. 용서를 빌고 있을 시간이 없어. 파티에 늦을라. 집에 잔치가 준비되어 있거든."

∽ ∽ ∽

우리는 어떤 약속이든 함정을 찾아내는 데 익숙해 있다. 그러나 은혜가 넘치는 예수님의 비유에는 우리를 하나님의 사랑에서 제외시키는 함정이나 올무가 없다. 비유마다 하나같이 현실로 보기에는 턱없이 좋게 끝난다. 아니, 너무 좋아 반드시 현실이 되어야만 하는 것이리라.

이런 이야기들은 내 어린 시절의 하나님에 대한 생각―용서를 해주시긴 하지만 회개의 몸부림을 쳐야 마지못해 해주시는 하나님―과는 얼마나 다른가. 나는 하나님이 사랑보다는 두려움과 떠받듦을 바라는 멀고도 무서운 존재인 줄 알았다. 그러나 예수님의 비유에 나오는 하나님은 체면조차 버린 채 뛰어나와 집안의 재산을 반이나 탕진한 아들을 끌어안는 아버지의 모습이다. "이제 정신 차리겠느냐"라는 식의 근엄한 훈계도 없다. 오히려 아버지의 가눌 수 없는 기쁨―"이 내 아들은 죽었다가 다시 살아났으며 내가 잃었다가 다시 얻었노라"(눅 15:24)―에 흥겨운 한마디가 뒤를 잇는다. "그들이 즐거워하더라."

용서를 가로막는 것은 하나님의 침묵이 아니라―"아직도 거리가 먼데 아버지가 그를 보고 측은히 여겨"(눅 15:20)―우리의 침묵이다. 하나님은 언제나 팔을 벌리고 계시되 우리가 등을 돌릴 뿐이다.

나는 예수님의 은혜의 비유를 그 뜻이 가슴 깊이 새겨질 만큼 충분히 묵상해 왔다. 그러나 지금도 그 파격적인 메시지를 접할 때마다 비은혜의 구름이 하나님에 대한 내 시각을 얼마나 무참히 흐려 놓는지 새삼 깨닫곤 한다. 잃어버린 동전 하나 찾았다고 기뻐 날뛰는 주부는 하나님을 생각할 때 자연스레 떠오르는 이미지가 아니다. 하지만 그것이 예수님이 힘써 알리신 하나님의 모습이다.

탕자 이야기는 예수님의 삼부작 비유―잃은 양, 잃어버린 동전, 집 나간 아들―에 나오는 것으로 요점은 모두 같다. 셋 다 잃어버린 슬픔이 부각된 뒤 다시 찾은 기쁨과 함께 축하의 장면으로 끝난다. 사실상 예수님의 말씀은 이런 것이다. "하나님이 된다는 것이 어떤 기분인지 알고 싶으냐? 저기 두 다리를 하고 선 인간들 중 하나가 내게 돌아오면 나는 마치 나의 가장 소중한 것, 되찾을 수 없다고 단념했던 것을 도로 얻는 기분이다." 하나님은 생을 발견한 것처럼 느끼신다.

재발견은 처음 발견보다 왠지 모르게 심금을 울리는 데가 있다. 단지 펜 하나라도 잃었다가 다시 찾으면 처음 살 때보다 더 기쁜 것이 주인의 마음이다. 나는 컴퓨터가 없던 시절 집필 중인 책의 네 장(章) 분량의 원고를 잃어버린 일이 있다. 호텔 방 서랍에 그냥 두고 나왔던 것이다. 두 주 동안 계속 호텔 측에서는 청소하는 사람이 그 종이뭉치를 버렸다는 말만 되풀이했다. 어찌나 속이 상하던지. 그 네 장을 다듬고 고치느라 몇 달이 걸렸는데 이제 무슨 기력으로 처음부터 다시 시작한단 말인가? 같은 단어를 생각해 낸다는 건 불가능한 일이리라. 그러던 어느 날 영어를 잘 못하는 한 청소부 아주머니에게서 전화가 왔는데 그 종이를 버리지 않았다는 것이다. 정말이지, 원고를 되찾은 기쁨은 처음 쓰면서 느끼던 것과는 비할 수 없었다.

6개월 전 유괴된 딸이 살아 있으며 소재지가 파악됐다는 경찰의 전화 보고를 받는 부모의 심정, 육군 고관의 내방을 받고 그 간의 차질에 대한 사과와 함께 추락 헬기에 남편이 타지 않았다는 말을 듣는 아내의 심정, 나는 이런 심정을 위에서 말한 경험 덕에 약간은 알 것 같다. 만물의 창조주께서 그 가족 하나가 되돌아올 때 느끼실 심정도 이런 일들로 미루어 조금은 헤아려 볼 수 있다. 예수님은 이렇게 표현하셨다. "이와 같이 죄인 한 사람이 회개하면 하나님의 사자들 앞에 기쁨이 되느니라"(눅 15:10).

은혜란 믿어지지 않을 만큼 개인적인 것이다. 헨리 나우웬도 말했듯이 "하나님은 기뻐하신다. 세상의 문제들이 해결됐기 때문도 아니고 인간의 아픔과 고난이 다 끝났기 때문도 아니고 수많은 영혼이 이미 회심하여 당신의 선하심을 찬양하고 있기 때문도 아니다. 하나님은 잃어버린 자녀 하나를 찾으신 것으로 기뻐하신다."[2]

∨ ∨ ∨

비유에 나오는 인물—펄튼 가의 부랑인, 백만 달러를 날린 사업가, 보스턴 연회의 잡배들, 트래버스 시티의 십대 윤락녀—의 도덕성에 초점을 둔다면 메시지는 아주 이상해질 수밖에 없다. 분명 예수님은 살아가는 방식을 가르치기 위해서 이 비유들을 주신 것이 아니다. 나는 하나님의 성품과 그 사랑의 대상에 대한 우리의 생각을 바로잡아 주시고자 비유를 주신 것이라고 믿는다.

베니스 미술 대학 벽에는 종교 재판의 빌미가 되었던 파올로 베로니스의 그림이 한 점 걸려 있다. 예수님이 제자들과 함께 어느 잔치석상에 앉으신 그림으로 한쪽 구석에서는 로마 병사들이 노닥거리고 있고 반대편에서는 어떤 남자가 코가 빨개져 있다. 주인 없는 개들은 사방을 휘젓고 다니고 군데군데 술 취한 이들, 난쟁이들, 흑인들, 심지어 시대에 안 맞는 훈족(族)까지 등장하고 있다. 종교 재판에 소환되어 이런 불경한 대목에 대한 해명을 요구받은 자리에서 베로니스는 복음서를 기준으로 보건대 이런 사람들이 바로 예수님이 어울렸던 부류라며 자기 그림을 변호했다. 분개한 재판관들은 그 그림을 성화가 아닌 속화(俗畵)로 고치고 제목도 바꿀 것을 명했다.

물론 이 과정에서 종교 재판관들은 예수님 시대 바리새인의 태도를 그대로 보여 주었다. 바리새인도 세리나 혼혈족이나 외국인이나 평판 나쁜 여자들이 예수님과 어울리는 데 분개했다. 그런 사람들이 바로 하나님이 사랑하시는 사람들이라는 사실을 받아들이지 못한 것이다. 예수님이 은혜의 비유로 무리의 마음을 파고드는 그 순간에도 바리새인은 주변에 서서 투덜대며 이를 갈고 있었다. 예수님은 바리새인을 꼬집기 위해 탕자의 비유에 형을 등장시키신다. 동생의 철없는 행동에 오히려 상을 주는 아버지를 보고 형은 의당 노를 발한다. "이런 건달 녀석한테 파티를 열어 주다니 도대체 아버지가 가르치려는 '가훈'은 무엇인가? 장려하려는 덕목이 무엇이란 말인가?"●

복음이란 우리 생각과 전혀 다른 것이다. 나만 해도 문제아보다는 모범생에게 칭찬이 돌아가기를 바랄 것이다. 거룩하신 하나님을 감히 뵐 꿈이라도 꾸려면 우선 잘못된 행동부터 고치는 것이 순서라고 생각할 것이다. 그러나 예수님이 보여 주신 하나님의 모습은 외관상 훌륭한 종교 지도자를 멀리하시고 오히려 "하나님이여, 불쌍히 여기소서"(눅 18:13) 하고 부르짖는 한 평범한 죄인을 만나 주시는 모습이다. 사실 성경 어디를 보더라도 하나님은 '착한' 사람들보다는 '진

● 현대 설교가 프레드 크레독은 오로지 이 점을 공정하게 만들려고 비유의 세부 사항을 수정한 바 있다. 아버지가 형에게 반지를 끼워 주고 옷을 입혀 준 다음 오랜 충성과 순종을 기려 살진 송아지를 잡는 것으로 설교한 것이다. 그러자 예배당 뒤쪽에서 한 여자가 소리쳤다. "처음부터 그렇게 썼어야 옳아요!"

실한' 이들을 훨씬 좋아하신다는 것을 알 수 있다. 예수님의 말씀을 들어 보자. "죄인 한 사람이 회개하면 하늘에서는 회개할 것 없는 의인 아흔아홉으로 말미암아 기뻐하는 것보다 더하리라"(눅 15:7).

예수님이 돌아가시기 전에 마지막으로 하신 일 중 하나는, 십자가에 달린 강도가 순전히 두려움에서 벗어나고자 회심하는 줄 아시면서도 그를 용서하신 것이다. 이 강도는 앞으로 성경을 공부할 것도 아니고 회당이나 교회에 나갈 것도 아니고 자기가 피해를 입힌 사람들을 찾아가 죄를 빌 것도 아니었다. 단순히 "예수여…나를 기억하소서"(눅 23:42-43) 하고 말한 것뿐인데 예수님은 "오늘 네가 나와 함께 낙원에 있으리라"라고 약속해 주셨다. 이것은 은혜가 우리의 행위에 달린 것이 아니라 하나님이 하신 일에 달려 있는 것임을 보여 주는 또 하나의 충격적인 사건이다.

사람들에게 천국에 가려면 어떻게 해야 하느냐고 물어보면 대답은 대부분 같다. "착하게 살아야죠." 이는 예수님의 비유와 상충되는 답이다. 사실 우리는 그냥 "도와주세요!" 하고 부르짖기만 하면 된다. 하나님은 집을 찾아 돌아오는 자라면 누구나 맞아 주신다. 실은 하나님 편에서 이미 첫걸음을 떼셨다. 의사, 변호사, 결혼 상담가 같은 전문직 종사자들은 대개 스스로 고가의 꼬리표를 단 채 고객들이 찾아오기를 기다린다. 그러나 하나님은 아니다. 쇠렌 키르케고르는 말한다.

죄인에 대한 문제라면 하나님은 그냥 팔 벌리고 서서 "이리 오라"라고 말씀만 하시지 않는다. 줄곧 서서 기다리신다. 탕자의 아버지가 그랬던 것처럼. 아니다. 그분은 서서 기다리시지 않는다. 찾아 나서신다. 목자가 잃은 양을, 여인이 잃어버린 동전을 찾아 나선 것처럼, 그분은 가신다. 아니다. 그분은 이미 가셨다. 그 어떤 목자나 여인보다 무한히 먼 길을. 진정 그분은 하나님 신분에서 인간 신분이 되기까지 무한히 먼 길을 가셨다. 그렇게 죄인들을 찾아오신 것이다.[3]

이는 예수님의 비유의 핵심을 지적한 말이다. 그분의 비유는 청중의 주의를 끌기 위한 흥미로운 이야기나 신학적 진리를 담는 문학적 그릇으로 그치지 않는다. 예수님의 비유는 사실 그분의 지상 생활의 축소판이다. 그분은 안전한 울을 떠나 어둡고 위험한 밤길을 나선 목자였다. 그분은 잔치에 온 세리, 잡배, 창녀도 언제나 환영하셨다. 그분은 건강한 자가 아니라 병든 자, 의인이 아니라 불의한 자를 위해 오셨다. 자기를 배반한 자―특히 가장 필요로 할 때 자기를 버린 제자들―를 대할 때도 그분은 사랑에 애타는 아버지였다.

∨ ∨ ∨

신학자 칼 바르트는 수천 면에 달하는 『교회 교의학』(대한기독교서회)을 집필한 후 결론으로 하나님을 간단히 이렇게 정의했다. "사랑하시는 분."

얼마 전 열다섯 살 난 딸과 전쟁 중인 목사 친구로부터 연락이 왔다. 그는 딸이 피임약을 사용하는 것을 알고 있었다. 심지어 며칠씩 집에 들어오지 않을 때도 있었다. 부모가 갖가지 훈육을 시도해 봤지만 소용없었다. 딸은 거짓말과 속임수를 일삼으며 반격할 방도를 찾곤 했다. "이게 다 엄한 것밖에 모르는 엄마 아빠 때문이에요!"

친구가 말했다. "거실 두터운 유리창 앞에 서서 어둠 속을 내다보며 그 애가 들어오기만 기다리고 있던 일이 생각나네. 속에서 분이 치밀어 올랐지. 나도 탕자의 아버지처럼 되고 싶었지만, 우리를 기롱하고 상처를 준 딸 아이한테 역정이 나더군. 물론 제일 큰 상처를 받은 건 자기 자신이었겠지. 하나님의 진노가 표현된 예언서 말씀이 비로소 이해가 되더군. 상처 주기에 능한 백성 앞에서 그분은 고통 가운데서 부르짖으셨던 걸세."

"진짜 빼놓을 수 없는 이야기가 있네. 그날 밤, 아니 이튿날 아침, 딸애가 집에 오자 그야말로 더 이상 바랄 게 없었다네. 다만 그 애를 두 팔로 감싸안고 사랑해 주고 네가 잘 되기를 바란다고 말해 주고 싶었을 뿐. 나는 사랑에 애타는 무력한 아버지였다네."

지금은 하나님을 생각하면 사랑에 애타는 아버지 모습이 떠오른다. 한때 생각했던 엄격한 군주와는 거리가 멀다. 나는 내 친구가 고통스럽게 어둠 속을 응시하며 두터운 유리창 앞에 서 있는 모습을 생각해 본다. 예수님의 비유에 그려진 '기다리시는 아버지'가 떠오른다. 자식의 부당한 대우 때문에 가슴에 상처를 입었으면서도 오직 용서와 새출발을 원하며 "이 내 아들은 죽었다가 다시 살아났으며 내가 잃었다가 다시 얻었노라"라고 기쁘게 외치기를 원하시는 아버지.

모차르트의 미사곡에는 지금은 내 기도가 된, 기도할수록 확신이 더하는, 놀라운 노랫말이 있다. "자비로운 예수여, 주께서 이 땅에 오심이 바로 저 때문임을 기억해 주소서." 그분은 지금도 기억하고 계시리라.

3장
은혜의 색다른 계산법

> 이 점, 이 정지점 없이는 무도는 없다.
> 거기에만 무도가 있다.
> _ T. S. 엘리어트

'크리스채너티 투데이'에 "복음의 잔혹한 계산법"이라는 제목의 칼럼을 쓴 뒤 나는 풍자란 누구나 좋아하는 것이 아님을 곧 깨달았다. 내 편지함은 독자들의 답신으로 몸살을 앓았다. 격앙된 한 독자는 "필립 얀시, 당신은 하나님이나 예수님과 동행하고 있지 않군요!"라고 썼다. 또 "이 칼럼은 신성 모독이오"라며 나의 '반기독교적 지성 철학'을 비난한 사람도 있다. 심지어 나를 '사탄적'이라고 말한 독자도 있다. 이 사람은 "그 회사에는 이런 덜 떨어진 허튼소리를 추려 낼 검열자도 없단 말이오?"라며 편집진에게 따졌다.

신성 모독에 반기독교적, 사탄적 존재로까지 취급받는 데는 영 익숙치 않던 터라 나는 풀이 죽어서 다시 그 칼럼을 들춰내 곱씹어 보았다. 뭐가 잘못된 것일까? 나는 각 복음서에서 하나씩 네 개의 비유를 골라 거기 담긴 계산법이 이치에 어긋난다는 것을 어디까지나

풍자조로—내 생각에는—지적했을 뿐이다.

누가복음(15:3-7)에는 한 마리 잃은 양을 찾겠다고 아흔아홉 마리 양떼를 그냥 두고 어둠 속에 뛰어드는 목자 이야기가 나온다. 이는 고귀한 행동임이 분명하지만 잠깐 그 이면의 계산법을 생각해 보라. 예수님은 이 목자가 아흔아홉 마리 양을 '들에' 두고 갔다고 하셨다. 양들은 가축 도둑, 늑대, 뛰쳐나가려는 야생적 욕구 등에 그냥 노출되어 있었다는 이야기다. 한 마리 잃은 양을 찾아 어깨에 메고 돌아와 보니 스물세 마리 양이 온데간데없이 사라졌다면 그때 목자의 기분은 어땠을까?

요한복음(12:3-8)에 나오는 한 기사를 보면 마리아라는 여자가 외국산 향유 0.5리터(1년치 임금에 해당)를 예수님의 발에 붓는다. 이 무슨 낭비인가. 단 한 방울로도 소기의 목적을 이룰 수 있지 않은가? 유다가 보기에도 이건 말도 안 되는 일이었다. 더러운 마룻바닥에 철철 흐르는 향품을 팔아 가난한 자들을 도울 수도 있으련만.

세 번째 장면은 마가복음(12:41-44)에 나온다. 예수님이 한 과부가 동전 두 닢을 성전 헌금함에 넣는 것을 보시고 다른 이들의 고액 헌금을 깎아 내리신다. "내가 진실로 너희에게 이르노니 이 가난한 과부는 연보궤에 넣는 모든 사람보다 많이 넣었도다." 말투라도 부드러우셨어야 할 텐데. 고액 기부자들은 이런 비교를 결코 달가워하지 않기 때문이다.

마태복음(20:1-16)에 나오는 네 번째 이야기는 설교 시간에 좀처럼 들어 본 적이 없는 비유다. 그만한 이유가 있다. 예수님은 포도원에 품꾼을 쓰는 한 농부의 이야기를 들려주신다. 품꾼 중에는 해 뜰

무렵에 온 사람도 있고, 오전 휴식 시간에 온 사람도 있고, 점심 나절에 온 사람도 있고, 오후 쉬는 시간에 온 사람도 있고, 끝나기 한 시간 전에 온 사람도 있다. 일당 지급 때까지는 다들 괜찮은 듯했다. 그러나 뙤약볕 아래 열두 시간 꼬박 일한 충성파는 온 지 한 시간도 채 안 된 사람들의 일당이 자기들과 같다는 사실을 알게 된다. 주인의 처사는 노동자 동기 부여나 공정 보수와는 거리가 먼 것이었다. 한마디로 잔혹한 경제학이다.

이 칼럼 덕에 나는 풍자에 대한 교훈 외에도 은혜에 대해 중요한 교훈을 하나 배웠다. 잔혹하다는 단어는 잘못 골랐을지 모르나 분명 은혜의 곡조에는 튀는 음정 곧 **불공평**이 끼어 있다. 과부의 동전 두 개를 부자의 백만 달러보다 크게 쳐야 하는 이유는 무엇인가? 풋내기 임시직을 충실한 정규직과 같이 대우할 주인이 어디 있는가?

∨ ∨ ∨

그 칼럼을 쓴 지 얼마 되지 않아 나는 "아마데우스"(*Amadeus*, 라틴어로 '하나님의 사랑받는 자')라는 연극을 보았다. 그것은 하나님의 마음을 깨달으려 애쓴 17세기의 한 작곡가를 다룬 극이다. 독실한 신자 안토니오 살리에리는 불후의 찬미곡을 만들고픈 간절한 의욕은 있으되 재능이 따라 주지 않는다. 하나님이 사상 최대의 음악적 천재의 은사를 볼프강 아마데우스 모차르트라는 이름의 아직 사춘기도 지나지 않은 개구쟁이 소년에게 부어 주신 데 대해 그는 분노를 느낀다.

공연을 보면서 나는 마치 내가 오랫동안 고민해 온 문제의 이면을 보는 듯했다. 연극이 제기하는 질문은 내용만 거꾸로일 뿐 성경의 욥기와 동일한 것이었다. 욥기 저자는 하나님이 지면에서 가장 의로운 사람에게 '벌 주시는' 이유를 몰라 고민했다면, "아마데우스" 작가는 하나님이 자격 미달의 애송이한테 '상 주시는' 까닭을 놓고 고민했다. 고난의 문제에 은혜의 파문이 맞수로 나선 셈이다. 연극의 이런 대사에 그 파문이 잘 표현되어 있다. "인간도 자기가 배운 대로 하나님을 가르칠 수 있다. 그걸 못하는 인간을 어디에 쓸 것인가?"

하나님이 성실한 에서 대신 교활한 야곱을 택하신 까닭은 무엇인가? 모차르트형 직무 태만자인 삼손에게 초자연적 위력을 허락하신 까닭은 무엇인가? 왜 꼬마 목동 다윗을 이스라엘 왕으로 세우셨는가? 왜 그 왕의 불륜 관계의 열매인 솔로몬에게 탁월한 지혜의 은사를 주셨는가? 사실 구약의 이런 기사마다 그 이면에는 은혜의 파문이 꿈틀대고 있다. 그 파문은 마침내 예수님의 비유에서 극적으로 폭발하여 권선징악적 사조의 판도를 바꿔 놓는다.

품꾼들에게 불공평한 보수를 지불하는 것에 대한 예수님의 비유는 이 파문을 유감없이 보여 준다. 현대 유대교 판에는 이 이야기가 저녁나절에 고용된 품꾼들이 하도 열심히 일해서 주인이 감동받아 하루치 품삯을 주는 것으로 되어 있다. 그러나 예수님의 비유는 그렇지 않다. 마지막에 온 품꾼들은 저자에서 빈둥빈둥 서 있다 왔는데 이것은 추수철에 게으르고 무능한 자들이나 할 일이었다. 게다가 이 늦게 온 사람들은 잘 보이려고 따로 더 한 일도 없다. 그러니 그들이 받은 품삯을 보고 다른 품꾼들이 충격을 받을 수밖에 없다. 어떤 주인이 제 정신으로 한 시간 일한 사람이나 열두 시간 일한 사람이나 같은 돈을 주겠는가!

예수님의 비유는 경제적으로 보면 전혀 말이 안 된다. 그것이 그분의 취지였다. 그분이 이 비유로 우리에게 가르치시고자 한 것은 바로 은혜다. 은혜란 하루 품삯처럼 계산할 수 있는 것이 아니다. 은혜는 일등이냐 꼴찌냐를 따지지 않는다. 은혜는 산수가 아니다. 은혜란 하나님의 선물로 받는 것이지 노력의 대가로 얻는 것이 아니다. 예수님은 주인의 대답을 통해 이 점을 분명히 해 두셨다.

친구여 내가 네게 잘못한 것이 없노라. 네가 나와 한 데나리온의 약속을 하지 아니하였느냐. 네 것이나 가지고 가라. 나중 온 이 사람에게 너와 같이 주는 것이 내 뜻이니라. 내 것을 가지고 내 뜻대로 할 것이 아니냐. 내가 선하므로 네가 악하게 보느냐(마 20:13-15).

"살리에리여, 내가 모차르트를 후대하기로 네가 시기하느냐? 사울이여, 내가 다윗을 후대하기로 네가 시기하느냐? 바리새인들이여, 내가 이렇게 늦은 시각 이방인들에게 문을 열기로 너희가 시기하는 것이냐? 내가 바리새인의 기도보다 세리의 기도를 더 귀히 보고 막판에 회개한 강도를 낙원에 들이므로 너희 속에 시기가 일어나느냐? 잃은 양을 찾기 위해 말 잘 듣는 양떼를 두고 가지 못된 탕자에게 살진 송아지를 베푸는 것을 너희가 지금 못마땅해하는 것이냐?"

예수님의 비유에 나오는 주인은 품꾼들에게 열두 시간 삯 대신 한 시간 삯을 준 것이 아니다. 주인은 그들을 속이지 않았다. 종일 일한 품꾼도 처음 약속대로 받았다. 불만의 원인은 은혜의 파격적인 계산법에 있다. 건달에게 업무량보다 열두 배나 더 지급하는 것을 본 이들은, 주인에게 자기 돈을 자기 뜻대로 쓸 권리가 있다는 사실을 받아들일 수 없었다.

한 가지 의미심장한 것은 이 비유를 공부하는 많은 그리스도인은 자신을 해 질 무렵 끼어든 품꾼이 아니라 온종일 고생한 자들과 동일시한다는 점이다. 어디까지나 자신을 책임감 있는 일꾼으로 여기기를 좋아하는 것이다. 그러니 우리도 주인의 엉뚱한 처사에 당황한 당시의 청중과 똑같이 할 수밖에 없다. 하나님은 품삯이 아니라 선물을 주신다는 비유의 핵심은 딴전이다. 우리 중 자기 공로대로 받는 사람은 아무도 없다. 하나님이 요구하시는 완전한 삶 근처에라도 가는 사람이 하나도 없기 때문이다. 공평한 기준대로 받기로 한다면 우리는 다 지옥행으로 끝날 것이다.

로버트 파라 케이폰의 말처럼 "세상이 계산 장부로 구원받을 수 있다면 예수님이 아니라 모세를 통해 구원받았을 것이다." 은혜는 세간에 통하는 회계 원리로 격하될 수 없다. 계산 일색의 비은혜 세계에는 자격에서 남을 앞지르는 자들이 있다. 그러나 은혜의 세계에는 자격이라는 말 자체가 소용없다.

프레드릭 비크너는 말한다.

인간은 만사를 수용할 준비가 되어 있으나 자신의 시계(視界) 저편에 눈부신 빛이 있다는 사실에 대해서만은 예외다. 자기 밭에 텍사스 주를 사고 남을 보화가 묻혀 있는데도 그것이 암소 발뿌리에 채여서 드러나기 전에는 평생 등이 휘도록 그 밭만 갈고 살 각오가 되어 있다. 까다로운 거래를 일삼는 하나님이라면 받아들일 준비가 되어 있지만, 한 시간 일에 하루치 품삯을 주시는 하나님에 대해서는 그렇지 않다.

겨자씨만한 하나님 나라에 대해서는 수긍할 준비가 되어 있지만, 가지에 새들이 깃들여 모차르트 노래를 부르는 거목에 대해서는 그렇지 않다. 제일 장로 교회의 조촐한 저녁 식사에는 갈 준비가 되어 있지만 어린양의 혼인 잔치에 대해서는 그렇지 않다.[1]

∨ ∨ ∨

내 계산으로 제자들 중 가장 산수에 능했던 사람은 단연 유다와 베드로다. 유다는 숫자에 밝았던 것이 분명하다. 그렇지 않았으면 다른 제자들이 그를 회계로 뽑지 않았을 것이다. 베드로는 언제나 예수님의 의중을 정확히 알려 했던 꼼꼼하고 철저한 사람이었다. 복음서에 보면 예수님이 기적을 베푸사 많은 물고기를 잡게 하셨을 때 베드로가 끌어올린 것이 153마리였다는 기록이 있다. 계산에 빠른 사람이 아니고야 어찌 그 퍼덕거리는 고기 떼를 세어 볼 엄두나 내겠는가?

사도 베드로가 은혜의 수학 공식을 찾아보려 한 것도 이런 철두철미한 성격 탓이다. 하루는 그가 예수님께 물었다. "형제가 내게 죄를 범하면 몇 번이나 용서하여 주리이까? 일곱 번까지 하오리이까?"(마 18:21) 당시 랍비들은 인간이 베풀 수 있는 용서의 횟수를 최대 세 번으로 가르쳤기 때문에 베드로 딴에는 파격적인 관용을 보인 것이다.

예수님은 즉각 답하셨다. "일곱 번뿐 아니라 일흔 번씩 일곱 번이라도 할지니라." 어떤 사본에는 "일흔일곱 번"으로 되어 있으나 사백구십 번이든 일흔일곱 번이든 그건 별로 중요하지 않다. 예수님이 말씀하시려 한 것은 용서란 주판알을 튕기는 그런 성질의 것이 아니라는 것이다.

베드로의 질문을 발단으로 예수님의 명쾌한 비유가 또 하나 이어진다. 그것은 어쩌다 수십억대 빚을 진 한 종의 이야기다. 현실적으로 종이 그런 고액의 빚을 질 수는 없다는 점이 예수님의 논지를 더욱 분명히 해준다. 그것은 일가족과 전 재산을 다 몰수해도 조금도 줄지 않을 빚이었다. 용서가 불가능하다. 그럼에도 불구하고 임금은 불쌍히 여기는 마음에 돌연 종의 빚을 다 탕감해 주고 처벌하지 않고 놓아 보냈다.

일순간 전개가 바뀐다. 방금 막 용서받은 그 종이 자기에게 기껏해야 몇 푼 빚진 친구를 붙잡고 못살게 군다. "빚을 갚아!"(마 18:28) 그는 닦달하다 못해 친구를 옥에 가둔다. 욕심 많은 이 종은 한마디로 **배은망덕한 자**(ingrate)이다.

비유 끝부분에 가서 이 임금이 곧 하나님임을 알게 되면, 왜 예수님이 이런 과장법을 사용하고 계신지 이유가 분명해진다. 하나님은 우리의 산더미 같은 빚을 이미 탕감해 주셨고 거기에 비하면 다른 사람이 우리에게 한 잘못은 개미 집 정도밖에 안 된다. 이것이 남들을 대하는 우리의 태도가 되어야 한다. 하나님께 받은 그 큰 용서를 생각할 때 어떻게 서로 용서하지 **않을** 수 있을까?

루이스의 말처럼, "그리스도인이 된다는 것은 용서할 수 없는 죄를 용서하는 것을 말한다. 하나님이 우리의 용서받을 수 없는 죄를 사하셨기 때문이다."[2] 루이스 자신도 성(聖) 마가 축일에 사도신경 중 "죄를 사하여 주시는 것과"라는 대목을 반복하다 순간의 계시로 하나님이 베푸신 용서의 깊이를 깨달았다. 그리고 깨끗이 죄사함을 받았다. "그 진리가 마음속에 어찌나 선명히 다가오던지 여태까지 내가 (그렇게 많은 자백과 사죄를 하고도) 그것을 전심으로 믿지 못했음을 새삼 깨달았다."[3]

예수님의 비유를 묵상하면 할수록 복음의 계산법에 '잔혹하다'라는 단어를 붙이고 싶은 유혹을 느낀다. 예수님이 이런 은혜의 비유를 들려주신 것은 우리가 눈에는 눈으로 식의 비은혜 세계에서 완전히 벗어나 하나님의 무한한 은혜의 세계에 들어가게 하시기 위함이라 믿는다. 미로슬라브 볼프의 말처럼, "무자격 은혜의 경제학은 도덕적 인과응보의 경제학을 능가한다."[4]

유아 놀이방 시절부터 우리는 비은혜의 세계에서 성공하는 법을 배운다. 부지런한 새가 벌레를 잡는다. 수고 없이는 소득도 없다. 세상에 공짜란 없다. 권리를 주장하라. 돈 낸 만큼 찾아 먹으라. 나도 이런 공식들을 잘 안다. 그런 공식을 따라 살고 있으니까. 나도 벌기 위해 일하고 이기는 것을 좋아하고 권리를 내세운다. 누구나 받아 마땅한 대로만—그 이상도 그 이하도 아니고—받기를 원한다.

그러나 조금만 귀 기울여 보면 은혜의 속삭임이 함성처럼 파고든다. 받아 마땅한 것을 받지 않은 나. 형벌받아 마땅한 내가 용서를 받았다. 진노를 받아 마땅한 내가 사랑을 받았다. 빚을 지고 감옥에 가야 마땅한 내가 오히려 신용 양호 평가를 받았다. 가차없는 질책에 무릎 꿇어 회개해야 마땅한 내가 잘 차려진 잔칫상—바베트의 만찬—을 받았다.

ᐯ ᐯ ᐯ

은혜는 소위 하나님에 대한 딜레마를 해결해 준다. 굳이 성경을 많이 읽지 않아도 인간을 향한 하나님의 마음에 긴장이 흐르고 있음을 감지할 수 있다. 하나님은 한편으로는 우리를 사랑하시지만 다른 한편으로는 우리의 행동에 반감을 느끼신다. 인간 안에서 당신의 형상을 보시기 원하지만 고작해야 깨어져 흩어진 조각만 보일 뿐이다. 그래도 하나님은 포기하실 수 없다. 포기하시지 않는다.

다음 이사야서 본문은 하나님의 초월적 능력의 증거로 자주 인용되는 말씀이다.

이는 내 생각이 너희의 생각과 다르며 내 길은 너희의 길과 다름이니라. 여호와의 말씀이니라. 이는 하늘이 땅보다 높음 같이 내 길은 너희의 길보다 높으며 내 생각은 너희의 생각보다 높음이니라(사 55:8-9).

그러나 문맥을 보면 사실 하나님은 용서의 열망을 표현하시는 중이다. 천지를 지으신 하나님께서는 그분과 피조 세계를 갈라놓은 거대한 간격을 다시 이을 능력이 있다. 탕자 된 백성이 그 어떤 장애물로 막을지라도 그분은 화해하시며 용서하실 것이다. 선지자 미가는 말했다. "주께서는…인애를 기뻐하시므로 진노를 오래 품지 아니하시나이다"(미 7:18).

하나님의 상반된 감정이 한 장면 안에서 서로 줄다리기를 할 때도 있다. 예컨대 호세아서에 보면 하나님이 그 백성을 향한 애틋한 회상과 엄중한 심판의 위협 사이를 왔다 갔다 하신다. "칼이 저희의 성읍들을 치며." 무서운 경고가 나오다가 거의 문장 중간에 사랑의 절규가 끼어든다.

에브라임이여, 내가 어찌 너를 놓겠느냐. 이스라엘이여, 내가 어찌 너를 버리겠느냐.…내 마음이 내 속에서 돌이키어 나의 긍휼이 온전히 불붙듯 하도다(호 11:8).

마침내 하나님의 결론이 나온다. "내가 나의 맹렬한 진노를 나타내지 아니하며…이는 내가 하나님이요, 사람이 아님이라. 네 가운데 있는 거룩한 이니." 역시 하나님께서는 심판의 공식을 바꿀 권리가 있다. 이스라엘 백성은 하나님께 버림받아 마땅했지만 그 마땅한 것이 임하지 않는다. "내가 하나님이요, 사람이 아님이라.…내 것을 가지고 내 뜻대로 할 것이 아니냐." 자식을 돌아오게만 할 수 있다면 하나님은 얼마든지 합리적 계산을 무시하실 수 있다.

충격적 실연(實演) 비유를 통해 이스라엘을 향한 자신의 사랑을 보여 주시고자 하나님은 선지자 호세아를 고멜이라는 여자와 결혼시키신다. 고멜은 세 자녀를 낳은 뒤 가정을 버리고 다른 남자한테 간다. 그러다 한동안 창녀 생활을 하는데 바로 그때 하나님은 호세아에게 기막힌 명령을 내리신다. "이스라엘 자손이 다른 신을 섬기고…즐길지라도 여호와가 그들을 사랑하나니 너는 또 가서 타인의 사랑을 받아 음녀가 된 그 여자를 사랑하라"(호 3:1).

호세아의 경우 은혜의 파문은 그야말로 세간의 스캔들이 된다. 고멜이 호세아에게 했듯 아내가 남편에게 그런 행동을 했다면 남자의 마음엔 어떤 생각이 오갈까? 호세아는 아내를 죽이고 싶다가도 용서하고 싶었다. 이혼하고 싶다가도 다시 화합하고 싶었다. 수치심이 들다가도 측은한 마음이 들었다. 결국은 불가항력적인 사랑의 힘이 이긴다. 아내의 부정으로 동네방네 말거리가 된 호세아는 아내를 다시 집으로 맞아들인다.

고멜이 받은 것은 공평도 아니고 공의도 아니다. 고멜은 은혜를 받았다. 이 기사를 읽을 때마다—아니, 매섭게 시작됐다 하염없는 눈물로 이어지는 하나님의 고백을 들을 때마다—매번 더 큰 모욕을 당하실 것을 아시면서도 이런 모욕까지 참으시는 그분 앞에 그저 입이 벌어질 뿐이다. "에브라임이여, 내가 어찌 너를 놓겠느냐. 이스라엘이여, 내가 어찌 너를 버리겠느냐." 에브라임과 이스라엘 대신 각자 자신의 이름을 넣어 읽어 보라. 불가항력적으로 타오르는 사랑의 힘에 짐짓 무너져 내리는 하나님이 복음의 핵심이다.

∨ ∨ ∨

오랜 세월 후 한 사도가 하나님의 반응을 좀더 분석적인 용어로 설명하게 된다. "그러나 죄가 더한 곳에 은혜가 더욱 넘쳤나니"(롬 5:20). 바울은 하나님의 은혜가 자격 없이 거저 주어진다는 것과, 주도권이 우리가 아니라 하나님께 있다는 사실을 누구보다 잘 알았다. 다메섹 도상의 길바닥에 엎드러진 그는 은혜의 충격에서 영영 헤어나지 못했다. 그의 편지마다 두 문장이 채 못 되어 어김없이 등장하는 단어는 은혜다. 프레드릭 뷰크너는 말했다. "은혜는 그가 빌어 줄 수 있는 최고의 복이다. 자신이 받은 최고의 선물이 은혜이기 때문이다."[5]

바울이 귀가 따갑도록 은혜를 이야기한 것은 우리가 자기 힘으로 하나님의 사랑을 얻었다고 믿을 때 어떤 결과가 올지 잘 알았던 탓이다. 하나님께 큰 죄를 짓거나 뚜렷한 이유 없이 하나님의 사랑이 느껴지지 않아 어두운 시기라도 지나게 되면, 우리가 선 땅은 못내 불안할 것이다. 하나님이 내 실상을 알면 사랑을 거두실지도 모른다는 두려움이 들 것이다. 한때 자신을 "죄인 중에 괴수"라 부른 바울은 하나님이 사람을 사랑하시는 것은 우리의 모습 때문이 아니라 하나님 자신을 인한 것임을 분명히 알았다.

은혜의 파문을 경험한 바울은 하나님이 인간과 화목케 되신 경위를 밝히는 데 많은 공을 들였다. 우리가 은혜에 부담을 느끼는 것은 그것이 불의에는 대가가 따라야 한다는 만인의 본능에 어긋나기 때문이다. 살인자를 무죄 방면할 수는 없다. 아동 학대자가 어깨를 한 번 으쓱이며 "기분 내키는 대로 했다"라고 말하면 그걸로 끝인가? 이런 반론을 예상한 바울은 대가가 이미 하나님 자신에 의해 지불되었음을 강조했다. 하나님은 인류를 버리시기보다는 그 아들을 버리셨다.

바베트의 만찬처럼 은혜란 받는 이에게는 값없는 것이지만 주는 이에게는 전 소유가 다 들어가는 것이다. 하나님의 은혜는 맘 좋은 할아버지의 '선심' 정도가 아니다. 갈보리에서 엄청난 대가를 치르셨기 때문이다. 도로시 세이어즈는 말했다. "세상에는 진정 한 가지 법칙―우주의 법칙―밖에 없다. 이 법칙은 심판의 방법, 아니면 은혜의 방법으로 충족될 수 있는데, 무엇으로든 **반드시 충족되어야 한다**."[6] 예수님은 친히 그 몸으로 심판을 받으사 이 법칙을 충족시키셨다. 그렇게 해서 하나님은 용서의 방도를 찾으셨다.

영화 "마지막 황제"를 보면 중국의 마지막 황제로 등극한 소년이 휘하에 수천 명의 내시를 거느리고 호화롭게 살아간다. 한번은 동생이 황제가 잘못하면 어떻게 되느냐고 묻자 소년 황제는 "내가 잘못하면 딴 사람이 벌을 받지"라고 말한다. 시범을 보이려고 단지를 깨뜨리자 과연 신하 하나가 매를 맞는다. 예수님은 이 순서를 뒤집으셨다. 종이 잘못하면 왕이 벌을 받는다. 이것이 기독교 신학이다. 은혜란 주는 이가 친히 값을 치렀기에 값이 없는 것이다.

∨ ∨ ∨

유명한 신학자 칼 바르트가 시카고 대학교를 방문하자 학생들과 학자들이 주위에 모여들었다. "바르트 박사님, 지금까지 연구를 통해 배운 가장 심오한 진리는 무엇입니까?" 기자 회견 때 누군가 묻자 바르트는 주저 없이 답했다. "예수 사랑하심은 거룩하신 말일세." 나도 칼 바르트의 말에 공감한다. 그런데도 내 힘으로 그 사랑을 얻으려는 것처럼 행동할 때가 왜 그렇게 많을까? 그냥 받아들이는 게 왜 그리도 힘들까?

AA(Alchoholics Anonymous, 알코올 중독자 치료 모임) 설립자 밥 스미스 박사와 빌 윌슨은 12단계 프로그램을 만들고 나서 곧 바로 빌이라는 사람을 찾았다. 그는 유망한 변호사로 6개월 동안 중독자 치료 프로그램을 여덟 가지나 시도해 보았지만 다 실패한 사람이다. 간호사들을 괴롭힌 벌로 병원 침대에 묶인 빌은 어쩔 수 없이 두 사람의 말을 들을 수밖에 없었다. 두 사람은 자신들의 중독 사연과 함께 최근 하나님의 능력을 믿고 희망을 찾은 이야기를 털어놓았다.[7]

하나님의 능력이라는 말이 나오자마자 빌은 쓸쓸히 고개를 저으며 말했다. "안 됩니다. 저는 너무 늦었습니다. 저야 아직도 하나님을 믿지만 하나님은 절대 저를 더 믿지 않을 겁니다."

빌이 말한 것은 우리도 가끔씩 느끼는 것이다. 계속되는 실패, 희망의 상실, 못난 기분에 짓눌릴 때면 우리는 은혜 불감증을 낳는 딱

딱한 껍질 속으로 숨어든다. 부모의 학대를 못 이겨 남의 집에 양자로 간 아이가 자꾸만 제 집으로 돌아가려 하는 것처럼 고집스레 은혜에 등을 돌리는 것이다.

잡지사 편집부의 거절 편지나 독자들의 비난 편지를 받는 기분을 나는 잘 안다. 로열티 액수가 생각보다 많으면 좋아서 어쩔 줄 모르고 액수가 적으면 기분이 가라앉는 것도 잘 안다. 하루를 마감할 시점에 내 자아상이 그날 남들에게 무슨 말을 들었느냐에 따라 크게 달라지는 것도 잘 안다. 남들이 날 좋아하고 있나? 나는 사랑받는 존재인가? 친구들과 이웃들과 가족들의 답을 고대한다. 굶주린 자처럼 고대한다.

가뭄에 콩 나듯 어쩌다 한번은 은혜의 진리를 느낄 때도 있다. 그럴 때는 비유를 공부해도 다 내 이야기같이 느껴진다. 목자가 양떼를 두고 찾아나선 양도 나, 아버지가 지평선을 살피며 기다리던 탕자도 나, 빚을 탕감받은 종도 바로 나다. 나는 하나님의 사랑하시는 자다.

얼마 전 친구에게서 엽서 한 장을 받았다. "나는 예수님이 사랑하시는 자." 이렇게 딱 네 단어만 적혀 있었다. 발신인 주소를 보니 웃음이 나왔다. 그는 이런 경건한 문구를 잘 만드는 좀 유별난 친구였다. 그에게 전화를 했더니, 웬걸, 그 문구는 저술가 겸 세미나 강사인 브레넌 매닝의 것이라 했다. 매닝이 어느 세미나에서 예수님의 가장 절친한 친구였던 제자 요한을 두고 한 말로, 복음서는 그를 '예수님이 사랑하시는 자'라 밝히고 있다. 매닝은 말했다. "만일 누가 요한에게 '당신 인생에서 가장 중요한 신분은 무엇이오?' 하고 묻는다면 그는 '나는 제자요 사도요 전도자요 복음서 저자라오'라고 하지 않고 '나는 예수님의 사랑하시는 자요' 하고 답할 것이다."

그렇다면 자문해 본다. 나도 내 인생에서 가장 중요한 정체성을 '예수님이 사랑하시는 자'로 볼 수 있다면 어떨까? 하루를 마감할 때 자신을 바라보는 눈이 얼마나 달라질까?

사회학에는 거울 자아 이론이라는 것이 있다. 이것은 내 인생에서 가장 중요한 사람(아내, 아버지, 상사 등)이 나를 어떻게 보느냐에 따라 정말 그대로 된다는 것이다. 하나님이 날 사랑하신다는 놀라운 성경 말씀을 진실로 믿는다면, 거울을 볼 때마다 하나님의 눈으로 나를 볼 수 있다면, 내 인생은 어떻게 달라질까?

브레넌 매닝의 글 중에 어느 아일랜드인 신부의 이야기가 나온다. 하루는 이 신부가 걸어서 시골 교구를 심방하던 중 길가에 무릎을 꿇고 기도하는 한 노인을 만났다. 감동받은 신부가 그에게 말했다. "하나님과 아주 가까우신 분이겠군요." 기도하다 말고 올려다 본 그 노인은 잠깐 생각하는 듯하더니 웃으며 말했다. "그럼요, 그분이 저를 아주 좋아하시는 걸요."

∨ ∨ ∨

신학자들은 하나님은 시간을 초월하여 존재하시는 분이라고 말한다. 예술가가 작업 재료를 선택하고 거기에 구속받지 않듯이 하나님도 시간을 지으셨다. 그분은 미래와 과거도 영원한 현재로 보신다. 신학자들이 하나님의 속성을 제대로 본 것이라면, 하나님이 나처럼 지조 없이 변덕스레 왔다 갔다 하는 사람을 어떻게 '사랑하는 자'라고 부르실 수 있는지도 이미 설명된 셈이다. 내 인생의 그래프에서 하나님이 보시는 것은 들쭉날쭉 선악을 오가는 기복이 아니라 선으로만 향한 올곧은 직선이다. 하나님의 아들의 선하심이 순간의 시점에 응집되어 영원의 효력을 낸 것이다.

17세기 시인 존 던은 이렇게 표현했다.

생명책에는 순결한 동정녀 마리아의 이름 바로 뒤에 창녀 막달라 마리아의 이름이 기록되고, 제 목숨을 건지기 위해 주님을 저주한 베드로에 이어 바로 그리스도를 대적한 바울의 이름이 나온다. 생명책은 한 단어 한 단어 한 줄 한 줄 차례로 써 나간 책이 아니라 전체가 한 면처럼 찍힌 책이다.[8]

나는 나의 선행과 악행을 저울로 달아 항상 미달점을 찾아내는 계산적인 하나님의 이미지를 간직한 채 자랐다. 비은혜의 냉혹한 율법을 기어코 깨뜨리시는 자비롭고 관대하신 하나님. 나는 어째서인지 복음서의 그 하나님을 모르고 살았다. 하나님은 그런 계산표를 다 찢으시고 은혜─충격과 반전으로 의외의 결말을 낳기에 으뜸인 단어─의 새로운 계산법을 도입하신다.

은혜는 나타나는 형태가 너무 다양해서 정의를 내리기가 쉽지 않다. 그럼에도 불구하고 하나님의 은혜에 대해 정의 비슷한 것을 시도해 볼까 한다. **은혜란 하나님의 사랑을 더 받기 위해 할 수 있는 일이 아무것도 없다는 뜻이다.** 신앙 훈련과 자기 부인에 아무리 힘써도, 신학교에서 배운 지식이 아무리 많아도, 의로운 싸움에 아무리 발벗고 나서도 다 소용 없다. **은혜란 또 무엇으로도 하나님의 사랑을 약화시킬 수 없다는 뜻이다.** 인종 차별, 교만, 포르노, 간음, 심지어 살인죄를 지어도 별수 없다. 은혜란 무한한 신의 사랑으로 가능한 최대치만큼 이미 하나님이 우리를 사랑하고 계심을 뜻한다.

하나님의 사랑에 의심이 가고 하나님의 은혜에 회의가 드는 이들에게 한 가지 간단한 처방이 있다. 성경을 펴고 하나님이 사랑하시는 자들이 어떤 부류인지 보면 된다. 감히 하나님과 씨름으로 맞선 뒤 평생 싸움의 상처를 안고 산 야곱. 그는 하나님의 백성 '이스라엘 자손'의 시조가 되었다. 성경에는, 간음한 자요 살인범이 구약의 가장 위대한 왕이요 '하나님의 마음에 합한 자'로 부상한 기사도 있다. 예수님을 모른다고 저주하고 맹세한 제자가 교회 지도자가 되었는가 하면 그리스도인들을 죽이던 도당에서 선교사로 뽑힌 사람도 있다. "국제사면위원회"에서 오는 우편물을 보면 온갖 구타와 고문과 전기 충격을 받은 사람들의 사진이 실려 있다. 그 사진을 보노라면 '도대체 어떤 인간들이 같은 인간에게 이런 짓을 할 수 있을까?' 하는 의문이 든다. 그러나 똑같은 일을 했던 사람을 사도행전을 읽다 만난다. 그는 이제 은혜의 사도요 예수 그리스도의 종이요 역사상 가장 위대한 선교사가 된 사람이다. 하나님이 그런 사람도 사랑하실 수 있다면 어쩌면, 정말 어쩌면, 나 같은 자들도 사랑하실 수 있지 않겠는가?

나는 이러한 은혜의 정의를 완화할 수 없다. 성경은 은혜를 가능한 한 포괄적으로 정의하도록 요구하기 때문이다. 사도 베드로의 표현대로 하나님은 "모든 은혜의 하나님"(벧전 5:10)이시다. 은혜란 하나님이 나를 더 사랑하시게 하기 위해 내가 할 수 있는 일이 없으며 하나님이 나를 덜 사랑하시게 하기 위해 내가 할 수 있는 일도 없다는 것을 뜻한다. 그렇다면 전혀 자격 없는 나 같은 사람도 하나님의 집에 차려진 식탁의 한 자리로 초대받았다는 말이 된다.

∨ ∨ ∨

나는 하나님께 가려면 **무언가를 해야** 한다는 느낌이 본능적으로 든다. 은혜는 본능에 상반된 낯선 자유의 소리로 들려서 날마다 은혜의 메시지를 듣는 귀를 달라고 다시 기도해야 한다.

유진 피터슨은 4세기의 신학 적수 아우구스티누스와 펠라기우스를 비교한 적이 있다. 펠라기우스는 도시 출신에 점잖고 구변도 좋아 누구에게나 호감을 샀다. 반면 젊은 시절을 방탕하게 보낸 아우구스티누스는 어머니와의 관계도 유별났고 적도 많았다. 그러나 펠라기우스는 인간의 노력으로 시작해서 나중에 잘못됐지만 아우구스티누스는 하나님의 은혜로 시작해서 결실도 좋았다. 피터슨은 그리스도인들이 이론상으로는 아우구스티누스 쪽이지만 실제 생활은 펠라기우스 쪽이라 지적한다. 다른 사람들은 물론 하나님의 마음까지 사려고 강박적인 노력을 반복하는 것이다.

매년 봄이면 나는 스포츠 아나운서들 말로 '3월병' 환자가 된다. 총 64개 대학 농구팀의 토너먼트 끝에 열리는 미국 대학 체육협회 선수권전 결승전을 보고 싶은 유혹을 떨칠 수 없는 것이다. 가장 중요한 이 경기는 매번 18세의 어린 학생이 1초를 남겨 두고 자유투 라인에 서 있는 장면으로 귀착되는 것 같다.

그는 불안한 듯이 드리블을 한다. 이 두 번의 자유투를 놓치면 학교의 놀림감, 주(州)의 놀림감이 된다는 것을 본인도 안다. 이십 년이 지나도 이 순간을 재현하며 정신 치료를 받고 있을지 모른다.

반면 슛이 성공하면 대번에 영웅이 된다. 사진이 신문 1면을 장식한다. 그는 아마 주지사로 나설 수도 있을 것이다.

드리블이 계속된다. 상대팀에서 기를 죽이려 작전 타임을 부른다. 그 선수는 자신의 온 앞날을 저울질하며 사이드라인에 서 있다. 팀 선수들이 격려차 어깨를 쳐 주지만 아무도 입은 열지 않는다.

어느 해던가 한번은 그 선수가 막 슛을 던지려는데 전화가 와서 잠깐 방을 나간 적이 있다. 선수는 이마를 잔뜩 찌푸린 채 왼쪽 무릎을 떨며 아랫입술을 깨물고 있었다. 이만 명의 관중이 그 선수의 주의를 흐려 놓으려고 고함을 지르며 깃발과 손수건을 흔들어 댔다.

통화가 예상보다 길어져 한참 후 돌아와 보니 화면은 완전히 바뀌어 있었다. 그 선수가 물에 흠뻑 젖은 머리를 하고는 농구 네트를 찢으며 팀 선수들의 어깨에 올라타 있지 않은가. 세상에 아무 걱정도 없었다. 환한 웃음이 화면을 가득 메웠다.

이 두 정지 화면 ─ 한 선수가 자유투 라인에 구부리고 서 있는 장면과 바로 그 선수가 이번에는 친구들의 어깨에 올라타서 기뻐하는 장면 ─ 이 내게는 비은혜와 은혜의 차이의 상징처럼 다가왔다. 세상은 비은혜로 움직인다. 모든 일이 나 하기에 달려 있다. 어떻게든 슛을 넣어야 한다. 그러나 예수님의 나라는 우리를 다른 길로 부른다. 그 길의 터는 우리의 행위에 있지 않고 그분이 하신 일에 있다. 우리는 성취해 내야 한다는 부담 없이 그냥 따르기만 하면 된다. 하나님의 사랑이라는 값비싼 승리는 그분이 이미 우리를 위해 얻어 놓으셨다.

이 두 화면을 생각하면 마음 속에 걱정스런 의문이 하나 생긴다. 나의 신앙 생활은 두 장면 중 어느 쪽에 더 가까울까?

2부

비은혜의 사슬 끊기

이야기 둘
끊지 못한 사슬

데이지는 1898년 시카고의 한 노동자 계급 가정에서 10남매 중 여덟째로 태어났다. 아버지가 버는 돈은 온 식구를 먹여 살리기엔 턱없이 모자랐고 거기다 아버지가 술에까지 손을 대면서 돈은 더 부족했다. 이 글을 쓰는 지금 100회 생일을 눈앞에 둔 데이지는 당시를 회고하며 진저리를 친다. 아버지는 '못된 주정뱅이'였다고 한다. 아버지가 아직 아기인 남동생, 여동생을 방바닥 저쪽 끝까지 냅다 발로 차 버릴 때마다 데이지는 구석에 웅크린 채 울음을 삼키곤 했다. 그녀는 아버지가 죽도록 미웠다.

하루는 아버지가 어머니더러 정오까지 집을 나가라고 엄포를 놓았다. "안 돼요. 가지 말아요!" 열 명의 아이가 다 엄마를 에워싸 치마끝을 붙잡고 울었다. 아버지는 물러나지 않았다. 데이지는 넘어질세라 언니 오빠들을 붙잡고 서서 퇴창 밖으로 어머니가 어깨를 축 늘어뜨린 채 양손에 가방을 들고 보도를 걸어 내려가는 모습을 지켜보았다. 어머니는 점점 작아지다 마침내 시야에서 사라졌다.

형제들 중 몇 명은 나중에 어머니와 함께 살았고 몇 명은 다른 친척들 집으로 갔다. 아버지와 사는 것은 데이지 몫이 되었다. 아버지 때문에 집안이 그렇게 되자 데이지의 마음에는 증오와 원한이 사무쳤다. 아이들은 취직이나 입대로 모두 학교를 중퇴한 뒤 서서히 하나씩 다른 고장으로 떠났다. 결혼하고 가정을 이룬 그들은 과거를 잊으려 했다. 아버지는 어디론가 사라졌다. 어디로 갔는지 아무도 몰랐고 알려고 하지도 않았다.

세월이 흘러 모두 깜짝 놀랄 일이 생겼다. 아버지가 나타난 것이다. 술을 끊었다고 했다. 술에 취해 추위에 떨며 거리를 방황하던 그는 어느 날 밤 구세군 구제 센터에 가게 되었다. 거기서는 식권을 타려면 먼저 예배에 참석해야 했다. 강사가 예수님을 영접할 사람이 있는지 묻자 그는 다른 취객들과 어울려 앞으로 나가 주는 게 예의라는 생각이 들었다. '회개 기도'가 정말 효력을 냈을 때는 누구보다 그 자신이 깜짝 놀랐다. 속에 들끓던 사탄들이 힘을 잃었다. 술이 번쩍 깼다. 그때부터 성경 공부와 기도를 시작했다. 난생 처음 사랑과 용납을 느꼈다. 깨끗해진 기분이었다.

그리고 이제 그는 자식들에게 용서를 빌려고 자식들을 일일이 찾아다녔다고 말한다. 지난날에 대한 변명은 없었다. 과거를 돌이킬 수도 없었다. 그러나 그는 미안해했다. 자식들이 상상 못할 정도로 미안해했다.

이제 저마다 가정을 이룬 중년의 자식들은 우선 의심부터 생겼다. 금방 또 술을 찾겠지 싶어서 사실로 믿지 않은 사람도 있고, 돈이나 달라는 것이려니 생각한 사람도 있었다. 그러나 그런 일은 일어나지 않았고 결국 아버지는 자식들의 마음을 얻게 된다. 데이지만 빼고.

오래 전 데이지는 아버지─자기 말로 '그 남자'─에게는 평생 말을 하지 않기로 맹세한 바 있다. 아버지의 출현은 데이지의 심사를 마구 어지럽혀 놓았다. 밤에 침대에 누우면 아버지가 술에 취해 혈기를 부리던 오래 전 기억들이 다시 봇물 터지듯 밀려왔다. '미안하다는 말 한마디로 그걸 다 되돌릴 순 없지.' 데이지는 이를 악물었다. 그 남자라면 상대도 하기 싫었다.

비록 술에서 손을 뗐지만 알코올은 아버지의 간에 회복 불가능한 손상을 입혔다. 중병에 걸린 아버지는 마지막 5년을 데이지의 언니 집에서 보내게 된다. 사실 그 집은 같은 연립 주택 단지 내에 있는 데이지 집과는 여덟 집밖에 떨어져 있지 않았다. 장 보러 갈 때나 버스를 탈 때면 언니 집을 꼭 지나야 함에도 불구하고 데이지는 맹세를 지키려고 한 번도 죽어가는 아버지를 들여다보지 않았다.

데이지는 그래도 자기 아이들에게는 할아버지를 찾아가도 좋다고 허락해 주었다. 임종 직전 아버지는 한 여자 아이가 방문을 열고 들어오는 것을 보고는 꼭 끌어안고 울며 말했다. "오, 데이지, 데이지. 끝내 와 주었구나." 방 안의 사람들은 그 아이가 데이지가 아니라 데이지의 딸 마가렛이라는 것을 차마 말해 줄 수 없었다. 그는 은혜의 환영을 보고 있었다.

☛

데이지는 평생 아버지처럼 되지 않으리라 다짐해 왔다. 사실 술이라고는 한 방울도 입에 대지 않았다. 그러나 그녀는 집안을 포학하게 다스렸다. 어린 시절 겪은 아버지의 포학함이 조금 순한 형태로 나타난 것뿐이었다. 그녀는 걸핏하면 이마에 얼음 주머니를 대고 소파에 누워 아이들에게 "입 닥쳐!" 하고 큰소리를 치기 일쑤였다.

"어쩌다 이런 멍청한 자식들이 나왔나? 내 인생을 망쳐 놓은 녀석들!" 그녀는 고함도 질러 댔다. 대공황이 찾아오자 아이들 하나하나가 그저 풀칠해야 할 입으로밖에 보이지 않았다. 그녀는 여섯 아이를, 지금 살고 있는 방 두 칸짜리 연립 주택에서 그렇게 키웠다. 공간이 좁은 만큼 아이들은 늘 천덕꾸러기 신세였다. 자신한테 들키지 않았지만 아이들이 잘못한 것을 다 알고 있다면서 단지 그 이유를 밝히기 위해 여섯 아이 모두에게 매를 휘두른 밤도 있었다.

딸 마가렛은 어렸을 때 자기가 뭔가 잘못한 일이 있어 엄마한테 울며 사과하러 간 적이 있다고 한다. 그때 데이지는 빠져나갈 틈도 주지 않고 딸을 궁지로 몰아 세웠다. "잘못했다는 게 말이나 돼! 잘못인 줄 알면 아예 처음부터 안 했으면 될 거 아냐!"

나는 마가렛도 잘 안다. 마가렛에게서 그런 비은혜의 일화를 많이 들었다. 마가렛은 평생 자기 어머니 데이지와는 다르게 살리라 다짐했었다. 그러나 마가렛의 삶에도 크고 작은 비극이 있었다. 네 자녀가 사춘기에 이르자 마가렛은 더 이상 아이들이 통제가 되지 않는 것만 같았다. 마가렛 역시 얼음 주머니를 이마에 대고 소파에 누워 "입 닥쳐!" 하고 큰소리를 치고 싶었다. 마가렛 역시 이유도 없이 혹은 화풀이로 아이들에게 매를 휘두르고 싶었다.

60년대에 16세가 된 아들 마이클이 특히 마가렛의 성미를 건드렸다. 그는 록큰롤을 듣고 이상한 안경을 쓰고 머리를 길렀다. 대마초를 피우다 들킨 날 마가렛은 아들을 쫓아냈고 마이클은 히피 소굴로 들어갔다. 마가렛은 계속 아들을 위협하고 윽박질렀다. 판사에게 마이클에 관해 알리기도 하고 유서에서 이름도 뺐다. 생각나는 일은 뭐든 다 해 봤지만 마이클은 아랑곳하지 않았다. 무슨 말을 내뱉어도 소용없었다. 드디어 어느 날 화가 머리끝까지 치민 마가렛은 마이클에게 "살아 생전 다시는 보고 싶지 않다"라고 쏘아붙였다. 그게 26년 전이었는데 그 뒤로 마가렛은 마이클을 보지 않았다.

마이클 역시 나랑 가까운 친구다. 나는 그 26년 동안 여러 차례 두 사람을 화해시키려 해 보았으나 매번 끔찍한 비은혜의 위력에 부딪혔을 뿐이다. 한번은 마가렛에게 지금까지 아들에게 한 말 중 후회되는 것은 없는지, 혹시라도 돌이키고 싶은 것은 없는지 물었더니 그녀는 마치 내가 마이클이라도 되는 양 노발대발 화를 내며 무섭게 눈을 치켜뜨고 말했다. "그렇게 못된 짓만 하고 다니는 놈을 하나님이 왜 진작 데려가지 않으셨는지 알다가도 모르겠다고요!"

나는 그녀의 뻔뻔할 정도의 분노에 한 대 맞은 것 같았다. 잠시 마가렛을 쳐다보았다. 그녀는 양손을 움켜쥐고 있었으며 얼굴은 발갛게 달아올라 있었다. 눈가의 가느다란 힘줄이 경련을 일으키고 있었다. 나는 다시 물었다. "정말로 아드님이 죽고 없었으면 좋겠다는 말인가요?" 마가렛은 답이 없었다.

마이클은 환각제 탓에 약간 둔해지긴 했지만 그래도 마약 소굴을 빠져 나왔다. 그리고 하와이로 이사 가서 어떤 여자와 살다가 헤어지고 다시 다른 여자와 살다가 헤어진 뒤 또 다른 여자와 결혼했다. 내가 찾아갔을 때 그는 이런 말을 했다. "이 여자는 진짜예요. 이번에는 오래갈 겁니다."

그러나 오래가지 않았다. 언젠가 마이클과 통화하던 중 그에게 다른 전화가 걸려 와서 통화가 잠시 중단된 일이 생각난다. 전화선 연결 소리가 나자 마이클은 "잠깐만요" 하더니 내가 4분 이상이나 수화기를 들고 있게 만들었다. 다시 돌아와서는 미안해했다. 기분이 어두워져 있었다. "그 여자예요. 이혼 관련 돈 문제로."

"아직도 서로 연락중인 건 몰랐는데." 나는 대화를 이을 참으로 그렇게 말했다.

"연락은 무슨!" 잘라 말하는 음조가 꼭 그의 어머니 마가렛에게서 듣던 것과 흡사했다. "살아 있는 동안 그 여자를 다시는 보고 싶지 않습니다."

둘 다 한동안 말을 못했다. 그렇지 않아도 막 마가렛 이야기를 하고 있던 터라, 내 쪽에서 아무 말 안 했어도 마이클 스스로 자기 목소리에서 어머니의 음조를 간파한 듯했다. 마가렛의 음조는 다시 그 어머니 데이지의 것으로, 그것은 다시 거의 한 세기 전 시카고의 어느 연립 주택에서 벌어진 사건으로 훌쩍 거슬러 올라가는 것이다.

가계의 DNA에 박힌 영적 결함처럼 비은혜는 끊지 못한 사슬을 타고 전해져 내려간다.

🖝

감지할 수 없는 독가스처럼 비은혜의 작용은 조용하지만 치명적이다. 아버지가 용서받지 못하고 죽는다. 어머니는 한때 자기 몸 속에 품었던 아이에게 반평생 말을 하지 않는다. 세대에서 세대로 독소가 흘러든다.

마가렛은 매일 성경을 공부하는 독실한 그리스도인인지라 한번은 일부러 탕자 비유 이야기를 꺼내 이렇게 물어보았다. "이 비유를 어떻게 보십니까? 용서의 메시지가 들립니까?"

그 비유가 '잃어버린 동전' '잃은 양' '집 나간 아들' 삼부작 중 세 번째로 누가복음 15장에 나온다고 즉시 답하는 것으로 보아 그녀가 그 문제로 생각해 본 적이 있음이 분명했다. 그러면서 탕자 비유의 요지는 인간과 무생물(동전), 동물(양)의 차이를 보여 주는 것이라 했다. "인간은 자유 의지가 있지요. 도덕적 책임을 져야 해요. 그 녀석도 무릎 꿇고 기어 들어와야 해요. 회개해야 돼요. 그게 예수님의 요지예요."

예수님의 요지는 그것이 아니다. 세 비유는 하나같이 찾는 이의 기쁨을 강조하고 있다. 탕자가 자유 의지로 집에 돌아온 것은 사실이나 이야기의 핵심은 분명 아버지의 천부당만부당한 사랑에 있다. "아직도 상거가 먼데 아버지가 저를 보고 측은히 여겨 달려가 목을 안고 입을 맞추니." 아들이 회개하려 하자 아버지는 준비된 대사를 막고 곧바로 잔치에 들어간다.

레바논의 한 선교사가 예수님 당시의 문화와 아주 비슷한 문화 속에 살면서 아직 한 번도 그 비유를 들어 본 적 없는 시골 사람들에게 이 비유를 들려 준 뒤 반응을 물었다.

두 가지가 그들의 눈에 특이해 보였다. 첫째, 서둘러 유산을 요구한다는 것은 곧 아버지에게 빨리 죽었으면 좋겠다고 말하는 것이나 같다. 가장이 이런 모욕을 참거나 아들의 요구에 응하는 것이 그들로서는 상상이 되지 않았다. 둘째, 잃은 지 오랜 아들을 맞으러 아버지가 달려갔다는 대목이다. 중동에서는 권위 있는 남자는 품위 있게 천천히 걷지 결코 뛰는 법이 없다. 비유 속의 아버지는 달려간다. 예수님의 청중도 분명 이 대목에 가슴이 찡했을 것이다.

　　　　　　　　　🍃

은혜는 불공평하다. 이는 은혜의 가장 어려운 부분 중 하나다. 아버지에게 끔찍한 일을 당한 딸이 몇 년 후 미안하다는 말 한마디에 아버지를 용서해야 한다는 것은 말도 안 되는 일이다. 사춘기 아들이 저지른 숱한 비행을 어머니가 그냥 묵과해야 한다는 것은 불공평한 일이다. 그러나 은혜는 공평함의 문제가 아니다.

　가정에서 일어나는 일은 종족, 인종, 국가에도 그대로 일어날 수 있다.

4장

비본성적 행위

> 다른 사람을 용서하지 못하는 사람은
> 자신이 건너야 할 다리를 부수는 것이다.
> _ 조지 허버트

나는 비은혜로 한 세기를 보낸 한 가계의 사연을 소개했다. 세계사 속에는 수 세기를 넘나들며 훨씬 악한 결과를 초래한 유사한 사연들이 많다. 북아일랜드에서 폭탄을 던지는 청소년이나 르완다에서 칼을 휘두르는 병사나 구 유고의 저격병에게 왜 사람을 죽이는지 물으면 자기도 모르는 경우가 있다. 아일랜드는 아직까지도 17세기 올리버 크롬웰이 저지른 만행에 대해 복수하려고 하고, 르완다와 부룬디는 기억이 나지 않을 만큼 오래된 종족 싸움에 빠져 있으며, 유고슬라비아는 제2차 세계대전의 상흔에 대해 복수하는 동시에 여섯 세기 전에 발생한 사건의 재발을 막고자 한다.

가정, 국가, 기관 할 것 없이 비은혜는 상호 적대의 원인이 된다. 안타깝게도 그것이 우리 인간의 본성이다.

언젠가 애리조나 주 투산 근처에 있는 유리로 밀폐된 생활 공간에서 막 나온 두 명의 과학자와 함께 식사한 적이 있다. 2년간의 격리 실험에 남자 넷 여자 넷이 자원자로 나섰는데, 모두 과학자로 바깥 세상과 분리되었을 때 겪을 난관을 충분히 인식한 뒤 심리 검사와 사전 준비를 거쳐 실험 공간에 들어갔다. 두 과학자의 말에 따르면 여덟 명의 자원자는 몇 달도 안 되어 네 명씩 두 패로 갈라져서 실험 막바지에 이른 몇 달 간은 양쪽이 서로 말도 하지 않고 지냈다 한다. 한 지붕 아래 여덟 명이 보이지 않는 비은혜의 벽을 두고 분단의 삶을 산 것이다.

레바논에 인질로 잡혔던 미국인 프랭크 리드는 동료 인질 한 사람과 사소한 언쟁 후 끝까지 말을 안 하고 지냈다고 석방시 털어놓았다. 인질로 잡혀 있는 동안 거의 내내 이 앙숙이었던 두 인질은 같은 사슬에 묶여 있었다.

이렇듯 비은혜는 모녀간, 부자간, 형제간, 학자간, 죄수간, 인종간의 틈을 벌려 놓는다. 이 틈은 그냥 두면 점점 넓어진다. 그렇게 생기는 비은혜의 간극에 처방은 오직 하나, 용서라는 가느다란 밧줄뿐이다.

ᘁ ᘁ ᘁ

한번은 말다툼 끝에 아내가 예리한 신학적 명제 하나를 만들어 냈다. 나의 단점을 놓고 꽤 흥분조의 대화가 이어지던 중 불쑥 이런 말을 한 것이다. "내가 당신의 비열한 행위를 그냥 용서해 주다니 정말 놀라운 일이군요!"

지금은 죄 이야기가 아니라 용서 이야기를 하고 있는 중이므로 그 비열한 행위의 자세한 내막은 생략하기로 한다. 아내의 말이 가슴에 와 닿은 것은 용서의 본질에 대한 예리한 통찰 때문이다. 세상을 산다는 것은 방향제 뿌리듯 그렇게 달콤한 관념적 이상이 아니다. 용서란 괴로우리만치 힘든 것이며 용서한 지 오랜 후에도 상처-나의 비열한 행위-는 기억에 남는 법이다. 용서란 비본성적 행위이며, 아내는 그 뻔뻔스런 불공평에 항변하고 있었던 것이다.

창세기에 나오는 한 이야기에도 똑같은 감정이 배어 있다. 어릴 적 주일 학교에서 이 이야기를 들을 때는 요셉이 형들과 화해하는 장면의 우여곡절을 미처 깨닫지 못했다. 요셉은 형들을 옥에 가두며 엄하게 대하다가도 금방 슬픔을 못 이겨 자리를 떠서 술 취한 사람마냥 엉엉 울었다. 곡물 자루에 돈을 숨기고 형 하나를 인질로 잡고 동생이 은잔을 훔친 것처럼 누명을 씌우는 등 술책도 썼다. 이런 술책은 몇 달이고 혹 몇 년이고 계속되다 드디어 요셉의 자제력이 한계에 이른다. 요셉은 형들을 불러놓고 극적인 용서를 베푼다.

이제는 이 기사가 용서라는 비본성적 행위에 대한 현실적 묘사로 보인다. 요셉이 용서해야 했던 형들은 바로 요셉을 해코지하며 죽일 방법을 찾다가 노예로 팔아넘긴 자들이다. 그들 때문에 요셉은 한창 젊은 시절을 애굽 감옥에서 썩어야 했다. 이제는 모든 역경을 이겨 내고 형들을 진심으로 용서할 뜻이 있는데도 선뜻 행동이 되어 나오지 않는다. 아직도 상처가 너무 아팠던 것이다.

"당신들의 비열한 행위를 그냥 용서해 주다니 정말 놀라운 일이군요!" 창세기 42-45장은 요셉이 그렇게 말한 것과 같다. 끝내 은혜가 요셉의 심령을 파고들자 그 사랑의 울음 소리가 온 궁 안을 울린다. "이 울음소리가 웬 것인고. 총리가 병이 났는가." 아니다. 요셉의 몸은 말짱했다. 그것은 한 남자의 용서하는 소리였다.

모든 용서의 행위 이면에는 배신의 상처가 도사리고 있다. 배신당한 아픔은 쉽게 사라지지 않는다. 레오 톨스토이는 결혼의 새 출발을 제대로 해 볼 심산에 아직 십대인 약혼녀에게 자기 일기장을 보여주었다. 일기장에는 자신의 이성 편력까지 세세히 적혀 있었다. 톨스토이는 과거를 씻고 용서받은 뒤 결혼하고 싶어서 소냐에게 아무것도 비밀로 하고 싶지 않았던 것이다. 그러나 톨스토이의 고백은 이들 부부 사이에 사랑 대신 증오의 씨앗을 뿌렸다.

"남편이 키스할 때마다 '이 남자가 처음 사랑한 여자는 내가 아니다'라는 생각이 든다." 소냐는 일기에 그렇게 썼다. 사춘기 때의 방종으로 범한 일들은 용서할 수 있었지만 지금도 농장에서 일하고 있는 소작농 악시냐와 나눈 정사는 용서가 되지 않았다.

소냐는 자기 남편을 쏙 빼닮은 그 소작농 여자의 세 살 난 아들을 본 후 이렇게 썼다. "언젠가는 질투로 자살하고 말 것 같다. 남편을 죽였다 다시 똑같은 사람으로 되살려 낼 수만 있다면 기꺼이 그렇게 할텐데."

1909년 1월 14일 일기에는 이런 말도 있다. "남편은 저 음탕한 소작농 여자의 탄탄한 몸매와 그을린 다리를 은근히 즐기고 있고 여자도 옛날처럼 거리낌없이 남편을 유혹하고 있다." 이것은 악시냐가 팔십대의 쪼그랑 할멈이 됐을 때 쓴 것이다. 비용서와 질투가 반세기에 걸쳐 소냐의 눈을 멀게 하며 남편을 향한 사랑을 무참히 짓밟아 놓은 것이다.

이토록 지독한 힘에 대항하여 그리스도인은 어떻게 반응할 수 있는가? 용서란 비본성적 행위다. 소냐 톨스토이와 요셉과 내 아내가 본능처럼 이 사실을 보여 주고 있다.

학교의 아이들이 다 배우고
나도 만인도 알고 있는 것,
누가 너에게 악을 행하면
너도 같이 악으로 갚으라.

이 시를 쓴 오든[2]은 본성의 법에는 용서의 자리가 없음을 잘 알았다. 다람쥐가 자기들을 쫓아 나무까지 올라오는 고양이를 용서하며 돌고래가 자기 친구를 먹어 치우는 상어를 용서하는 것을 본 적이 있는가? 세상은 용서하는 곳이 아니라 눈에는 눈으로 맞서는 곳이다. 인간의 주요 기관도—경제나 정치는 물론 체육 기관도—똑같이 잔인한 원리로 움직인다. "사실은 아웃이지만 당신의 심성이 본이 되므로 세이프로 해준다." 이렇게 판정하는 심판은 없다. "귀국이 옳소. 우리가 귀국의 국경을 침범했소. 용서해 주겠소?" 인접 교전국에 이런 성명을 내놓을 나라가 어디 있겠는가?

용서란 받을 때도 왠지 떨떠름하다. 그래서 설사 내가 잘못했어도 내 힘으로 피해자측 마음을 사려 한다. 무릎으로 기고 엎드려 뒹굴고 고행에 나서고 어린양을 잡으려 한다. 그런 의무를 지우는 종교도 많다. 1077년 교황 그레고리 7세에게 용서를 빌기로 한 신성 로마 제국 황제 헨리 4세는 이탈리아 교황 숙소 밖에서 눈 속에 사흘을

맨발로 서 있었다. 아마도 황제는 용서의 성흔으로 발에 동상을 입고 흡족한 기분이 되어 돌아갔을 것이다.

엘리자베스 오코너는 말한다. "우리는 용서에 대해 수없이 설교를 들어도, 쉽게 용서하지 못하며 쉽게 용서받지도 못한다. 새삼 느끼지만 용서란 언제나 설교로 듣는 것보다 어렵다."[3] 우리는 상처를 거듭 되새긴다. 자기 행동을 장황하게 합리화한다. 집안 싸움을 대물림한다. 자신을 벌하고 남을 벌한다. 이는 모두 용서라는 가장 비본성적인 행위를 외면하기 위한 것이다.

나는 영국의 배스에 갔을 때 피해에 대한 좀더 본성적인 반응을 볼 수 있었다. 고고학자들은 그곳 로마 유적지의 주석 혹은 청동 게시판에 라틴어로 갖가지 '욕'이 새겨져 있는 것을 발견했다. 현대인들이 행운을 빌며 분수에 동전을 던지듯, 수세기 전에 목욕탕을 이용한 사람들은 목욕탕의 신에게 이런 저주의 기도를 올린 것이다. 자신의 동전 여섯 개를 훔친 자에게 피의 복수를 내려 달라고 여신에게 빈 사람도 있다. 또 이런 글귀도 있다. "도시메데스가 장갑을 잃어버렸나이다. 그 장갑을 훔쳐 간 사람은 신께서 지정하시는 성전에서 눈이 멀고 미치게 하여 주소서."

라틴어로 새겨진 글귀와 해석문을 읽노라니 그런 기도가 얼마든지 말이 된다는 생각이 들었다. 이 땅에 정의를 세우는 데 신의 힘을 빌리는 것이 잘못된 일인가? 시편에도 동일한 심정으로 세상의 불의에 대해 하나님의 신원을 간구하는 표현이 나온다. "주님, 저를 날씬하게 하실 수 없거든 제 친구들을 뚱뚱하게 해주세요." 희극 작가 어마 봄베크는 한때 그렇게 기도했다고 한다. 이보다 더 인간적인 기도가 있을까?

그러나 예수님은 충격의 반전을 통해 우리에게 "우리가 우리에게 죄지은 자를 사하여 준 것같이 우리 죄를 사하여 주옵시고"(마 6:12)라고 기도하도록 가르치셨다. 친히 우리에게 반복하라고 명하신 주기도문 한가운데 용서라는 비본성적 행위가 자리를 틀고 있다. 로마의 목욕탕 이용자들은 자기 신들에게 정의 실현에 앞장서 줄 것을 빌었다. 하지만 예수님은 불의한 행위를 용서하려는 우리의 의지를 하나님이 용서하시는 조건으로 달아 놓으셨다.

찰스 윌리엄스는 주기도문을 놓고 이렇게 말했다. "이 구절의 '같이'라는 짧은 단어보다 무서운 말은 없을 것이다."[4] '같이'가 왜 그렇게 무서운 말일까? 예수님은 하나님께 받는 용서와 남에게 베푸는 용서를 명백히 하나로 묶어 두셨기 때문이다. 이어지는 말씀이 그 점을 더욱 분명히 해준다. "너희가 사람의 잘못을 용서하지 아니하면 너희 아버지께서도 너희 잘못을 용서하지 아니하시리라"(마 6:15).

하나님과의 관계에서 비은혜의 쳇바퀴에 걸려드는 것은 배우자나 동업자를 상대로 걸려드는 것과는 전혀 다르다. 그런데 주기도문은 이 둘을 하나로 묶고 있다. 우리가 이웃을 용서하고 악순환을 끊어 새로 시작할 수 있을 때, 하나님도 우리를 용서하고 비은혜의 쳇바퀴를 멈추실 수 있는 것이다.

존 드라이든은 이 진리의 무서운 효과를 이렇게 기록한 바 있다. "나를 중상하는 글들이 판치고 있다. 현재 살아 있는 그 누구도 나보다 심한 모략을 당하진 않았을 것이다." 그는 이렇게 항변하며 적들에게 공격을 퍼부을 준비를 했다. 그런데 "주기도문을 외울 때 종종 이런 생각에 전율하곤 한다. 우리가 간구하는 용서의 명백한 조건은 남들이 우리에게 저지른 비행을 용서하는 것이다. 나는 악질 중상을 듣고도 바로 이 사실 때문에 실수를 범하지 않은 일이 많다."[5]

드라이든이 전율한 것은 당연하다. 비은혜의 법으로 움직이는 세상에서 예수님은 용서의 반응을 원하신다. 아니, 요구하신다. 용서의 필요는 너무나 절박해서 '종교상'의 의무보다도 우선되는 것이다. "그러므로 예물을 제단에 드리다가 거기서 네 형제에게 원망 들을 만한 일이 있는 것이 생각나거든 예물을 제단 앞에 두고 먼저 가서 형제와 화목하고 그 후에 와서 예물을 드리라"(마 5:23-24).

예수님은 용서할 줄 모르는 종의 비유를, 주인이 그 종을 옥졸들에게 넘기는 장면으로 끝맺으신다. 그리고 그분은 말씀하신다. "너희가 각각 마음으로부터 형제를 용서하지 아니하면 나의 하늘 아버지께서도 너희에게 이와 같이 하시리라"(마 18:35). 나는 이 말씀이 성경에 없기를 진심으로 바란다. 그러나 이 말씀은 그리스도 자신의 입에서 나와 이렇게 버젓이 성경에 적혀 있다. 하나님은 우리에게 무서운 대리권을 맡기셨다. 우리는 남을 용서하지 않음으로써 사실상 그를 하나님의 용서에 합당치 못한 존재로 규정하게 되고 잇달아 자신까지 그런 존재가 되게 한다. 신기한 일이지만 하나님의 용서는 우리 하기에 달려 있다.

셰익스피어는 이것을 『베니스의 상인』에서 이렇게 간명히 표현했다. "자비라고는 하나도 베풀지 않으면서 어떻게 스스로 자비를 바라겠느냐?"

∨ ∨ ∨

토니 캠폴로는 간혹 일반 대학교 학생들에게 예수님에 대해 아는 것이 있는지 물어본다. 그들이 예수님의 말씀을 기억해 낼 수 있을까? 이구동성으로 나오는 이야기는 "원수를 사랑하라"는 것이다.●

불신자들에게는 그리스도의 다른 어떤 가르침보다도 이것이 강하게 남아 있는 것이다. 사실 그런 태도는 비본성적인 것이며, 자멸의 길일 수도 있다. 요셉의 경우처럼 못된 형들을 용서하는 것만도 어려워 죽겠는데, 원수를? 뒷골목 암살 갱단을? 나라를 중독시키는 마약 밀매자를?

대부분의 양심적인 이들은 용서란 자격 있는 사람만이 받을 수 있다고 말한 철학자 임마누엘 칸트의 생각에 동의할 것이다. 그러나 용서(forgive)라는 단어는 그 자체에 주다(give)라는 말이 들어 있다(용서의 또 다른 말 pardon에도 *donum*, 즉 선물이라는 말이 들어 있다). 용서에도 은혜처럼 무자격, 과분함, 불공평이라는 묘한 특성이 있다.

하나님은 왜 우리에게 타고난 본능에 완전히 어긋나는 비본성적 행위를 요구하시는 것일까? 용서가 신앙의 중심이 될 정도로 그렇게 중요한 까닭은 무엇인가? 나는 용서받은 건 많되 용서하는 데는 인색한 자로서 경험상 몇 가지 이유를 들 수 있다. 첫째는 신학적인 것

● 그레고리 존스는 이렇게 말했다. "원수를 사랑하라는 명령은 신실한 그리스도인에게도 원수가 있을 수 있음을 솔직히 인정한다는 점에서 놀라운 것이다. 그리스도께서 십자가와 부활로 죄와 악을 결정적으로 멸하셨음에도 불구하고 죄와 악의 영향력은 완전히 종식되지 않았다. 최소한 그런 의미에서 우리는 아직도 승리의 부활절 이전 세상을 살고 있는 셈이다."[6]

이다(좀더 실제적인 기타 이유는 다음 장에서 다루기로 한다).

신학적인 측면에서 하나님이 우리에게 용서를 명하시는 이유는 복음서에 간단히 답이 나와 있다. 하나님이 그런 분이시기 때문이다. "원수를 사랑하라"라는 명령을 처음 주시던 날 예수님은 그 근거로 이런 말씀을 덧붙이셨다. "이같이 한즉 하늘에 계신 너희 아버지의 아들이 되리니 이는 하나님이 그 해를 악인과 선인에게 비추시며 비를 의로운 자와 불의한 자에게 내려주심이라"(마 5:45).

예수님은 친구나 가족은 누구나 사랑할 수 있다고 말씀하신다. "이방인들도 이같이 아니하느냐." 하늘 아버지의 자녀는 더 고귀한 법으로 부름을 받았다. 이는 용서하시는 아버지를 닮기 위함이다. 우리의 소명은 하나님처럼 되는 것이요, 그분의 가족의 모습을 보이는 것이다.

나치 독일의 핍박하에 "원수를 사랑하라"라는 계명과 씨름하던 디트리히 본회퍼는 마침내 그리스도인을 다른 사람들과 구별짓는 것은 바로 이 '특이하고…유별나고 이례적인' 특성에 있다는 결론에 도달했다. 그는 나치 정권에 맞서 싸우면서도 "너희를 핍박하는 자를 위하여 기도하라"라는 예수님의 명령에 순종했다.

우리는 기도라는 매체를 통해 적에게 다가가 곁에 서서 하나님 앞에서 적의 변호역을 맡는다. 예수님은 우리가 원수를 축복하고 선대했다고 해서 그들이 악한 핍박과 착취를 중단할 것이라고 약속하시지 않으셨다. 그들은 분명 계속할 것이다. 그러나 아무리 그래도 우리를 다치게 하거나 이길 수는 없다. 우리가 그들을 위해 기도하고 있는 한…우리

는 그들이 스스로 할 수 없는 일을 대신 해주고 있는 것이다.[7]

본회퍼는 왜 자기를 핍박하는 자를 위해 기도하며 원수를 사랑하려 애쓴 것일까? 답은 하나뿐이다. "하나님은 원수를 사랑하신다. 예수님의 제자라면 다 알 듯이 그것이 바로 그분의 영화로운 사랑이다." 하나님이 우리의 빚을 탕감해 주신다면 우리가 어찌 감히 그대로 따르지 않을 수 있으랴.

용서할 줄 모르는 종의 비유가 또다시 떠오른다. 그 종은 동료의 푼돈 빚에도 얼마든지 화를 낼 권리가 있었다. 정의로운 로마법에 의해 동료를 감옥에 처넣을 권리도 있었다. 예수님은 종의 금전적 손실을 문제 삼으신 것이 아니라 그 손실을 이미 그에게 수십억대 큰 돈을 탕감해 주신 주인에 빗대어 보셨을 뿐이다. 먼저 용서받은 경험이 있어야 남을 용서할 수 있는 법이다.

오랫동안 휘튼 대학 직원으로 일한 (지금은 작고한) 친구가 있었는데 그는 채플 시간에 들은 설교만도 수천 편에 달했다. 설교들은 대부분 시간이 흐르면서 희미한 기억 속으로 사라졌지만 기억에 남는 것도 몇 개 있었다. 특히 그는 중국 선교사로 일했던 프린스턴 신학교 교수 사무엘 모팻 이야기를 즐겨 하곤 했다. 모팻은 휘튼 학생들에게 공산군에 쫓겨 도망치던 진땀 나는 이야기를 들려주었다. 공산군은 모팻의 집과 재산을 다 빼앗고 선교 본부에 불을 지르고 가장 가까운 친구 몇 명을 죽였다. 모팻 가족은 가까스로 빠져나왔다. 모팻은 중국을 떠날 때 우두머리 모택동의 추종 세력에 대해 속에서 깊은 적개심이 부글부글 끓었다. 마침내 그는 신앙의 일대 위기에 부딪혔다. 그는 휘튼 학생들에게 말했다. "내게 공산군들을 향한 용서가 없다면 내가 전할 메시지도 없다는 것을 깨달았습니다."

은혜의 복음은 용서로 시작해서 용서로 끝난다. 사람들이 "나 같은 죄인 살리신" 같은 찬양을 만드는 것도 이유는 하나다. 세대를 타고 흐르는 구속(拘束)의 사슬을 끊을 강력한 힘은 온 세상에 오직 은혜밖에 없다. 은혜만이 비은혜를 녹인다.

ᵛ ᵛ ᵛ

어느 주말 나는 저술가이자 정신과 의사인 스캇 펙이 이끄는 일종의 훈련 모임에 열 명의 유대교인, 열 명의 그리스도인, 열 명의 이슬람교인과 함께 나란히 참석하게 되었다. 펙 박사는 그 주말이 공동체의 태동 내지는 소규모 화해의 시발점이 되기를 바랐다. 그러나 결과는 그렇지 못했다. 교육도 받을 만큼 받은 지성인들 사이에서 거의 주먹다짐이 일어날 지경이었다. 유대교인들은 기독교가 자기들에게 저지른 못된 일을 줄줄이 읊었고, 이슬람교인들은 유대교가 자기들에게 저지른 못된 일을 늘어놓았다. 우리 그리스도인들은 내부 문제를 이야기하려 했으나 그런 이야기는 나치 대학살, 팔레스틴 난민 참상 같은 이야기에 밀려 무색해지고 만 탓에 주로 옆으로 비켜나서 다른 두 그룹이 늘어놓는 불의의 역사를 듣고만 있었다.

그러던 중 평소 아랍과의 화해 시도에 적극 힘써 온 한 논리적인 유대교인 여자가 그리스도인들을 향해 이렇게 말했다. "우리 유대교도들은 당신네 그리스도인들로부터 용서에 대해 배울 게 많은 것 같아요. 용서말고는 막다른 골목을 빠져나갈 길이 없어요. 그래도 불의를 용서한다는 건 어딘가 불공평해 보이죠. 용서와 정의 사이에서 진퇴양난이에요."

그 주말을 다시 회상하노라니 나치 학정을 고스란히 겪은 독일인 헬무트 틸리케의 말이 떠오른다.

> 용서라는 일은 결코 간단한 것이 아니다.···우리는 이렇게 말한다. "좋아, 상대가 잘못을 알고 용서를 빌기만 한다면 다 용서하고 싸움을 끝내지." 우리는 용서를 상호 교환하는 것으로 만든다. 그것은 곧 양쪽 모두 "저 쪽에서 먼저 시작해야 돼" 하고 말하는 것과 같다. 그리고 상대방이 눈짓으로 무슨 신호라도 보내지 않는지 혹은 상대의 편지에 미안함을 표하는 작은 표시라도 없는지 매처럼 잔뜩 눈만 굴린다. 나는 언제나 용서할 준비가 되어 있다.···그러나 정작 용서는 절대 하지 않는다. 그러기에는 내가 너무 옳은 것이다.[8]

틸리케는 하나님이 자기 죄를 용서하사 다시 기회를 주신 사실—용서할 줄 모르는 종 비유의 교훈—을 깨닫는 것만이 유일한 답이었다고 결론짓는다. 비은혜의 사슬을 끊는다는 것은 곧 **주도권을 쥐고 행한다**는 말이다. 틸리케는 복수와 공평의 본성을 거슬려, 상대가 먼저 나서기를 기다리는 대신 자기 편에서 먼저 시작해야 했다. 그것은 여태 자기가 설교는 했지만 실천은 못했던 그 복음의 한복판에 하나님의 주도권이 있었음을 깨달았을 때에만 가능한 일이었다.

은혜의 비유 중심에는 우리를 향해 주도권을 쥐고 행하시는 하나님이 계신다. 탕자를 맞으러 달려나가는 사랑이 넘치는 아버지, 종이 갚기에는 너무나 큰 빚을 탕감해 주는 지주, 한 시간 동안 일한 품꾼을 종일 일한 사람과 똑같이 대우하는 상전, 대로변 샛길가로 자격 없는 손님을 찾아나서는 연회장 주인.

하나님은 친히 이 땅에 오셔서 우리로부터 십자가의 죽음이라는 최악의 대우를 당하신 뒤 그 잔혹 행위를 오히려 인간을 위한 구원의 길로 삼으심으로써 죄와 보복의 냉혹한 율법을 파하셨다. 정의와 용서에 끼인 진퇴양난을 갈보리가 해결한 것이다. 예수님은 정의의 모든 혹독한 요구를 친히 그 무죄한 몸에 지심으로 비은혜의 사슬을 영원히 끊으셨다.

∨ ∨ ∨

헬무트 틸리케처럼 나도 용서의 문을 걸어 잠근 채 보복의 가슴앓이로 뒷걸음질칠 때가 너무 많다. '당한 건 난데 왜 내가 먼저 나서야 돼?' 그렇게 버티며 움직이지 않는다. 그러면 관계에 틈이 생긴다. 그리고 점점 넓어진다. 마침내 간격은 다시 이을 수 없을 만큼 커진다. 기분은 좋지 않지만, 내 탓으로 삼는 일은 드물다. 오히려 화해를 위해 취했던 작은 몸짓을 내세우며 자신을 정당화한다. 상대가 관계의 틈을 내 탓으로 돌릴 경우 자신을 변호할 셈으로 그런 시도를 일일이 심중에 적어 둔다. 은혜의 모험을 뒤로 하고 비은혜의 안전으로 내닫는 것이다.

용서를 "사랑할 줄 모르는 이에게 베푸는 사랑"으로 정의한 헨리 나우웬은 그 과정을 이렇게 묘사한다.

말로는 종종 "용서합니다" 하면서 그 말을 하는 순간에도 마음에는 분노와 원한이 남아 있다. 여전히 내가 옳았다는 말을 듣고 싶고, 아직도 사과와 해명을 듣고 싶고, 끝까지 칭찬―너그러이 용서한 데 대한 칭찬―을 돌려받는 쾌감을 누리고 싶은 것이다.

그러나 하나님의 용서는 무조건적인 것이다. 그것은 아무것도 요구하지 않는 마음, 이기주의가 완전히 사라진 마음에서 나오는 것이다. 내가 일상 생활에서 연습해야 할 것은 바로 이런 하나님의 용서다. 그러려면 용서가 현명하지 못하고 건전하지 못하며 실효성이 없다는 나의 모든 주장을 이겨 내야 한다. 감사와 칭찬에 대한 모든 욕구를 넘어서야 한다. 끝으로, 아프고 억울한 가슴의 상처와, 나와 용서의 대상 사이에 약간의 조건을 둠으로써 계속 통제권을 쥐고 싶은 마음을 벗어 버려야 한다.[9]

어느 날 나는 바울 사도의 이 경고가 로마서 12장의 다른 많은 경고 속에 들어가 있음을 새삼 깨달았다. 악을 미워하라. 기뻐하라. 화목하게 살라. 속지 말라. 경고는 끝이 없다. 그러다가 이 구절이 나온다. "사랑하는 자들아, 너희가 친히 원수를 갚지 말고 하나님의 진노하심에 맡기라. 기록되었으되 원수 갚는 것이 내게 있으니 내가 갚으리라고 주께서 말씀하시니라"(롬 12:19).

마침내 깨달음이 왔다. 결국 용서란 믿음의 행위다. 남을 용서함으로써 하나님이 나보다 정의를 실현하는 데 뛰어난 분이심을 믿는 것이다. 용서함으로써 복수의 권리를 거두고 공평 문제의 처리를 모두 하나님께 넘겨드리는 것이다. 정의와 자비 사이에서 균형을 이루어야 할 저울을 하나님 손에 놓아 드리는 것이다.

요셉이 마침내 형들을 용서하게 되었을 때에도 상처는 사라지지 않았지만 심판자가 되어야 할 부담은 벗겨졌다. 용서한다고 과실이 사라지는 것은 아니지만 그 과실은 내게 미치는 영향력을 상실한 채 수습책을 아시는 하나님께 넘겨진다. 물론 이런 결정에는 모험이 따른다. 하나님이 상대방을 내 바람대로 처리하지 않으실지도 모르는 일 아닌가(일례로 선지자 요나는 하나님이 니느웨 사람들에게 과분한 자비를 베푸신 데 대해 노했다).

내게 용서는 결코 쉽지 않다. 그리고 완전한 만족을 주는 경우도 드물다. 불의는 끈질기게 남아 있고 상처는 여전히 아프다. 옛날에 하나님께 맡긴 줄 알았던 문제를 찌꺼기까지 모두 도로 드리며 몇 번이고 계속 하나님께 가야 한다. 내가 그렇게 하며 사는 까닭은, 복음서에서 내가 나에게 죄지은 자를 사하여 주는 것같이 하나님이 내 죄를 사하여 주신다고 명백히 둘을 하나로 묶어 놓았기 때문이다. 거꾸로도 맞는다. 나는 하나님의 은혜의 물줄기 안에 살 때에만 남들을 은혜로 대할 힘을 얻을 수 있다.

인간과 전쟁을 끝내는 것은 하나님과 전쟁을 끝내는 것에 달린 것이다.

5장

왜 용서인가?

> 심령의 사막에 치유의 샘이 솟아나게 하라.
> 옥에 갇힌 인생으로 자유하여 찬양하게 하라.
> _ W. 오든

제프리 다머가 옥사하던 주에 나는 용서를 주제로 한 열띤 토의에 참석했다. 연쇄 살인범 다머는 열일곱 명의 젊은이를 욕보이고 죽인 뒤 시체를 토막 내서 냉장고에 넣어 두고 인육을 먹었던 사람이다. 그가 체포되자 밀워키 경찰서는 발칵 뒤집혔다. 경찰들이 한 베트남 소년의 필사적인 도움 요청을 무시한 사실이 밝혀졌기 때문이다. 그 소년은 벌거숭이 몸으로 피까지 흘리며 어떻게든 다머의 아파트에서 달아나려 했으나 끝내 살해되어 그의 아파트에서 열한 구의 시체 중 하나로 발견되었다.

1994년 11월 다머는 동료 죄수가 휘두른 빗자루 손잡이에 두들겨 맞아 죽었다. 그날 텔레비전 뉴스에는 다머의 피해자 유족들과의 인터뷰도 나왔는데, 대부분 그가 너무 일찍 죽었다며 다머의 피살을 못마땅해했다. 오래오래 살아서 자기가 저지른 일을 떠올리며 고통

당해야 한다는 것이었다.

그 중 한 텔레비전 방송은 다머가 죽기 몇 주 전에 녹화한 프로그램을 내보냈다. 인터뷰하는 사람이 다머에게 어떻게 그런 범죄를 저지를 수 있었느냐고 묻자, 다머는 그때만 해도 하나님을 믿지 않았기 때문에 누구에게도 책임 의식을 느끼지 못했다고 말했다. 처음엔 경범으로 시작해서 조금씩 잔인한 행동을 시험해 보는 사이 점점 심해져서 나중엔 걷잡을 수 없게 된 것이다. 아무것도 그를 구속할 수 없었다.

다머는 이어 최근 회심하여 신앙을 갖게 된 일을 털어놓았다. 감옥 욕조 안에서 세례를 받은 그는 인근 그리스도의 교회 목사가 준 신앙 서적을 읽는 데 전념하고 있었다. 감옥 목사와의 인터뷰로 화면이 바뀌자 목사는 다머가 진심으로 회개했으며 지금은 가장 신실한 신도 중 하나가 되었다고 힘주어 말했다.

소그룹 토의는 다머의 피살 뉴스만 본 사람과 다머와의 인터뷰도 함께 본 사람으로 양분되는 경향을 보였다. 전자의 그룹은 다머를 괴물 취급하며 옥중 회심 따위는 깊이 고려하지 않았다. 유족들의 비통한 얼굴만 선명히 부각돼 왔다. 어떤 사람은 대놓고 이렇게 말했다. "그 따위 악질 범죄는 절대 용서받을 수 없어요. 신앙도 진심일 수 없습니다."

반면 다머 인터뷰를 본 사람들은 반신반의했다. 다머의 범죄가 천하의 악질이라는 데는 이의가 없었지만 그래도 다머는 진심으로 회개하는 모습이었고 심지어 겸손해 보이기까지 했다. 토의는 결국 "세상에 용서받을 수 없는 사람이 있을까?" 하는 질문으로 귀착됐다.

답변은 많았지만 그날 저녁 편한 마음으로 자리를 뜬 사람은 아무도 없었다.

∨ ∨ ∨

상대방의 미안하다는 말 한마디에 화해의 손을 내밀려면 어느 누구도 용서의 파문에 직면하지 않을 수 없다. 당한 사람은 나다. 용서 못 할 이유는 얼마든지 찾아낼 수 있다. '저 사람은 뭔가 배워야 해. 무책임한 행동을 조장하고 싶진 않아. 한동안 속 좀 끓이게 내버려둬. 본인한테도 이로울 거야. 행동엔 결과가 따른다는 걸 배워야 해. 잘못한 건 저쪽이야. 내가 먼저 나설 일이 아니지. 잘못한 줄도 모르는 사람을 어떻게 용서해?' 나는 온갖 주장을 끌어다 대지만 곧 저항을 잠재울 어떤 계기가 생긴다. 마침내 용서의 수준까지 마음이 누그러지면 그건 마치 항복처럼 보인다. 냉혹한 논리에서 나약한 감상으로의 도약이라 할까.

왜 나는 그런 도약을 하는 것일까? 그리스도인으로서 용서하지 않을 수 없는 한 가지 요인은 이미 앞서 말한 바와 같다. 용서하시는 아버지의 자녀로서 그분과 똑같이 용서하라는 명령을 받은 것이다. 그러나 용서는 그리스도인들만의 전유물이 아니다. 그리스도인이든 불신자든 왜 우리는 이 비본성적 행위를 택하는 것일까? 최소한 세 가지 실제적 이유를 찾아볼 수 있다. 이 세 가지 이유는 생각하면 할수록 그 논리가 '어렵지만' 또한 근본적인 것임을 절감하게 된다.

첫째, 용서만이 비은혜의 사슬을 끊고 비난과 고통의 악순환을 중단시킬 수 있다. 신약에 가장 빈번히 사용된 '용서'라는 헬라어 단어는 문자적으로 '자신을 풀어 주다, 멀리 놓아 주다, 자유케 하다'라는 뜻이다.

나는 용서가 불공평한 것임을 십분 인정한다. 업보설을 믿는 힌두교가 공평의 측면에서는 더 만족감을 준다. 힌두교 학자들은 한 사람의 의가 회복되는 데 정확히 얼마나 걸리는지 수학적으로 계산해 보았다. 금생과 내생에 걸쳐 나의 모든 불의에 상응하는 벌을 받으려면 680만 번의 윤회를 거쳐야 한다.

우리는 부부 관계 속에서 업보의 과정을 살짝 엿볼 수 있다. 고집이 센 두 사람이 함께 살며 서로 신경을 건드린다. 감정의 줄다리기를 통한 세력 다툼이 그치지 않는다. 어느 날 한 사람이 말한다. "어떻게 자기 어머니 생일을 잊어버릴 수 있어요?"

"잠깐만, 날짜를 챙기는 건 당신 일 아니오?"

"뒤집어 씌울 생각 말아요. 당신 어머니예요."

"그래서 지난 주에 말했잖소. 좀 이야기해 달라고. 왜 이야기 안한 거요?"

"정신 나갔군요. 당신 어머니예요. 자기 어머니 생일 하나 기억 못 해요?"

"왜 내가 기억하오? 그것을 알려 주는 게 당신 일인데."

언젠가 한쪽에서 "그만! 내가 먼저 사슬을 끊겠소" 하고 말하지 않는 한 공허한 대화는 이를테면 680만 번의 주기를 돌 때까지 허튼 소리만 발하고 있을 것이다. 사슬을 끊는 유일한 길은 용서다. "미안하오. 용서해 주겠소?"

'원한'(resentment)이라는 단어는 사슬이 끊기지 않고 지속될 때 나타나는 현상을 잘 보여 준다. 문자적으로 그것은 '다시 느낀다'는 뜻이다. 상처가 영원히 아물지 못하도록 과거에 매달려 수없이 되뇌이며 딱지가 앉기 무섭게 뜯어내는 것이 원한이다. 이 현상은 말할 것도 없이 지구의 최초의 한 쌍으로부터 시작된 것이다. 마르틴 루터는 이렇게 말했다. "아담과 하와가 무려 900년 동안 주고받았을 말다툼을 생각해 보라. 하와는 '당신이 열매를 먹었어요' 했을 것이고 아담은 '당신이 나한테 주었소' 하고 되받았을 것이다."[1]

이런 현상을 현대적 상황에서 보여 주는 노벨상 수상 작가의 두 편의 소설이 있다. 가브리엘 마르케스[2]의 『콜레라 시대의 사랑』은 비누 한 장 때문에 부부 사이가 붕괴되는 모습을 그린 것이다. 욕실에 수건, 화장지, 비누를 챙기는 등 집안을 정돈하는 일은 아내의 몫이었다. 어느 날 아내가 비누를 꺼내 놓는 것을 깜빡 잊자 남편은 단순한 실수를 과장해서 떠벌리고("비누 없이 목욕한 지 일주일이 다 돼 가") 아내는 이를 완강히 부인한다. 정말 깜빡 잊었던 것으로 판명되었는데도 아내는 자존심 때문에 호락호락 넘어가지 않는다. 이후 7개월 간 부부는 잠도 다른 방에서 자고 밥도 말 없이 먹는다.

마르케스는 이렇게 쓰고 있다. "나이 들어 잠잠해진 뒤로도 이들은 그때 일이 다시 입 밖에 나올까 봐 전전긍긍했다. 아물지 않은 상처에서 마치 어제 다친 것처럼 다시 피가 흐를 것을 알았던 것이다." 어떻게 부부 사이가 비누 한 장 때문에 무너질 수 있을까? "그만! 계속 이럴 순 없소. 미안하오. 용서해 주오." 어느 쪽에서도 그렇게 말하지 않았기 때문이다.

프랑소와 모리악[3]의 『독사뭉치』에는 결혼 생활 마지막 수십 년—

수십 년!—을 아내와 떨어져서 마룻바닥에 내려와 잔 한 노인의 비슷한 사연이 나온다. 관계의 틈은 벌써 30년 전에 다섯 살 난 딸이 병들었을 때 남편이 충분한 관심을 보였느냐 아니냐를 두고 벌어진 것이다. 남편도 아내도 먼저 나설 마음이 전혀 없다. 밤마다 남편은 아내가 다가와 주기를 기다리지만 아내는 곁에 오지 않는다. 밤마다 아내는 남편의 접근을 기다리며 잠을 이루지 못하지만 남편은 보이지 않는다. 오래 전 시작된 사슬을 누구도 끊으려 하지 않는다. 누구도 용서하지 않는다.

자신의 역기능 가정 이야기를 쓴 메리 카르의 회고록 『거짓말쟁이 모임』을 보면,[4] 아내가 설탕을 사는 데 쓴 돈의 액수 때문에 부부 싸움을 한 뒤, 이혼은 안 했지만 40년간 아내와 말을 하지 않고 지낸 삼촌의 이야기가 나온다. 어느 날 그는 통나무 자르는 톱으로 집을 정확히 이등분했다. 그리고 잘린 면에 널빤지를 대고 못을 박은 뒤 그 중 하나를 너저분한 소나무 숲 뒷편의 같은 면적의 대지로 옮겼다. 남편과 아내 두 사람이 남은 평생을 반쪽으로 갈린 집에서 산 것이다.

용서에 출구가 있다. 용서로 책임 소재와 공평성의 문제가 일소되는 것은 아니지만—그런 문제는 일부러 피하는 경우가 많다—관계의 새 출발은 얼마든지 가능하다. 솔제니친은 바로 이 점이 인간이 동물과 다른 점이라 말했다. 사고력이 아니라 회개와 용서의 능력이 인간을 인간이 되게 한다. 냉혹한 본성의 법을 초월하는 가장 비본성적 행위는 오직 인간만이 할 수 있다.

본성을 초월하지 못하면 스스로 용서하지 못하는 사람의 손아귀에 붙들려 노예가 된다. 이 원리는 상대방이 전적으로 잘못해서 내가 무죄할 경우에도 똑같이 적용된다. 아무리 죄가 없어도 상처를 떨치지 못하는 한 그 상처에 매이기 때문이다. 상처를 떨칠 수 있는 길은 용서뿐이다. 오스카 히줄로스의 『아이브스 씨의 크리스마스』(*Mr. Ives' Christmas*)는, 어떤 남자가 자기 아들을 살해한 라틴계 범인에 대한 원한에 시달리다 못해 마침내 용서하게 된다는 통쾌한 소설이다. 아이브스 자신은 잘못이 없었지만 아들의 죽음은 수십 년간 그를 정서적 감옥에 가두어 두었다.

가끔 상상의 나래를 펴서 용서 없는 세상을 그려 볼 때가 있다. 자식마다 부모에게 원한을 품고 집안마다 불화를 대물림한다면 어떻게 될까? 나는 이미 한 집안—데이지, 마가렛, 마이클—을 괴롭혀 온 비은혜의 독소를 소개한 바 있다. 나는 이 세 사람을 각기 따로 잘 알고 존경하며 좋아한다. 그러나 유전 암호가 거의 동일한 사람들임에도 불구하고 지금 이들은 한 자리에 앉을 수 없다. 세 사람 다 내게 자신의 무죄를 호소했다. 그러나 비은혜의 열매는 무죄한 측도 함께 먹는 법이다. "살아 생전 다시는 보고 싶지 않다!" 마가렛은 아들에게 소리쳤다. 그 바람은 그대로 이루어져 지금도 마가렛은 매일 고통을 맛보며 산다. 내 입에서 '마이클'이라는 단어가 나올 때마다 실눈이 되면서 턱이 굳어지는 모습에서 나는 그 고통을 볼 수 있다.

상상의 나래를 넓혀 이번에는, 마치 역사의 모든 상처가 국가와 인종과 부족이 서로 부딪혀 생기기라도 하듯이, 구 식민지마다 옛 종주국에 원한을 품고 인종마다 타인종을 미워하고 부족마다 적과 싸우는 세상을 그려 본다. 이런 장면을 상상하면 마음이 우울해진다. 현존하는 역사와 너무 흡사하기 때문이다. 유대인 철학자 한나 아렌트의 말처럼 역사의 불가피한 일들에 대한 유일한 처방은 용서로서, 용서가 없이는 '회복 불능의 궁지'에 발이 묶일 뿐이다.

용서하지 않을 때 나는 과거의 감옥에 갇히며, 변화의 잠재력은 완전히 차단된다. 그것은 통제권을 타인, 즉 원수에게 내어 준 뒤 혼자서 과오의 여파를 당하는 운명을 자초하는 것이다. 어느 이민자 랍비로부터 이런 놀라운 고백을 들은 일이 있다. "미국에 오기 전에 아돌프 히틀러를 용서해야 했습니다. 새 나라에까지 히틀러를 품고 오고 싶지 않았습니다."

용서란 높은 도덕률을 충족시키기 위한 것만은 아니다. 용서란 바로 자신을 위한 것이다. 루이스 스미즈의 말처럼, "용서로 치유받는 최초의, 그리고 많은 경우, 유일한 사람은 바로 용서하는 자다.… 진실된 용서는 포로에게 자유를 준다. 그러고 나면 자기가 풀어 준 포로가 바로 자신이었음을 깨닫게 된다."[5]

형들에게 정당한 원한을 품었던 성경 속의 요셉에게서 용서는 눈물과 신음으로 터져나왔다. 이것은 해산과도 같은 해방의 전조였다. 그 해산을 통해 요셉은 마침내 자유를 얻었다. 그는 아들의 이름을 므낫세라 지었다. 이는 '잊히게 하는 자'라는 뜻이다.

용서보다 어려운 게 딱 하나 있는데 바로 용서하지 않는 것이다.

〰 〰 〰

용서의 두 번째 위력은 가해자가 겪는 죄책감의 중압을 덜어 주는 것이다. 죄책감의 부식 작용은 아무리 억압해도 막을 수 없다. 헨리 알렉산더라는 KKK(Ku Klux Klam, 백인 우월주의를 내세우는 미국 극우 비밀 결사 조직) 단원이 1993년에 아내에게 죄를 고백했다. 그는 1957년에 다른 단원들과 함께 어느 흑인 트럭 운전사를 운전대에서 끌어내 급류가 흐르는 곳에 있는 높은 폐교(廢橋)로 몰고 가 비명을 지르며 뛰어내려 죽게 했다. 알렉산더는 1976년 그 죄로 기소되었으나―그를 법정에 세우는 데만 거의 20년이 걸렸다―무죄를 주장하다 백인 배심원 한 사람 덕에 풀려났다. 이후 36년간 무죄를 내세우던 그가 마침내 1993년에 아내에게 진상을 털어놓았다. "하나님이 나에 대해 어떤 계획을 품고 계신지 모르겠소. 날 위해 뭐라고 기도해야 할지도 모르겠소."

그리고 며칠 후 그는 죽었다.

알렉산더의 아내는 흑인 남자의 미망인에게 사죄 편지를 보냈고 그 편지는 곧 '뉴욕 타임즈'지에 소개되었다. "헨리는 평생 거짓말쟁이로 살았습니다. 그리고 나까지도 그렇게 살게 만들었습니다." 오랜 세월 아내는 남편의 무죄 항변을 그대로 믿었다. 남편은 조금도 후회의 빛을 내비치지 않았다. 죽기 직전에야 사실을 밝혔지만 공적 배상에 나서기엔 너무 늦었다. 그러나 그런 그도 여태 숨겨 온 무시무시한 죄책감을 무덤까지 품고 갈 수는 없었다. 36년간 강경하게 부인해 왔으나 그는 여전히 용서만이 줄 수 있는 해방이 필요했던 것이다.

역시 KKK 단원인 네브래스카 주 링컨의 그랜드 드래곤 래리 트랩도 1992년 신문에 대서특필됐다. 인종 혐오를 청산하고 나치 깃발을 찢어 없애며 몇 상자나 되는 혐오 책자를 폐기한 것이다. 캐트린 웨터슨(Kathryn Watterson)의 책 『검이 아니라』(Not by the Sword)에 나오는 것처럼 트랩은 어느 유대인 성악가 가족의 용서와 사랑에 굴복하고 말았다.⁶ 트랩은 그들에게 유대인 대학살을 부인하고 코쟁이 유대인을 조롱하는 괴문서도 보내고 집으로 전화를 걸어 폭력을 행사하겠다는 협박도 일삼고 유대교 성전을 폭탄의 과녁으로 삼기도 했으나, 이 성악가 가족은 한결같이 그에게 동정과 관심을 베풀 뿐이었다. 어려서부터 당뇨가 있던 트랩은 휠체어를 타고 다녔고 빠른 속도로 시력을 잃어 갔다. 그러자 성악가 가족은 그를 집으로 불러 보살펴 주었다. "너무나 큰 사랑을 베풀어 주어 저도 사랑하지 않을 수 없었습니다." 후에 트랩은 이렇게 말했다. 그는 인생의 마지막 몇 달을 각종 유대인 단체와 전미 흑인 지위 향상 협회(National Association for the Advancement of Colored People)를 비롯 자기가 미워했던 숱한 이들에게 용서를 구하며 보냈다.

최근 전 세계 관객들은 뮤지컬 "레미제라블"을 통해 무대에서 펼쳐지는 용서의 드라마를 지켜보았다. 이것은 산만하게 전개되는 빅토르 위고⁷의 원작 소설 줄거리 그대로 평생 쫓겨다니던 프랑스인 죄수 장발장이 끝내는 용서를 통해 새 사람이 된다는 내용의 뮤지컬이다.

빵을 훔친 죄로 19년 중노동을 선고받은 장발장은 점점 사나운 죄수가 되어 갔다. 주먹 싸움에서 그를 이길 사람이 없었다. 그의 의지를 꺾어 놓을 사람도 없었다. 드디어 출소의 날이 왔다. 그러나 당시 죄수들은 신분증을 가지고 다녀야 했기에 어느 여관 주인도 이 위험한 전과자를 받아주려 하지 않았다. 궂은 날씨에 묵을 곳을 찾아 나흘 간 시골길을 헤매던 그에게 마침내 어느 친절한 신부가 자비를 베푼다.

그날 밤 장발장은 너무 편안한 침대에 가만히 누워 있다가 신부와 그 누이가 잠자리에 들자 침대에서 일어나 찬장을 뒤져 가족 은잔을 훔쳐서는 어둠 속으로 슬며시 달아난다.

이튿날 아침 경찰 세 명이 장발장을 끌고 와 신부의 집 문을 두드린다. 훔친 은잔을 들고 달아나던 범인을 붙잡은 것이다. 그들은 이 악당을 평생 사슬에 묶어 놓을 태세였다.

그러나 신부의 반응은 누구도 예상하지 못한 것이었다. 특히 장발장은 말할 것도 없다.

"다시 오셨군요!" 신부는 장발장에게 큰소리로 말했다. "참 다행입니다. 제가 촛대까지 드렸던 걸 잊어버리신 모양이죠? 그것도 은이라서 족히 200프랑은 나갈 겁니다. 깜박 잊고 놓고 가셨나요?"

장발장은 눈이 휘둥그레졌다. 그저 말로 표현할 수 없는 심정을 눈빛에 담아 노신부를 쳐다보고 있을 뿐이었다.

신부는 경찰에게 장발장은 도둑이 아니라고 했다. "이 은잔은 제가 선물로 준 겁니다."

경찰이 떠나자 신부는 이제는 아예 할 말을 잃은 채 떨고 있는 손님에게 촛대를 주며 말한다. "그 돈을 정직한 사람이 되는 데 쓰시기로 저와 약속하신 것을 절대 잊지 마십시오. 잊으시면 안 됩니다."

인간의 모든 복수 본능을 넘어선 신부의 행동의 위력에 장발장의 삶은 완전히 달라진다. 용서에 정면으로 부딪히자―게다가 회개한 적도 없는데―영혼의 철벽 방어망마저 눈 녹듯이 스러진 것이다. 촛대를 은혜의 소중한 상징물로 간직한 그는 어려운 이들을 돕는 데 여생을 바친다.

위고의 소설에는 실은 용서에 대한 두 가지 비유가 담겨 있다. 정의밖에 모르는 형사 자베르는 그 후 20년간 매몰차게 장발장의 뒤를 밟는다. 장발장이 용서받고 새 사람이 되자 그는 복수를 갈망한다. 장발장이 자베르의 목숨을 건져 주던 날—쥐가 고양이한테 은혜를 베푼 셈—그는 자신의 흑백 논리 세계가 붕괴될 조짐을 느낀다. 본능에 역류하는 은혜 앞에 속수무책인데다 자기 안에 그에 상응하는 용서가 없음을 안 그는 센 강 다리에서 몸을 던진다.

∨ ∨ ∨

신부가 장발장에게 베푼 것 같은 관대한 용서는 가해자측의 변화를 가능하게 한다. 루이스 스미즈는 이 '영적 수술' 과정을 다음과 같이 상술했다.

> 용서한다는 것은 곧 잘못을 범한 사람에게서 그 잘못을 도려내는 것과 같다. 그 사람에게서 상처 입힌 행위를 떼어 내어 그 사람을 재창조하는 것이다. 전에는 상대를 가해자로 못 박았으나 이제 그러한 생각에 변화가 생긴다. 내 기억 속에서 상대의 모습이 거듭나기 때문이다.
>
> 이제는 그 사람이 나에게 상처 입힌 자가 아니라 나를 필요로 하는 자로 보인다. 나를 밀쳐낸 자가 아니라 나에게 속한 자로 느껴진다. 전에는 상대를 악에 능한 자로 낙인찍었으나 이제는 그가 도움을 요하는 약자로 보인다. 과오를 범하여 내 과거에 아픔을 준 사람을 재창조함으로써 내 과거까지 재창조한 것이다.[8]

스미즈는 이어 여러 가지 주의 사항을 덧붙인다. 그에 따르면 용서란 그냥 눈감아 주는 것과는 다르다. 가해자를 용서하고도 그 과실에 대해서는 정당한 처벌을 받게 할 수 있다. 그럴지라도 용서의 경지에 이를 수만 있다면 내 안에는 물론 내게 잘못을 범한 사람 속에도 그 치유의 힘이 흘러들게 되어 있다.

도심에서 사역하는 내 친구 하나가 회개하지 않은 자들을 용서하는 것이 과연 의미 있는 일인지 의문을 제기해 왔다. 그는 아동 학대, 마약, 폭력, 매춘 등의 악의 결과를 날마다 보며 살고 있다. "잘못인 줄 알면서도 지적하지 않고 '용서'한다면 결국 난 뭘 하고 있는 거지? 사람을 자유케 하는 게 아니라 오히려 악을 조장하는 게 아닐까?" 그가 던진 물음이다.

친구는 자기가 접하는 사람들의 사연을 들려주었다. 과연 용서의 한계를 넘어선 것 같은 이들도 있었다. 그러나 나는 신부가 과오를 인정하지도 않은 장발장을 용서하던 그 감동적인 장면을 잊을 수 없다. 용서에는 법과 정의를 넘어서는 이상한 힘이 있다. 나는 『레미제라블』을 읽기 전에 역시 프랑스 작가인 알렉상드르 뒤마의 『몬테크리스토 백작』을 읽은 적이 있다. 이는 한 피해자가 자기에게 누명을 씌운 네 사람에게 아주 절묘한 복수를 가한다는 내용이다. 뒤마의 소설이 정의감을 자극했다면 위고의 소설은 은혜를 일깨워 주었다.

정의에는 선하고 의롭고 합리적인 힘이 있다. 반면 은혜의 힘은 다르다. 은혜는 세상에 물들지 않은, 사람을 변화시키는 초자연적 힘이다. 로스앤젤레스 남부 폭동 때 구타당한 트럭 운전사 레지널드 데니가 이 은혜의 힘을 잘 보여 주었다. 두 남자가 벽돌로 트럭 유리창을 부수고 그를 운전대에서 끌어내 얼굴 한쪽이 움푹 파일 때까지 깨진 병으로 때리며 발길질을 하는 장면이 헬리콥터 비디오에 잡힌 것을 온 국민이 지켜보았다. 법정에서도 범인들은 전혀 뉘우치는 기색 없이 금방이라도 싸울 듯 고자세로 앉아 있었다. 전 세계 대중 매체가 지켜보는 가운데 아직도 부어 올라 흉한 얼굴을 한 레지널드 데니가 변호인단의 만류를 뿌리치고 두 피고의 어머니들이 있는 곳으로 가서 그들을 껴안고는 자기는 두 사람을 용서했노라고 말했다. 그들은 데니를 끌어안았다. 한 어머니는 데니에게 사랑한다는 말까지 했다.

나는, 저만치 수갑을 차고 앉은 두 냉담한 피고에게 그 장면이 어떤 영향을 미쳤는지는 모르나 그 용서가, 아니 용서만이 그 가해자들의 마음을 녹일 수 있음을 분명히 안다. 동료 직원이나 아내가 조용히 나를 찾아와 교만과 고집으로 자백하지 못하는 내 과실에 대해 용서를 베풀 때 그것이 내게 미칠 영향도 십분 알 것 같다.

용서—자격 없이 거저 받는—는 구속을 끊고 죄책감이라는 무거운 짐을 날려 버린다. 신약에는 부활하신 예수님이 베드로의 손을 잡고 세 번에 걸친 용서 의식을 행하시는 장면이 나온다. 베드로는 평생 하나님의 아들을 배반한 야비한 자라는 죄책감을 품고 살 필요가 없었다. 천만의 말씀. 그리스도는 그 변화된 죄인들을 기초로 그분의 교회를 세우실 참이었다.

∨ ∨ ∨

용서는 비난의 악순환을 끊고 죄책감의 중압을 덜어 준다. 용서하는 자를 가해자와 같은 편에 놓는 놀라운 연계를 통해 그 두 가지 일이 이루어진다. 우리는 용서를 통해 자신이 생각만큼 가해자와 다르지 않음을 깨닫게 된다. 시몬 웨일은 말했다. "나라는 존재도 실은 생각과는 다른 모습이다. 그것을 아는 것이 용서다."⁹

나는 이 장 첫머리에서 제프리 다머 사건을 중심으로 용서에 대해 소그룹 토의를 벌인 이야기를 했다. 그런 토의가 흔히 그렇듯이 그날의 대화도 각자의 실생활 사례를 벗어나 자꾸만 추상적이고 이론적인 쪽으로 겉돌았다. 다른 혐오 범죄들 이야기며 보스니아, 나치 대학살 이야기도 나왔다. 그러다 우연히 '이혼'이란 말이 나오자 레베카가 불쑥 입을 열어 다들 깜짝 놀랐다.

레베카는 조용한 여자로, 함께 모인 몇 주 동안 입을 여는 일이 거의 없었다. 그런데 이혼 이야기가 나오자 자청해서 자기 이야기를 털어놓았다. 레베카는 수련회 강사로 꽤 잘 알려진 목사와 결혼했다. 그러나 알고 보니 남편에게도 추한 면이 있었다. 포르노를 뒤적거리는가 하면 타지로 출장을 가서 창녀를 찾곤 했다. 그리고 이에 대해 레베카에게 용서를 구할 때도 있고 그렇지 않을 때도 있었다. 그러다 그는 레베카를 버리고 줄리안이라는 여자에게 갔다.

레베카는 목사의 아내로서 그런 모욕을 당하는 것이 말할 수 없이 괴로웠다. 남편을 존경하던 일부 교인들은 목사의 성적 타락이 부인 탓이기라도 한 것처럼 레베카를 대했다. 레베카는 망연자실하여 점점 사람과의 접촉을 꺼리게 되었다. 사람을 믿을 수 없었던 것이다. 남편을 마음속에서 떨치려 했지만 자녀 방문권 문제로 꾸준히 접해야 했기에 그것도 뜻대로 되지 않았다.

레베카는 자기가 전남편을 용서하지 않는 한, 복수의 응어리가 아이들에게까지 전해질 것 같은 생각이 강하게 들었다. 몇 달 동안 기도했다. 처음에는 기도도 시편의 어떤 기도처럼 복수심에 찬 듯했다. 하나님이 전남편에게 '받아 마땅한 것'을 주시기를 구했다. 그러나 결국은 그 '받아 마땅한 것'을 결정할 권한을 하나님께 맡길 수 있었다.

어느 날 밤 레베카는 전남편에게 전화를 걸어 떨리고 긴장된 목소리로 말했다. "당신이 한 일을 다 용서한다는 것을 말해 주고 싶었어요. 줄리안도 용서하겠어요." 그러나 그는 잘못을 인정하는 기색조차 없이 레베카의 말을 웃어 넘겼다. 비록 상대가 받아들이지는 않았지만 그날의 통화는 레베카가 묵은 원한을 털어내는 데 도움이 됐다.

몇 년 후 레베카는 남편을 '훔쳤던' 여자 줄리안으로부터 이성을 잃은 듯한 전화 한 통을 받는다. 줄리안은 남편과 같이 미네아폴리스에서 열린 목회자 수련회에 참석중이었는데, 남편이 잠깐 산책을 하고 온다며 호텔 방을 나간 지 몇 시간 후 남편이 창녀를 찾아갔다 붙잡혔다는 경찰의 보고를 받게 된 것이다.

줄리안은 레베카와 통화하며 울고 있었다. "이제껏 당신 말을 믿지 않았어요. 설사 당신 말이 맞더라도 이제는 남편이 달라졌다고 애써 생각을 고쳐 먹곤 했지요. 그런데 이럴 수가. 너무 창피하고 속상해요. 죄책감도 들고요. 세상에 누가 내 맘을 알아 줄까요. 갑자기 당신이 우리를 용서한다고 말하던 그날 밤이 생각났어요. 어쩌면 당신은 내 심정을 이해할 수 있으리란 생각이 들더군요. 염치 없는 부탁인 줄 알지만, 찾아가서 이야기를 나눠도 될까요?"

어디서 그런 용기가 생겼을까. 바로 그 저녁 레베카는 줄리안을 집으로 초대했다. 둘은 거실에 앉아 같이 울며 배신의 사연을 나눈 뒤 끝으로 함께 기도했다. 줄리안은 그날 밤을 자기가 그리스도인이 된 시간으로 꼽는다고 한다.

레베카가 사연을 털어놓는 동안 우리 그룹은 쥐죽은듯 조용했다. 레베카가 묘사한 용서는 추상적인 이론이 아니라 거의 불가해에 가까운 인간 사이의 연합—남편을 훔친 여자와 버림받은 아내가 거실 바닥에 나란히 무릎 꿇고 앉아 기도하는—이었다.

레베카는 우리에게 말했다. "남편을 용서해 놓고도 오랫동안 왠지 나만 바보 같다는 기분이 들었어요. 그런데 그날 밤 용서의 열매를 알게 됐어요. 줄리안의 말이 맞았어요. 나는 줄리안의 심정을 이해할 수 있었죠. 그리고 나 또한 같은 일을 겪어 봤기에 줄리안의 적이 아니라 같은 편이 돼 줄 수 있었어요. 두 사람이 한 남자에게 배신당했으니까요. 그 다음 내가 할 일은 줄리안에게 증오심과 복수심과 죄책감을 극복하는 법을 가르치는 일이었어요."

∨ ∨ ∨

루이스 스미즈의 『용서의 미학』에는 성경 속 하나님의 용서에도 인간의 경우와 마찬가지로 점진적 과정이 있다는 특이한 의견이 제시되어 있다. 첫 단계로 하나님은 죄로 인한 장벽을 제하심으로 죄인 속에서 인간의 가치를 되찾으신다. 그 다음, 복수의 권한을 버리시고 친히 그 몸으로 죄값을 치르신다. 끝으로 하나님은 우리를 '의롭다 칭할' 길을 찾으시며 우리를 향한 감정마저 좋게 바꾸신다. 우리를 보실 때 하나님의 형상이 회복된 자녀의 모습을 보시기 위함이다.

스미즈의 통찰을 묵상하다 보니, 하나님의 용서라는 은혜로운 기적은 하나님이 그리스도가 되어 이 땅에 오심으로써 이루어진 연계 때문에 가능한 것이라는 생각이 든다. 하나님은 그토록 사랑하기 원하시는 피조물 인간과 어떻게든 손을 잡으셔야 했다. 문제는 방법이었다. 체험적으로 보자면 하나님은 죄의 유혹 속에서 괴로운 하루를 보낸다는 것이 어떤 것인지 잘 모르셨다. 그래서 그분은 이 땅에 오셔서 우리 가운데 사시면서 비로소 그것을 배우셨다. 직접 우리 입장이 되신 것이다.

히브리서에 이 성육신의 신비가 잘 나타나 있다. "우리에게 있는 대제사장은 우리의 연약함을 동정하지 못하실 이가 아니요, 모든 일에 우리와 똑같이 시험을 받으신 이로되 죄는 없으시니라"(히 4:15). 고린도후서는 한걸음 더 깊이 들어간다. "하나님이 죄를 알지도 못하신 이를 우리를 대신하여 죄로 삼으신 것은"(고후 5:21). 이보다 더 명쾌할 수 있을까! 하나님이 벌어진 곳을 메우셨다. 아예 우리 자리로 오신 것이다. 히브리서는 그렇기 때문에 예수님이 우리 입장을 아버지께 대변하실 수 있다고 말하고 있다. 이 땅에 와 보셨기에 모두 이해하시는 것이다.

복음서 기사로 보건대 용서는 하나님께도 쉽지 않았던 것으로 보인다. "만일 할 만하시거든 이 잔을 내게서 지나가게 하옵소서"(마 26:39). 예수님은 엄청난 대가를 생각하며 그렇게 기도하셨다. 땀방울이 핏방울처럼 굴러 떨어졌다. 그러나 다른 길은 없었다. 이윽고 운명하기 전에 남기신 마지막 말씀 가운데 한마디. "저들을 사하여 주옵소서"(눅 23:34). 로마 병사들, 종교 지도자들, 어둠 속으로 달아난 제자들, 여러분, 나, 모든 사람들. "저들을 사하여 주옵소서. 자기의 하는 것을 알지 못함이니이다." 하나님의 아들은 오직 인간이 되어 보심으로써만 진정으로 말씀하실 수 있었다. "자기의 하는 것을 알지 못함이니이다." 우리 가운데 살아 보셨으므로 이제 이해하시는 것이다.

6장
복수

> 어두운 악몽 가운데 유럽의 모든 개가 짖고,
> 생명 있는 나라마다 기다린다.
> 증오 속에 제각기 남남이 되어.
> _ W. H. 오든

최근 구 유고슬라비아에 전쟁이 한창일 때 나는 몇 년 전 읽었던 시몬 비젠탈의 『해바라기』를 다시 꺼내 들었다.[1] 이것은 금세기 가장 성공적인 '인종 청소' 작전 중 발생한 한 작은 사건을 다룬 책인데, 그 사건을 알면 비젠탈이 왜 그렇게 둘째 가라면 서러워할 나치 수색자가 됐으며 혐오 범죄 반대 운동의 맹렬한 대변인이 되었는지 알 만하다. 책의 주제는 용서다. 나는 용서가 국제 문제―이를테면 구 유고슬라비아의 도덕적 수렁―에 어떤 역할을 할 수 있는지 통찰을 얻고 싶어 책을 폈다.

    1944년 젊은 폴란드인 비젠탈은 나치 포로였다. 그는 나치 병사들이 자기 할머니를 집 계단에서 죽이는 것과 어머니를 유대인 노파들이 꽉 들어찬 화물차에 강제로 처넣는 것을 무력하게 지켜보아야 했다. 유대인 친척 중 모두 89명이 나치의 손에 죽어갔다. 비젠탈 자신도 처음 잡혔을 때 자살하려고 했으나 실패했다.

어느 맑고 쾌청한 날 비젠탈이 맡은 수용소 노역은 독일군 부상병 병원의 쓰레기를 치우는 일이었다. 그때 한 간호사가 비젠탈에게 다가와 머뭇머뭇 "유대인이세요?" 하고 묻더니 손짓으로 자기를 따라오라고 했다. 그는 불안한 마음으로 간호사를 따라 계단을 오르고 복도를 지나 곰팡이 냄새가 나는 어둠침침한 방으로 갔다. 거기에는 군인 하나가 붕대에 칭칭 감겨 누워 있었다. 남자의 얼굴은 입, 코, 귀 부분만 구멍이 뚫린 채 하얀 천으로 덮여 있었다.

간호사는 괴기스런 사람 옆에 젊은 포로만 혼자 두고 문을 닫고 가 버렸다. 부상병은 나치 친위대 장교로 임종 고백을 하려고 비젠탈을 부른 것이었다. "제 이름은 칼입니다." 붕대 안 어디선가 듣기에 거북한 목소리가 새어 나왔다. "당신한테 끔찍한 일을 털어놓아야겠습니다. 당신이 유대인이기 때문입니다."

칼은 천주교 집안에서 자라난 일을 회상하며 이야기를 시작했다. 그는 어렸을 때는 신앙이 있었으나 히틀러 청년단 시절에 신앙을 잃어버렸다. 그 후 나치 친위대에 지원해서 뛰어난 성적으로 복무하다 최근 러시아 전방에서 중상을 입고 돌아왔다.

그가 이야기를 하려 할 때 비젠탈은 세 번이나 뿌리치고 나오려 했다. 그때마다 장교는 핏기 없는 백짓장 같은 손을 뻗어 그의 팔을 붙들었다. 그리고 자기가 막 우크라이나에서 겪고 온 일을 꼭 들어 달라고 애원했다.

러시아군이 포기하고 퇴각한 드니예프로페트로브스크 시내에서 칼의 부대는 위장 폭탄을 잘못 밟아 병사 30명을 잃었다. 나치 친위대는 이에 대한 복수로 유대인 300명을 끌어 모아 삼층짜리 집에 몰아넣은 뒤 석유를 끼얹고 그 곳에 수류탄을 퍼부었다. 칼은 탈출을 기도하는 자들을 사살하려고 부하들과 함께 총을 뽑아 들고 집 둘레를 포위하고 있었다.

"집에서 나는 비명 소리는 정말 끔찍했습니다." 칼은 그 순간을 회상하며 말을 이었다. "어린아이를 안고 있는 남자가 보였습니다. 옷에 불이 붙어 있었습니다. 옆에 선 여자는 분명 그 아이 엄마였습니다. 남자는 한 손으로 아이의 눈을 가리고 바닥으로 뛰어내렸습니다. 몇 초 후 엄마도 따라 뛰었습니다. 다른 창문으로도 불붙은 사람들이 떨어져 내렸습니다. 우리는 쏘았습니다.… 오, 하나님!"

시몬 비젠탈은 독일군이 말하도록 그냥 둔 채 시종 침묵만 지키며 앉아 있었다. 계속해서 다른 만행에 대한 이야기도 했지만 왠지 칼은 검은머리에 짙은 눈동자를 지닌 어린 소년이 친위대의 총알받이로 건물에서 뛰어내려 친위대의 사격 연습 과녁이 된 장면으로 연신 돌아가곤 했다. 마침내 그는 이렇게 말을 맺었다. "나는 죄인으로 여기 남아 있습니다."

죽기 전 마지막 몇 시간 동안 당신이 나와 함께 있습니다. 나는 당신이 누군지 모릅니다. 유대인이란 것밖에 모르지만 그걸로 족합니다.

지금까지 한 이야기가 정말 끔찍한 일인 줄 나도 압니다. 죽음을 기다리는 기나긴 밤마다 유대인 한 사람에게 모든 걸 다 털어놓고 용서를 빌고 싶은 마음이 얼마나 간절했는지 모릅니다. 다만 아직도 살아 있는 유대인이 있을지 그걸 몰라서…. 당신께 너무 심한 부탁이 되리란 걸 압니다만 당신의 답변 없이는 편히 죽을 수 없습니다.

20대 초에 건축가로 일하다 지금은 누런 다윗의 별이 찍힌 허름한 제복을 입은 포로 신세가 된 시몬 비젠탈은 천만 근이나 되는 자기 민족의 무거운 짐이 어깨를 짓누르는 기분이었다. 창문을 통해 햇살이 비치는 안뜰을 내다보았다. 그러다 다시 침대에 누워 있는 눈 없는 붕대 더미를 쳐다보았다. 어디선가 냄새를 맡고 찾아온 금파리가 죽어가는 남자의 몸 주위를 윙윙거리며 나는 것이 보였다.
"마침내 나는 마음을 정하고 아무 말 없이 방을 나왔다." 비젠탈은 그렇게 쓰고 있다.

~ ~ ~

『해바라기』는 용서를 탁상공론에서 끄집어내 현실 역사의 한복판에 놓는다. 내가 이 책을 다시 읽기로 한 것은 비젠탈이 직면한 딜레마가 지금도 유고슬라비아, 르완다, 중동 등지에서 세계를 분열시키고 있는 도덕적 딜레마와 너무도 흡사한 점이 많기 때문이다.

비젠탈의 책 앞부분에는 이제 막 요약한 이야기가 나오고, 뒷부분에는 그 이야기에 대한 아브라함 헤셸, 마틴 마티, 신시아 오지크, 가브리엘 마르셀, 자크 마리탱, 허버트 마르쿠제, 프리모 레비 등 명사들의 반응이 실려 있다. 나중에 비젠탈이 자기 처사가 옳았는지 이 사람들에게 충고를 구했던 것이다.

나치 친위대 칼은 유대인의 용서를 받지 못하고 곧 죽지만 시몬 비젠탈은 후에 미군의 도움으로 죽음의 수용소에서 해방을 맞는다.

그리고 그 병실에서의 장면은 유령처럼 그를 쫓아다녔다. 전쟁이 끝난 후 비젠탈은 혹시라도 그날의 기억을 떨쳐 버릴 수 있을까 싶어 슈투트가르트에 있는 그 장교의 어머니를 찾아갔다. 그러나 그 어머니가 아들의 신앙심 깊던 어린 시절을 부드럽게 이야기한 탓에 오히려 장교의 인간적인 모습만 더 부각되고 말았다. 비젠탈은 그 어머니에게 차마 아들의 마지막 순간을 들려줄 수 없었다.

그 후로도 몇 년간 비젠탈은 많은 랍비와 신부에게 자기가 그때 어떻게 했어야 했는지 묻곤 했다. 그러다 마침내 전쟁이 끝난 지 20년도 더 지난 후에 그는 유대인, 비유대인, 천주교인, 개신교인, 무종교인 가리지 않고 자기가 아는 윤리 분야 최고의 지성들에게 사연을 글로 써 보내며 이렇게 물었다. "당신이 나였다면 어떻게 했겠습니까?"

답장을 보낸 32명의 남녀 중 비젠탈이 그 독일인을 용서하지 않은 것이 잘못이라고 말한 사람은 여섯 명밖에 없었다. 그리스도인 두 명은 비젠탈의 만성 불안을 용서로만 풀 수 있는 양심의 가책이라고 보았다. 그 중 한 명으로서 프랑스 레지스탕스에 가담했던 흑인은 이렇게 썼다. "용서를 거부하신 것도 이해는 갑니다. 성경에 나오는 옛 율법의 정신에 꼭 합치되는 것이지요. 그러나 성경에는 새 율법이 있습니다. 그것은 바로 복음서에 나타난 그리스도의 법입니다. 한 사람의 그리스도인으로서 나는 당신이 용서했어야 한다고 봅니다."

모호한 태도를 취한 사람도 몇 명 있었으나 응답자 대부분은 잘한 일이라며 동조했다. 도덕적·법적으로 무슨 권한이 있다고 남이 당한 범죄를 제3자가 용서한단 말인가? 혹자는 드라이든의 시구를 인용하기도 했다. "용서의 권한은 피해자에게 속한 것."

유대계 응답자 중에는 나치 범죄가 너무 극악무도해서 모든 용서의 가능성을 뛰어넘는 것이라 말한 이들도 꽤 있다. 미국인 저술가이자 교수 허버트 골드는 잘라 말했다. "당대 독일인들에게 이 만행의 죄책은 너무 무거워 개인 차원의 반응은 정당하다고 할 수 없습니다." 또한 "고문과 학살을 당한 수백만의 무죄한 사람들이 살아 돌아오지 않는 한 나는 용서할 수 없습니다"라고 말한 이도 있다. 소설가 신시아 오지크는 한층 매섭게 나왔다. "그 친위대 남자를 속죄받지 못하고 죽게 하십시오. 지옥에 가게 하십시오." 어떤 그리스도인 작가는 이렇게 고백하기도 했다. "나라면 침대에서 그 사람의 목을 졸랐을 겁니다."

용서라는 개념에 통째로 의문을 제기한 응답자도 있다. 한 교수는 용서를 연인들이 다툰 뒤에 다시 침대에 오르기 전에 행하는 감각적 쾌락 행위로 깎아 내렸다. 대학살의 세계에 용서의 자리는 없으며, 용서해 보아야 사태는 으레 똑같이 반복되게 되어 있다는 것이다.

내가 10년 전 『해바라기』를 처음 읽었을 때는 그 천편일률적인 반응에 적잖이 놀랐었다. 나는 더 많은 그리스도인 신학자들로부터 자비에 대한 이야기를 기대했다. 그리고 이번에 비젠탈의 질문에 대한 답변의 답들을 다시 읽었을 때는 끔찍하고 명확한 비용서의 논리에 깜짝 놀랐다. 살벌하기 짝이 없는 세상에서 용서란 실제로 불공평하고 부조리하며 비합리적인 것으로 보인다. 물론 개인이나 가정은 용서를 배워야 한다. 좋다. 그러나 그 고매한 원리를 나치 독일 같은 사례에 어떻게 적용한단 말인가? 철학자 허버트 마르쿠제의 말처럼, "신나게 죽이고 고문하다 때가 되면 간단히 잘못을 빌어 용서받는다는 것은 있을 수도 없고 있어서도 안 되는 일이다."

복음서의 높은 윤리적 이상—그 핵심이 바로 용서다—이 정치와 외교의 냉혹한 세계로 옮겨 가기를 바란다는 것은 지나친 꿈일까? 용서처럼 신령한 것이 그런 세계에서 살아남을 수 있을까? 구 유고슬라비아의 끝없는 비보를 접하며 비젠탈의 책을 다시 읽노라니 그런 의문이 꼬리를 물었다.

내 유대인 친구들은 용서를 강조하는 기독교에 대해 감탄하곤 한다. 앞서 말했듯이 용서는 비은혜의 저항 세력을 무력하게 할 최강의 무기다. 그러나 금세기 초에 위대한 유대인 학자 조셉 클라우스너가 지적한 바와 같이 그리스도인들이 그런 이상을 강조하다 보면 다음과 같은 신랄한 비난에 부딪힐 소지가 있다.[2] 클라우스너는 "정치나 사회는 반대편 극단에서 야만적이고 세속적인 수준에 머물러 있는 반면, 종교는 가장 윤리적이고 이상적인 것만 부르짖고 있다"라고 말했다.

클라우스너는 예수님은 현실 세계에 통하지 않는 실용성 없는 윤리를 가르쳤으며 기독교 역사에 나타난 실패들이 그 증거라고 주장했다. 그는 '기독교와 얼마든지 병존할 수 있었던' 스페인 종교 재판을 예로 들었다. 현대 비평가라면 거기다 유고슬라비아, 르완다는 물론 나치 독일까지 늘어놓을 것이다. 세 분쟁 모두 소위 기독교 국가라는 곳에서 터진 것이다.

사랑, 은혜, 용서에 대한 기독교의 강조는 집안 간의 싸움이나 교회 내의 소그룹 밖에서도 과연 효력이 있는 것일까? 힘만이 최고로 통하는 세상에서 용서같이 고매한 이상은 수증기처럼 실속 없어 보일지 모른다. "교황에게 병력이 몇 사단이나 있느냐"라며 교회의 도덕적 권위를 비웃던 스탈린은 그 원리를 간파하고 있었다.

ˇ ˇ ˇ

솔직히 내가 시몬 비젠탈의 자리에 있었다면 어떻게 반응했을지 나도 잘 모른다. 내가 피해자도 아닌데 죄를 용서할 수 있을까? 그래야 할까? 나치 친위대 칼은 분명 진상을 털어놓고 잘못을 빌었다. 그러나 뉘른베르크나 슈투트가르트 법정에서 능글맞게 웃으며 한 줄로 늘어선 파렴치한 얼굴들은 어찌할 것인가? 비젠탈의 책에 나오는 그리스도인 응답자 중 한 사람인 마틴 마티는 이렇게 썼다. "저는 침묵으로 반응할 수밖에 없습니다. 향후 이천 년간 비유대인, 특히 그리스도인은 대학살의 후손들에게 대학살 경험에 대해 충고를 하지 말아야 합니다. 그때 가서도 우리에겐 아무 할 말이 없을 것입니다." 나도 여기에 동의하고 싶은 유혹을 받는다.

   그러면서도 인정하지 않을 수 없는 사실이 있다. 비용서를 지지하는 달변의 글들을 읽노라면 용서와 비용서 중에 어느 쪽이 더 큰 대가를 치르는 것일까 하는 생각을 떨칠 수 없다. 허버트 골드는 "그 [독일인의 죄]에 대한 개인 차원의 반응은 정당하다고 할 수 없습니다"라고 단정지어 말했다. 과연 그럴까? 그렇다면 살아 있는 모든 독일인을 복수로 처형하는 것―그것은 정당하다고 할 수 있을까?

   은혜를 지지하는 가장 강력한 논거는 바로 그 반대, 즉 비은혜의 세상이다. 용서를 떠받드는 가장 강력한 논거도 바로 그 반대, 즉 비용서가 영구적으로 지속되는 상태다. 나치 대학살은 좀 특별한 경우였다고 치자. 그보다 현대에 발생한 또 다른 사례들은 어떤가? 이 글을 쓰고 있는 순간에도 이백만에 달하는 후투족 난민들이 집으로 돌아오라는 간절한 호소도 마다한 채 르완다 국경 난민촌에 앉아 있다. 후투족 지도자들이, "다 용서했다"라는 투시족 약속을 믿어서는 안 된다고 확성기로 소리치며 경고하고 있기 때문이다. 후투족 대표들은, 돌아가면 다 죽일 거라고 말한다. 후투족이 투시족을 오십만 명이나 살상했기 때문에 그 쪽에서도 복수를 노릴 것이다.

역시 이 글을 쓰고 있는 지금 미군은, 전쟁통에 갈라져서 단구대를 따라 형성된 구 유고슬라비아의 분리 국가 4개국의 통합을 꾀하고 있다. 미국인들이 대부분 그렇듯이 나 역시 발칸 반도 사태는 앞뒤도 안 맞고 말도 안 되는 억지를 부리는 것으로밖에 보이지 않는다. 그러나 『해바라기』를 다시 읽은 뒤로는 발칸 반도 사태를, 현대라는 시점에 표출된 반복되는 역사의 주제에 지나지 않는 것으로 다시 보게 됐다. 수필가 랜스 모로우의 지적처럼 비용서가 지배하는 곳에는 뉴턴 법칙이 작동한다. 모든 만행마다 그와 똑같은 역방향 만행이 뒤따라야 하는 것이다.

유고 사태에 대해 만인이 세르비아인들을 비난하고 있다("타임"지가 객관성을 지켜야 할 뉴스 기사에서 세르비아인을 묘사하는 데 사용한 단어들을 보라. "보스니아 사태는 한마디로 추잡하고 야만적인 것이다. '인종 청소'의 더러운 정치적 이득을 노려 종족간 편견을 조작하고 해묵은 혈통 싸움과 만행 선전을 일삼는 협잡꾼들과 냉소자들의 추태다"). 세상은 세르비아의 잔학성에 대해 의로운 – 전적으로 타당한 – 혐오감에 사로잡힌 나머지 한 가지 사실을 간과하고 있다. 그것은 세르비아인들은 지금 비용서의 끔찍한 논리를 따르고 있을 뿐이라는 점이다.

시몬 비젠탈의 친척 89명의 목숨을 앗아가고 신시아 오지크나 허버트 마르쿠제 같은 지식인들의 입에서 그토록 매몰찬 말이 나오게 한 정권인 나치 독일은 제2차 세계대전 당시 '인종 청소' 계획에 세르비아인을 포함시켰다. 1990년대 세르비아인들이 수만 명을 살상한 것은 사실이다. 그러나 나치가 발칸 반도를 점령했던 1940년대, 독일인과 크로아티아인들이 죽인 세르비아인, 집시, 유대인은 수십만에 달했다. 역사의 기억은 죽지 않는다. 이번 전쟁에서 독일의 신나치주의자들은 크로아티아와 동맹해서 싸우려고 자진해서 입대했고, 크로아티아군 부대는 나치 깃발과 구 크로아티아 파시즘 휘장을 뻔뻔스럽게 휘날리고 다녔다.

"그런 일이 없게 하자"라는 나치 대학살 생존자들의 표어는 또한 세르비아인들로 하여금 유엔은 물론 사실상 전 세계에 반기를 들게 했다. 크로아티아인이 세르비아인 거주 지역을 통치하는 일이 다시는 없게 하리라. 이슬람교도가 통치하는 일도 다시는 없게 하리라. 이슬람교도와 붙은 마지막 전쟁 때문에 다섯 세기 동안이나 터키의 지배를 받지 않았던가(역사적 관점에서 보아 이것은 미국이 존재해 온 시간의 두 배가 넘는 기간이다).

비용서의 논리로 볼 때 적을 치지 않는 것은 조상과 그들의 희생을 배반하는 것이 된다. 그러나 복수의 논리에는 한 가지 결정적인 약점이 있다. 숙원에는 결코 끝이 없다는 점이다. 터키인들은 1389년 코소보 전쟁에서 복수했다. 크로아티아인들은 1940년대에 복수했다. 세르비아인들은 이제 우리 차례라고 말한다. 그러나 세르비아인들도 분명히 아는 것처럼 언젠가는 강간당하고 불구가 된 현재 피해자의 후손들이 지금 복수하는 이들에게 복수를 하려고 들고일어날 것이다. 들창문은 열려 있고 야생 박쥐들은 활개를 치고 있는 것이다.

루이스 스미즈는 말한다.

> 복수심은 앙갚음하고 싶은 욕심이다. 상처받은 만큼 갚아 주고 싶은 불타는 욕망이다.… 복수의 문제점은 원하는 바를 결코 얻을 수 없다는 데 있다. 양편은 절대로 동점을 이룰 수 없다. 공평한 상태는 오지 않는다. 복수할 때마다 가동되는 연쇄 반응은 항상 걷잡을 수 없이 치닫는다. 복수는 가해자와 피해자를 둘 다 고통의 에스컬레이터에 묶어 놓는다. 공평을 찾는 한 둘 다 거기서 헤어나올 수 없다. 이 에스컬레이터는 결코 정지하지 않는다. 아무도 내려놓지 않는다.[3]

용서란 불공평한 것일 수 있으나—정의(定義)상 불공평한 것이다—최소한 복수의 악순환을 중단시킬 방도가 그 속에 있다. 이 글을 쓰는 지금도 중국과 대만, 인도와 파키스탄, 러시아와 체첸, 영국과 아일랜드, 특히 중동의 유대인과 아랍인 사이에서는 폭력 사태가 벌어졌거나 그런 기운이 무르익어 있다. 모두 수십 년, 수백 년씩 거슬러 올라가는 분쟁이고 유대인과 아랍인의 경우는 수천 년에 달한다. 저마다 과거의 불의를 바로잡고 자기네가 당한 잘못된 일을 되돌리려 하고 있다.

신학자 로마노 과르디니는 복수에 집착하는 일의 치명적 약점을 이렇게 진단한다. "악과 복수, 습격과 역습, 공격과 방어에 얽혀 있는 한 끊임없이 새로운 악에 빠질 것이다.…용서만이 타인의 불의에서 우리를 자유하게 한다."[4] 간디는 만인이 '눈에는 눈으로' 식의 정의 원리를 따른다면 세상은 결국 다 눈멀고 말 것이라고 말했다.

비용서 법칙의 생생한 사례는 얼마든지 많다. 셰익스피어나 소포클레스의 역사 비극을 보면 무대에 시체가 넘쳐난다. 맥베스도 리처드 3세도 티투스 안드로니쿠스도 엘렉트라도 복수가 끝날 때까지 죽이고 또 죽여야 한다. 그리고 혹시 적 중에 누군가 살아남아 다시 복수를 가해 올지 모른다는 두려움 속에서 살아간다.

프랜시스 포드 코폴라의 삼부작 "대부"와 클린트 이스트우드의 "용서받지 못한 자"도 똑같은 법칙을 보여 준다. 한편 런던 시내 쇼핑객들을 폭탄으로 날려 버린 IRA(아일랜드 공화국군) 속에도 이 법칙은 작용하고 있다. 옛날 1649년에 아일랜드에 저질러진 만행이 그 이유의 일부다. 하지만 그것은 다시 올리버 크롬웰이 1641년에 당한 대학살의 복수로서 내린 명령이었다. 인접국과 분쟁 중인 구소련 공화국들, 스리랑카, 알제리, 수단 등지에서도 이 법칙을 볼 수 있다.

아르메니아는 터키를 향해 말한다. 우리한테 죄악을 저질렀다는 것만 인정하라. 그러면 항공기 폭파와 외교관 암살을 중지하겠다. 그러나 터키는 단호히 거부한다. 이란 인질 사태가 벌어졌을 때 어느 시점에서 이란 정부는 미국 대통령이 과거에 이란 국왕의 압제 정권을 지지한 데 대해 사과한다면 모든 인질을 해치지 않고 풀어 주겠다고 발표한 바 있다. 그러나 용서가 무엇인지도 알고 평화의 사절에 걸맞는 명성까지 얻은 거듭난 그리스도인 지미 카터는 그것을 거부했다. 그는 사과는 없다고 말했다. 이는 미국의 국가적 명예가 걸린 문제였다.

"친절한 말에 총이 곁들여지면 친절한 말만 하는 것보다 소득이 크다는 것을 알았다." 존 딜링거의 말이다. 이는 오늘날 가난한 나라들이 왜 연소득의 절반에 달하는 돈을 무기에 소비하고 있는지 잘 설명해 준다. 타락한 세상에서는 힘이 있어야 통한다.

헬무트 틸리케가 독일 국가 교회에서 목사가 되어 처음 성경 공부를 인도할 때의 일이다.[5] "하늘과 땅의 모든 권세를 내게 주셨으니"라는 예수님의 말씀을 온전히 믿었던 그는 당시 권력을 쥐고 있던 아돌프 히틀러도 하나님의 주권적인 손에 매달린 도구에 지나지 않음을 거듭 되새기곤 했다. 성경 공부를 위해 모인 사람은 할머니 두 사람과 약간 마비 증세가 있는 더 나이 든 오르간 연주자가 전부였다. 마침 밖에서는 번쩍거리는 군화를 신은 히틀러 청년단 대부대가 시가행진을 하고 있었다. "천국은 마치…겨자씨 한 알 같으니." 틸리케는 이 말씀을 떠올렸다.

이 이미지―밖에서는 군대가 무릎을 펴고 발을 들어 행군하고 있는데 안에서는 성도 몇 명이 기도하고 있는―가 내가 종종 느끼는 심정을 표현해 준다. 비은혜의 위력 앞에 배치된 믿음의 무기는 실로 무력해 보인다. 물매 하나로 핵탄두와 싸울 수 있을까?

그러나 역사는, 은혜에는 은혜 나름의 힘이 있음을 보여 준다. 위대한 지도자―모두 비은혜의 법에 맞서 최고의 값을 치른 사람들로 링컨, 간디, 마틴 루터 킹 주니어, 라빈, 사다트 등이 떠오른다―는 화해에 이르는 국가 분위기를 조성할 수 있었다. 이라크 통치자가 사담이 아니라 사다트였다면, 또한 유고슬라비아 폐허에서 링컨 같은 사람이 나왔다면 현대사는 얼마나 달라졌을 것인가!

정치는 국경, 부, 범죄 등 외면을 다룬다. 반면 진정한 용서는 정치에 답이 없는 인간 내면의 악을 다룬다. 지독한 악(인종 차별, 종족 혐오)은 공기로 전염되는 질병처럼 사회 구석구석 퍼져 나간다. 한 사람의 기침에 버스에 탄 승객이 다 감염되는 것이다. 그러나 약은 백신처럼 한 번에 한 사람씩 투여해야 한다. 은혜의 순간이 이르면 세계가 숨을 멈추고 말을 잊은 채 진정 용서가 약이라는 데 수긍하지 않을 수 없다.

1987년 벨패스트 서부 작은 마을에서 재향 군인의 날 전몰 장병을 추모하기 위해 모인 개신교 신자들 위로 IRA가 던진 폭탄 하나가 떨어졌다. 11명이 죽고 63명이 다쳤다. 이 테러 행위가 다른 많은 테러보다 깊은 인상을 남긴 것은 부상자 고든 윌슨[6]의 반응 때문이다. 그는 아일랜드에서 북아일랜드로 이민 와서 포목상을 하던 신앙심 깊은 감리교 신자였다. 폭탄이 터지자 윌슨은 스무 살 난 딸 마리와 함께 콘크리트 벽돌 더미 1.5미터 아래에 갇혔다. "아빠, 정말 사랑해요." 구조대를 기다리는 동안 아버지의 손을 꼭 쥐고 있던 딸이 마지막으로 남긴 말이다. 척추와 뇌에 중상을 입은 마리는 몇 시간 후 병원에서 숨졌다.

후에 한 신문에 이런 글이 실렸다. "당시 정치가들이 한 말은 아무도 기억하지 않는다. 하지만 고든 윌슨의 말을 들은 사람은 누구도 그 고백을 평생 잊지 못할 것이다.…그의 은혜는 폭파범들의 파렴치한 정당화 논리를 이기고 우뚝 솟았다." 윌슨은 병원 침대에 누워 이렇게 말했다. "딸을 잃었지만 원한은 없다. 상대를 욕한다고 마리 윌슨이 살아나지 않는다. 오늘 밤 그리고 매일 밤 나는 하나님께 기도

할 것이다. 저들을 용서해 달라고."

딸이 마지막 남긴 말은 사랑의 말이었다. 고든 윌슨은 여생을 그 사랑을 좇아 살기로 다짐했다. "온 세계가 울었습니다." 그 주에 윌슨이 BBC 라디오에서 비슷한 인터뷰를 하던 중 어느 기자가 한 말이다.

퇴원 후 고든 윌슨은 개신교와 천주교 사이의 화해 운동을 펼쳤다. 폭탄 테러에 보복할 참이던 개신교 과격파도 윌슨의 명성 때문에 그런 행동이 정치적으로 어리석은 짓이라는 결론을 내렸다. 윌슨은 딸의 이야기를 책으로 펴내고, 폭력을 반대하는 강연을 다니며 '사랑이 중요하다'라는 말을 후렴처럼 반복했다. 그는 IRA를 만나 그들을 일일이 용서하며 무기를 내려놓을 것을 촉구했다. "당신들도 나처럼 사랑하는 이들을 잃었습니다. 이 정도로 충분합니다. 이만큼 피를 흘렸으면 그걸로 됐습니다."

아일랜드는 마침내 윌슨을 국회의원으로 선출하기에 이른다. 1995년에 윌슨이 죽자 아일랜드와 북아일랜드와 전 영국이 하나같이 남다른 은혜와 용서의 정신으로 유명해진 이 평범한 그리스도인 시민에게 깊은 예우를 표했다. 보복성 폭력과 대비된 그 정신, 평화를 심고자 했던 그 삶은 수많은 평범한 이들이 갈망하던 평화의 상징이었다.

엘리자베스 오코너는 말했다. "우리의 심령을 억압하고 정서적으로 해를 끼치고 갖가지로 훼방한 자들을 축복한다는 것은 우리 평생 가장 특별한 일이다."[7]

∽ ∽ ∽

10년 전 또 한 편의 용서의 드라마가 잠시나마 세상의 시선을 사로잡았다. 교황 요한 바오로 2세가 청부 살인자로 자신의 암살을 시도해 거의 성공할 뻔했던 메머 알리 아그카를 만나러 로마 레비비아 감옥에 간 것이다. "당신을 용서합니다." 교황은 말했다.

깊이 감동한 듯 이 사건을 커버 스토리로 다룬 '타임'지 기사에서 랜스 모로우는 이렇게 썼다. "요한 바오로는 인간 활동의 사적 차원과 공적 차원이 어떻게 도덕적 행위 안에 하나로 녹아들 수 있는지 보여 주었다.…요한 바오로는 거창한 일도 실은 인간 가슴의 기본 감정—미움이냐 사랑이냐—에 의해 결정되거나 적어도 그 영향을 받는다는 것을 알리기 원했다." 모로우는 이어 밀라노의 한 신문에 실린 글을 인용했다. "우리 마음이 바뀌지 않는 한 전쟁, 기아, 불행, 인종 차별, 인권 탄압, 미사일 같은 것에서 벗어날 길은 없을 것이다."

모로우는 이렇게 덧붙였다.

레비비아에서 벌어진 장면에는 상징적 광채가 있다. 이는 근래 세상 사람들이 뉴스를 통해 접한 것들과 기막힌 대조를 이루며 빛을 발한다. 한동안 세간에는 역사의 궤도가 하향적이라는, 즉 세상이 무질서에서 더 큰 무질서로, 암흑으로—지구 최후의 화염으로—나아가고 있다는 회의가 짙었다. 그러나 레비비아의 상징적 광경은, 인간은 구속(救贖)될 수 있으며 빛을 향해 상향하고 있다는 기독교의 메시지를 정확히 보여 주었다.[8]

요한 바오로의 행동은 어두침침한 배경으로 인해 한층 더 빛났다. 텅 빈 콘크리트 감방은 차가운 비용서의 법을 보여 주기에 완벽한 배경이었다. 암살자의 운명은 투옥이나 처형이지 용서받는 것이 아니다. 그러나 그 순간 용서의 메시지는 온 세상에 복수의 길이 아닌 변화의 길을 보여 주며 감옥 벽을 뚫고 퍼져 나갔다.

물론 교황은 먼 옛날 사람들에게 살해당하신 그분의 모본을 따르고 있었다. 유대의 엉터리 재판은 역사상 유일하게 완벽한 인간을 사형시킬 길을 기어코 찾아내고 말았다. 그러나 십자가에서 예수님은 친히 역(逆) 선고를 통해 비용서의 법에 영원한 타격을 가하셨다. 분명 그분은 회개하지 않은 자들을 용서하셨다. "자기들이 하는 것을 알지 못함이니이다"(눅 23:34).

로마 병사, 빌라도, 헤롯, 산헤드린 공회는 다 "주어진 일을 한 것뿐이라"—후에 아우슈비츠, 밀라이 양민 학살, 구 소련 수용소 등에 대한 해명에 사용된 나약한 변명—라고 말하지만, 예수님은 제도의 껍데기를 벗기고 인간의 심령에 말씀하셨다. 그들에게 무엇보다도 필요한 것은 용서였다. 죄의 구속을 믿는 우리는 예수님이 마지막 말씀을 하실 때 염두에 두셨던 이들이 단지 그 처형자들만은 아니라는 것을 잘 안다. 그분의 마음에는 우리가 있었다. 십자가에서, 오직 십자가로만, 그분은 영원히 물고 물리는 비용서의 법에 종지부를 찍으셨다.

⌄ ⌄ ⌄

용서란 엄청난 악이 저질러진 유고슬라비아 같은 곳에서도 중요한 것인가? 반드시 그래야 한다. 그렇지 않다면 그 곳 사람들에게는 공존의 희망이 없을 것이다. 수많은 피학대 아동들이 배우는 교훈처럼 용서 없이는 아무도 과거의 손아귀에서 벗어날 수 없다. 이 원리는 국가에도 그대로 적용된다.

부부 관계에서 힘겨운 시기를 보내 온 친구가 하나 있다. 어느 날 밤 드디어 한계에 달한 조지는 탁자를 치고 바닥을 치며 아내에게 고함을 질렀다. "당신이 싫어! 더는 못 참아! 지겨워! 더는 못 참아! 이젠 안 돼! 안 돼! 안 돼! 안 돼!"

몇 달 후 친구가 한밤중에 얼핏 잠이 깨 보니 두 살 난 아들이 자고 있던 방에서 이상한 소리가 들렸다고 한다. 살금살금 걸어가 아들의 방문 앞에 잠시 선 그는 온 몸에 전율을 느꼈다. 숨도 쉴 수 없었다. 두 살 난 아이가 낮은 소리로 엄마 아빠의 싸움을 억양까지 정확하게 한마디 한마디 그대로 반복하고 있었던 것이다. "당신이 싫어.…더는 못 참아.…안 돼! 안 돼! 안 돼!"

조지는 끔찍하게도 자신의 고통과 분노와 비용서를 다음 세대에 그대로 물려주고 말았음을 깨달았다. 이것이 바로 지금 유고슬라비아에서 일어나고 있는 일이 아닌가?

용서가 없이는 과거라는 괴물이 언제 동면에서 깨어나 현재를 삼킬지 모른다. 나아가 미래까지도.

7장
은혜의 무기고

> 작은 틈 하나일 뿐…
> 그러나 틈이 동굴을 무너뜨린다.
> _ 알렉산드르 솔제니친

월터 윙크의 책에는 제2차 세계대전이 끝나고 10년 후 폴란드 그리스도인들을 방문한 두 명의 평화 사절단 이야기가 나온다.[1] "서독의 그리스도인들을 만날 용의가 있습니까? 그들은 독일이 폴란드에 행한 일에 용서를 빌고 새로운 관계를 맺고 싶어합니다." 사절단이 물었다.

한동안 침묵이 흘렀다. 그러다 폴란드인 한 명이 입을 열었다. "당신들의 요구는 불가능한 것입니다. 바르샤바의 돌 하나하나가 모두 폴란드인의 피로 젖어 있습니다. 우리는 용서할 수 없습니다!"

모임이 파하기 전 이들은 함께 주기도문을 외웠다. "우리가…사하여 준 것같이 우리 죄를 사하여 주옵시고"라는 대목에 이르자 전원이 기도를 멈췄다. 방 안에 긴장이 감돌았다. 조금 전에 그렇게 힘주어 말하던 폴란드인이 말했다. "당신들의 요구를 수락해야겠습니다.

용서하지 않는다면 나는 더 이상 주기도문으로 기도도 못하고 그리스도인이라 자처할 수도 없습니다. 인간적으로는 할 수 없는 일이지만 하나님이 힘을 주실 것입니다!" 그로부터 18개월 후 폴란드 그리스도인들과 서독 그리스도인들은 비엔나에서 만나 교제의 악수를 나누었고 그 우호 관계는 지금까지 계속되고 있다.

최근에 출간된 『죄의 삯』을 보면 전쟁을 저지른 죄에 대한 독일과 일본의 접근 차이가 잘 나타나 있다.[2] 폴란드인들에게 사과한 앞의 예처럼 독일인 생존자들은 전쟁 중에 저지른 범죄의 책임을 인정하는 경향이 있다. 한 예로 1970년 바르샤바를 방문한 베를린 시장 빌리 브란트는 바르샤바 유대인 강제 거주지 내 희생자들을 위한 기념관 앞에서 무릎을 꿇었다. "그 몸짓은…사전에 계획된 것이 아니었다. 독일 근대사의 기억에 늘 마음이 무거웠던 터라, 흔히 말로 못다 할 때 취하는 행동을 나도 한 것뿐이다." 후에 그는 이렇게 썼다.

반대로 일본은 자기들이 전쟁 중에 행한 일에 대해 지금까지 전혀 잘못을 인정하려 들지 않았다. 히로히토 천황은 일본의 항복을 발표할 때도 "전세가 일본에 유리하지는 않은 쪽으로 전개되고 있다"라는 전형적인 축소 표현을 썼으며, 전후의 발언도 다 치밀한 계산에 따른 것이었다. 일본 정부는 진주만 사태 50주년 기념식 참석도 거절했다. 미국의 초청이 사과를 조건으로 한 것이었기 때문이다. 어떤 장관은 "전쟁은 전 세계 모두의 책임이다"라고 주장했다. 사실 일본은 1995년에 가서야 자국의 행동에 대해 '사과'라는 말을 처음 사용했다.

오늘날 독일 학생들은 유대인 대학살과 기타 나치 범죄들을 자세히 배운다. 반면 일본 학생들은 자기 나라에 원자 폭탄이 투하된 것은 배우지만 남경(南京) 대학살, 포로에 대한 잔인한 대우, 미국인 포로 생체 해부, 일본군 군수 물자로 징집된 외국인 '위안부' 등에 대해서는 배우지 않는다. 그 결과 중국, 한국, 필리핀 같은 국가에서는 아직도 원한이 스러지지 않고 있다.

일본과 독일이 도발에 대한 국제적 '용서'의 징표로서 국제 사회에서 받아들여지고 있다는 점을 볼 때 이런 대조는 지나치게 강조할 것이 못 될지 모른다. 그러나 독일이 예전의 피해국들과 나란히 신유럽의 완전한 동반자로 환영받고 있다면 일본은 의심스런 눈초리를 보내는 예전의 적국들과 아직도 화해를 교섭 중이다. 사과가 더딘 만큼 완전한 용인 과정도 늦어지는 것이다.

1990년 온 세계는 국제 정치 무대에 펼쳐진 용서의 드라마를 보았다. 동독 최초로 자유 선거를 거쳐 국회가 탄생하자 의원들이 정권을 인수하려고 모였다. 공산권은 하루가 다르게 변하고 있고 서독은 급진적 통일 단계를 제의하고 있는데다 새 국회 앞에는 풀어야 할 중대한 국내 문제가 산적해 있었다. 그런데도 국회는 최초의 공식 행위로서 정치 용어가 아니라 신학 용어로 작성된 다음과 같은 별난 성명을 표결에 붙이기로 했다.

우리, 동독 최초의 자유 선거로 뽑힌 국회의원들은 유대인 남자들, 여자들, 아동들에 대한 모욕과 축출과 살해에 대해 이 나라 국민을 대신하여 책임을 인정하는 바이다. 우리는 비통함과 수치심으로 독일 역사의 이 무거운 짐을 인정한다. 국가 사회주의 시기에 세계의 많은 민족이 헤아릴 수 없는 고통을 당했다. 우리는 전 세계 유대인들에게 용서를 구한다. 동독의 공식적 대(對) 이스라엘 정책의 위선과 적의 그리고 1945년 이후에도 우리 나라에서 여전히 행해진 유대인 시민을 향한 핍박과 모욕에 대해 이스라엘 국민에게 용서를 구한다.³

동독 국회는 이 성명을 만장일치로 통과시켰다. 의원들은 자리에서 일어나 오랫동안 우레 같은 박수를 보낸 뒤 대학살 때 죽은 유대인을 기리며 잠시 묵념의 시간을 가졌다.

국회의 이런 행동이 어떤 변화를 가져왔을까? 살해된 유대인이 되살아난 것도 아니고 나치의 극악무도한 행위가 없어진 것도 아니다. 맞다. 그러나 그것은 반세기 가까이—독일 정부가 용서의 필요성을 단호히 거부했던 50년—동독인들을 숨막히게 해 온 죄책의 중압을 덜어 주었다.

서독은 그 전에 이미 공식적으로 잘못을 회개한 바 있다. 그뿐 아니라 서독은 배상금으로 유대인에게 600억 달러를 지불했다. 독일과 이스라엘 사이에 관계가 존재한다는 것 자체가 국가간 용서의 더할 나위 없이 좋은 본보기다. 국제 정치에서도 은혜는 고유의 힘을 간직하고 있다.

∨ ∨ ∨

한때 공산주의 치하에 있던 국가들에서 최근 공적인 용서의 드라마가 펼쳐진 일이 또 있다.

아직 철의 장막이 건재하고 계엄령 기간 중이었던 1983년에 교황 요한 바오로 2세는 폴란드를 방문해서 거대한 옥외 미사를 집전했다. 교구별로 질서 있게 늘어선 구름떼 같은 인파가 포니아토프스키 다리로 행진해 운동장 쪽으로 세차게 나아갔다. 다리 바로 앞에서 길은 공산당 중앙당사 앞을 정면으로 통과하게 되어 있었다. 건물을 지나는 동안 행진하는 무리는 몇 시간이고 계속 한목소리로 "우리는 당신들을 용서한다. 우리는 당신들을 용서한다"라고 제창했다. 그 중에는 가슴 속 깊이 진심으로 구호를 외친 사람도 있고, "너희들은 아무것도 아니다. 미워할 것조차 없다"라는 식으로 거의 경멸조로 외친 사람도 있다.

몇 년 후, 설교를 통해 폴란드에 경종을 울려 왔던 35세의 신부 제르지 포페일루스코가 두 눈이 뽑히고 손톱이 뜯긴 채 비스툴라 강에 떠 있는 것이 발견되었다. 이번에도 역시 천주교 신도들은 거리로 나가 "우리는 용서한다. 우리는 용서한다"라고 쓴 현수막을 들고 행진했다. 포페일루스코는 성당 앞 광장에 가득 모인 무리를 향해 주일마다 똑같은 메시지를 전하곤 했었다. "진리를 수호하시오. 선으로 악을 이기시오." 그가 죽은 후 신도들은 그의 말에 끝까지 순종했으며, 결국 공산당 정부의 몰락을 가져온 것도 바로 그 은혜의 정신이었다.

지금도 동유럽 전 지역에서 용서의 몸부림이 계속되고 있다. 러시아의 목사는 자기를 감옥에 가두고 교회를 파괴한 KGB 요원들을 용서해야 하나? 루마니아인들은 병든 고아들을 침대에 묶어 놓은 의사, 간호사들을 용서해야 하나? 동독 국민은 자기를 정찰한 정보원들—신학교 교수, 목사, 배반한 배우자까지 포함하여—을 용서해야 하나? 인권 운동가 베라 울렌버거는 자기를 배반하고 비밀 경찰에 넘겨주어 체포, 추방당하게 한 사람이 바로 남편이었음을 알았을 때

화장실로 달려가서 토했다. 후에 베라는 "내가 맛본 지옥을 아무도 겪지 않기 바란다"라고 말했다.

폴 틸리히는 용서를, 과거를 잊기 위해 과거를 기억하는 것이라고 정의했다. 이는 개인뿐 아니라 국가에도 적용되는 원리다. 용서는 결코 쉽지 않고 때로는 여러 세대가 지나야 이루어질 수도 있지만 용서말고 무엇이 사람을 과거사의 노예로 묶어 두는 사슬을 끊어 줄 수 있겠는가?

나는 1991년 10월 소련에서 목격한 광경을 영영 잊지 못할 것이다. 귀국 직후 출간된 한 소책자에 이미 소개한 이야기지만 충분히 반복할 가치가 있다. 당시 소련 제국은 종말로 치닫고 있었고 미하일 고르바초프는 수상으로 겨우 명목만 유지하고 있을 뿐 보리스 옐친이 나날이 세력을 더해 가고 있었다. 러시아 지도자들이 자국의 '도덕성 회복'을 위해 도움을 요청하자 미국의 그리스도인 대표단이 가서 그들을 만나고 왔는데 나도 그 일행에 끼게 됐다.

그때 고르바초프와 정부 관리들이 모두 따뜻하게 맞아 주었음에도 불구하고, 일행 중 고령자들은 KGB 본부에 가면 대우가 달라질 것이라고 경고했다. 건물 밖에 있는 설립자 펠릭스 제르진스키의 동상은 군중의 손에 쓰러졌다. 하지만 그의 흔적은 내부에 그대로 살아 있었다. 우리가 모인 방 벽에도 악명 높은 그의 대형 사진이 아직 버젓이 걸려 있었다. 나무판을 댄 강당 출입구 양옆에는 차려 자세를 한 요원들이 영화에서 본 것처럼 딱딱하고 무표정한 얼굴로 서 있고, 그 안에서 KGB 부국장 니콜라이 스톨랴로프 장군이 우리 대표단에게 자신을 소개했다. 우리는 정신을 바짝 차렸다.

"오늘 밤 여기서 여러분을 만난 것은 어느 황당한 소설가도 생각해 낼 수 없는 구성의 반전입니다." 스톨랴로프 장군은 그렇게 운을 뗐다. 과연 맞는 말이었다. 이어 그는 이런 말로 우리를 깜짝 놀라게 했다. "우리 소련인들이 새삼 깨닫는 것은 그 동안 우리가 그리스도인들을 받아들이는 데 너무 소홀했다는 것입니다. 하지만 국민이 신앙으로 돌아오지 않고는 즉 진정한 회개가 없이는 정치 문제도 풀 수 없습니다. 이것이 제가 져야 할 십자가입니다. 과학적 무신론을 공부해 보면 종교가 국민을 분열시킨다는 개념이 있습니다. 그러나 지금 우리는 반대 현상을 보고 있습니다. 하나님을 사랑하는 것만이 나라를 하나되게 합니다."

머리가 어지러웠다. '십자가를 진다'라는 표현은 도대체 어디서 배웠을까? 그리고 **회개**라는 말은? 통역자가 제대로 옮긴 것일까? 피터와 아니타 데이네카 부부를 흘긋 보았다. 기독교 사역을 이유로 러시아에서 추방당한 지 십삼 년 만에 지금 KGB 본부에서 과자를 먹고 있다니.

기독교 개혁 교회에서 라디오와 텔레비전 방송 일을 하던 점잖고 예의 바른 조엘 네더후드가 일어나 스톨랴로프에게 질문했다. "장군님, 우리 중에는 솔제니친의 수용소 이야기를 읽어 본 사람이 많습니다. 거기서 가족을 잃은 사람도 몇 명 있습니다." 그의 대담한 말에 마음을 놓고 있던 동료들은 정신이 들었고 실내에는 한층 긴장이 고조되었다. "이 건물 지하실에 있는 것을 포함해서 그런 수용소들을 감독하는 일은 장군님의 기관인 KGB 책임입니다. 이런 과거를 어떻게 보십니까?"

스톨랴로프는 어조를 가다듬어 답했다. "아까 회개 이야기를 했습니다. 이는 필수적인 단계입니다. 아마 아불라제의 '회개'라는 영화를 아실 겁니다. 회개 없이는 개혁도 있을 수 없습니다. 과거를 회개할 때가 왔습니다. 우리는 십계명을 어겼고 지금 그 값을 치르고 있습니다."

나도 텐지즈 아불라제의 "회개"를 보았다. 스톨랴로프의 비유는 정말 우리를 아연케 했다. 그 영화는 억지 탄핵, 강제 투옥, 교회 방화―KGB에 특히 종교에 대한 잔인한 명성을 안겨 준 바로 그런 행위―를 자세히 다룬 것이기 때문이다. 스탈린 시대에만 줄잡아 42,000명의 사제가 목숨을 잃었고, 총 사제 수는 38만 명에서 172명으로 줄었다. 수도원 1,000개, 신학교 60개가 문을 닫았고 정교회가 100개당 98개 꼴로 문을 닫았다.

"회개"는 이런 잔혹한 핍박상을 어느 시골 마을의 모습을 통해 그리고 있다. 제일 가슴이 사무치는 장면은, 마을 아낙들이 이제 막 강줄기를 따라 떠내려 온 산더미 같은 통나무를 하나하나 들춰보며 목재 하치장 진창 속을 샅샅이 헤집고 다니는 장면이다. 수용소에 있는 남편들이 통나무를 자르며 보냈을 메시지를 찾고 있는 것이다. 한 여자가 나무 껍질에 새겨진 남편의 머릿글자를 발견하고는 울면서 통나무를 부드럽게 어루만진다. 그 나무는 어루만질 수 없는 남편과 연결시켜 주는 유일한 끈이다. 영화는 한 시골 아낙이 교회로 가는 길을 묻는 장면으로 끝난다. 길을 잘못 들었다는 말에 아낙은 답한다. "가도 교회가 안 나오는 길이라면 그게 무슨 길인가요?"

지금 우리는 솔제니친이 심문당한 수용소의 바로 위에 있는 방, 폭정의 총 본부에 앉아 KGB 부국장으로부터 그와 아주 비슷한 이야기를 듣고 있었다. 회개, 십계명, 교회가 나오지 않는 길이라면 그게 무슨 길인가?

갑자기 알렉스 레오노비치가 일어서서 입을 열자 좌중은 한층 격의 없는 분위기가 되었다. 주빈석에 앉아 스톨랴로프의 통역을 맡은 알렉스는 벨로루시 태생으로 스탈린 공포 정치 때 빠져나와 미국으로 이민을 갔다. 그리고 그 후 46년간 잦은 통신 방해 속에서도 조국에 기독교 프로그램을 방송해 왔다. 그는 신앙으로 인해 고문과 핍박을 당한 신자들도 개인적으로 많이 알고 있었다. KGB 고위 관리 옆에서 이런 화해의 메시지를 통역한다는 것은 그에게 너무나 뜻밖이요 꿈만 같은 일이었다.

할아버지 같은 인상의 풍채 당당한 알렉스는 소련의 변화—우리가 똑똑히 목도하고 있던 바로 그 변화—를 위해 반세기가 넘도록 기도해 온 전사들의 전형이라 할 수 있다. 그는 스톨랴로프 장군에게 느릿느릿 부드럽게 이야기했다.

"장군님, 우리 집에도 KGB 때문에 고생한 식구들이 많습니다. 나도 사랑하는 조국을 떠나야 했지요. 내가 너무나 좋아했던 삼촌은 시베리아 노동 수용소에 잡혀가서 돌아오지 않았습니다. 장군님, 회개한다고 하셨죠. 그리스도께서 우리에게 회개에 응하는 법을 가르쳐 주셨습니다. 우리 가족을 대신하고 수용소에서 죽은 우리 삼촌을 대신해서 제가 장군님을 용서합니다."

기독교 전도자 알렉스 레오노비치가 KGB 부국장 니콜라이 스톨랴로프 장군에게 다가가서 러시아식으로 힘차게 끌어안았다. 포옹 중에 스톨랴로프가 알렉스에게 뭐라고 귀엣말을 했는데 우리는 나중에 가서야 그 내용을 알았다. "저는 평생 딱 두 번 울었습니다. 한 번은 어머니 돌아가셨을 때이고 다른 한 번은 오늘 밤입니다."

"모세가 된 기분이오." 그날 밤 돌아오는 버스에서 알렉스가 말했다. "나도 약속의 땅을 보았소. 영광을 맞을 준비가 되었소."

우리와 동행했던 러시아인 사진사는 그다지 낙관적이지 않았다. 그는 말했다. "다 연극입니다. 당신들 보라고 가면을 쓴 거예요. 믿을 수 없습니다." 그러나 그 역시 마음이 흔들려서 얼마 후에 사과하며 말했다. "제가 틀렸을 수도 있습니다. 이젠 뭘 믿어야 될지 모르겠군요."

ᗐ ᗐ ᗐ

앞으로 수십 년 혹 수 세기 동안 구 소련은 용서의 문제에 직면할 것이다. 아프가니스탄, 체첸, 아르메니아, 우크라이나, 라트비아, 리투아니아, 에스토니아, 이 국가들은 모두 한때 자신을 지배했던 제국에 원한을 품고 있다. 이 나라들 역시 KGB 본부로 우리와 동행했던 사진사처럼 러시아가 무슨 말을 하든 그 동기에 의문을 제기할 것이다. 러시아인들이 서로를 믿지 못하고 정부를 믿지 못하는 것은 너무나 당연한 일이다. 과거를 극복하려면 먼저 그것을 기억해야 한다.

그럼에도 아무리 지지부진하고 불완전해도 역사를 극복하는 것은 가능한 일이다. 비은혜의 사슬은 끊어질 수 있다. 미국도 국가 차원에서 화해를 경험한 일이 있다. 제2차 세계대전의 원흉 독일과 일본은 지금 미국의 가장 든든한 우방에 속한다. 좀더 의미 있는—그리고 구 소련이나 유고슬라비아 같은 곳과 좀더 직접적으로 연관성 있는—것은 미국이 동족상잔의 집안 싸움인 피비린내 나는 남북전쟁을 겪었다는 점이다.

나는 조지아 주 애틀랜타에서 자랐다. 애틀랜타를 전소시킨 셔먼 장군에 대한 애틀랜타 사람들의 태도는 보스니아 이슬람교도들이 세르비아 주민에 대해 품는 감정과 맞먹는다. 발칸 반도에 꼭 들어맞을 정책인 현대전의 '초토화' 전략을 도입한 사람은 누가 뭐래도 셔먼이다. 어쨌든 미국은 하나로 남을 수 있었다. 남부 연방 깃발과 "딕시" 노래의 가치를 두고 남부 사람들 사이에 아직도 이견이 있긴 하지만, 근래 들어 연방 탈퇴나 인종 거주지별로 국가를 분리하자는 주장은 많이 들어 보지 못했다. 최근의 미국 대통령 중 두 명은 아칸소 주와 조지아 주 출신이다.

남북전쟁 후 정치가들과 참모들은 많은 피를 흘리게 만든 남부 사람들을 중벌로 다스려야 한다고 링컨에게 압력을 가했다. 대통령은 말했다. "적을 친구로 만드는 것이 바로 적을 쳐부수는 것 아닙니까?" 그는 오히려 남부 11주 재통합이라는 포용안을 폈다. 링컨의 정신은 그가 죽은 후에도 나라의 지침이 됐다. 미국이 합중국('United' States)으로 유지된 근본 원인도 거기 있지 않을까?

이보다 가슴이 찡한 것은 흑백간 화해의 진전이다. 흑백 관계는 한때 한 편에서 다른 편을 **소유했던** 관계다. 인종 차별의 끈질긴 파급 효과는 불의를 씻는 데 오랜 세월과 고된 노력이 요구된다는 것을 입증한다. 그래도 흑인이 시민 참여를 향해 내딛는 발걸음 하나하나는 모두 용서를 향한 전진을 의미한다. 물론 흑인들이 다 용서하는 것도 아니고 백인들이 다 회개하는 것도 아니다. 인종 차별은 이 나라를 깊이 갈라놓고 있다. 그러나 미국의 상황을 구 유고슬라비아에서 일어난 일과 비교해 보라. 기관총 사수들이 애틀랜타 진입로를 차단하거나 버밍햄 상공으로 포탄이 빗발치는 일은 아직 보지 못했다.

나는 인종 차별주의자로 자랐다. 나는 아직 50세가 안 됐지만 남부에서 합법적으로 흑인 차별 정책이 시행되던 시기를 익히 기억하고 있다. 애틀랜타 시내 상점의 화장실은 백인 남자, 백인 여자, 유색인, 이렇게 셋으로 구분되어 있었다. 주유소 내 물 마시는 곳에도 백인용과 유색인용이 따로 있었다. 여관과 식당도 백인 손님만 받다가 후에 민권법이 발효되어 그런 차별이 불법화되자 많은 업주들이 문을 닫았다.●

후에 조지아 주지사로 선출된 레스터 매덕스도 그런 불복성 식당 업주 중 하나였다. 몇 곳의 프라이드 치킨 가게를 모두 닫은 그는 자유의 죽음을 기리는 기념관을 열고는 권리 장전 사본을 검은 천에 덮인 관에 넣어 전시해 놓았다. 또 흑인 민권 시위자들을 때릴 때 사용된 곤봉의 복제품인 세 가지 크기―아빠, 엄마, 아이―의 곤봉과 도끼 자루를 팔아서 생활비를 벌었다. 나도 신문을 돌려 번 돈으로 도끼 자루를 하나 샀다. 레스터 매덕스는 가끔 우리 교회에 나왔다(그 누이는 정식 교인이었다). 내가 인종 차별에 대한 왜곡된 신학적 기초를 배운 곳이 바로 그곳이다.

1960년대 우리 교회 제직회는 감시단을 동원하여 주일마다 흑인

● 나는 워싱턴 시의 유대인 대학살 박물관에 갔다가 유대인에게 저지른 나치 만행의 생생한 묘사를 보고 깊은 감명을 받은 일이 있다. 그러나 개인적으로 가장 인상 깊었던 것은 초기의 유대인 차별법이―상점, 공원 벤치, 화장실, 음료수대 등에 '유대인 전용'이 따로 있던―미국의 분리법을 명백히 본뜬 것임을 보여 주는 한 전시실이었다.

'골칫덩이들'이 찾아와 흑백 통합 운운하지 못하게 교회 입구마다 교대로 순찰을 섰다. 나는 언제 나타날지 모르는 민권 시위자들에게 주려고 제직회에서 인쇄한 카드 한 장을 지금도 가지고 있다.

당신네 집단의 배후 동기가 하나님 말씀의 가르침에 어긋나는 것임을 알기에 우리는 당신들을 **환영할 수 없으며** 구내를 조용히 떠나 줄 것을 정중히 요청하는 바입니다. 성경은 "인간은 전부 형제요 하나님은 아버지다"라고 가르치지 '않습니다.' 그분은 만유의 창조주이시지만 오직 중생한 이들에게만 아버지가 되십니다.

당신들 중 진심으로 예수 그리스도를 구주와 주님으로 알고 싶어서 여기 오신 분이 있다면 얼마든지 하나님 말씀을 가지고 개인적으로 대할 용의가 있습니다.

(1960년 8월, 제직회 만장일치 문안)

국회에서 민권법이 통과되자 우리 교회는 백인의 천국인 사립 학교를 하나 세우고 일부러 흑인 학생은 일절 받지 않았다. 한 흑인 성경 교수의 딸이 유치원 입학을 거절당하자 '자유주의' 교인 몇 명이 교회를 떠났으나 대부분 교인은 그 결정에 이의가 없었다. 1년 후 교회 제직회는 카버 성경 학교에 다니던 한 학생의 교인 등록을 거부하기도 했다(그의 이름은 토니 에반스로 지금 저명한 목사요 강사가 되었다).

우리는 마틴 루터 킹 주니어를 '마틴 루시퍼 쿤(검둥이)'이라고 부르며 골수 공산주의자요 목사 흉내만 내는 마르크스주의자로 몰았다. 누구보다도 남부를 처참한 인종 전쟁에서 지켜 낸 그의 도덕적 힘을 내가 바로 알게 된 것은 훨씬 후의 일이다.

학교와 교회의 백인 동료들은 킹이 남부의 경찰들, 경찰견, 소방용 호스 등과 대치하는 모습이 텔레비전에 방송되는 것을 보며 좋아했다. 그것이 곧 킹의 전략에 넘어가는 것인 줄은 미처 몰랐다. 킹은 일부러 불 코너 군(郡) 보안관 같은 이들을 하나하나 찾아내서 구타와 투옥과 다른 만행을 견뎌내며 그 대립 장면을 무대 전면에 끌어올렸다. 인종 차별의 악이 최악의 극단으로 자행되고 있는 것을 보아야만 자만에 빠져 있는 나라가 자신의 대의를 지지해 주리라 믿었기 때문이다. 그는 이렇게 말하곤 했다. "기독교는 언제나 면류관을 쓰기 전에 십자가를 질 것을 강조해 왔다."

킹은 용서와의 씨름을 "버밍햄 옥중 서신"에 기록한 바 있다. 감옥 밖에서는 남부 목사들이 그를 공산주의자라고 비난하고 있고, 군중은 "검둥이를 처형하라!"라고 고함치고 있고, 경찰들은 무장하지 않은 킹의 지지자들에게 야경봉을 휘두르고 있었다. 킹은 적을 용서하기 위해 자신을 쳐서 복종시키는 데 수일 간의 금식이 필요했다고 적고 있다.

킹은 악을 만인 앞에 끌어냄으로써 온 국민이 품고 있는 의분의 저수지에 물꼬를 트고자 했다. 그것은 내 친구들과 나로서는 전혀 이해할 준비가 되어 있지 않던 개념이다. 많은 역사가들은 킹의 민권 운동이 마침내 결정적 다수의 지지를 얻게 된 시점으로 다음 사건을 꼽는다. 이는 앨라배마 주 셀마 외곽의 다리에서 보안관 짐 클라크가 비무장 흑인 시위자들을 향해 부하 경찰들을 풀어 놓아 터진 사건이다.

기마 경찰들은 행진자 무리 속으로 거칠게 말을 몰아 야경봉을 휘두르며 닥치는 대로 머리를 부수고 사람들을 바닥에 넘어뜨렸다. 백인들이 길가에서 함성을 지르며 만세를 부르는 사이 경찰들은 흥분한 행진자 무리에게 최루탄을 쏘았다. 대부분의 미국인이 이 장면을 처음 본 것은 ABC가 때마침 상영중이던 일요 영화 "뉘른베르크 재판"을 중단하고 이 소식을 전하면서부터였다. 시청자들이 앨라배마 생중계로 본 장면은 조금 전까지 보고 있던 나치 독일 영화와 끔찍할 만큼 닮은 것이었다. 그로부터 8일 후 린든 존슨 대통령은 1965년 투표권법을 미국 국회에 제출했다.

킹은 치밀한 전략을 세워 화약이 아닌 은혜로 전투에 임했다. 그는 적과의 만남을 거부한 적이 없다. 정책은 반대했지만 사람은 적대하지 않았다. 무엇보다 중요한 것은 폭력에 비폭력, 미움에 사랑으로 맞섰다는 점이다. "자유에 대한 우리의 목마름을 원한과 증오의 잔을 마심으로 해결하지 맙시다. 우리의 창조적 항거가 물리적 폭력으로 전락하게 해서는 안 됩니다. 거듭 말하지만 우리는 물리적 힘에 영적 힘으로 맞서는 장엄한 고지에 올라야 합니다." 킹이 추종자들에게 타이른 말이다.

킹의 동료 앤드류 영은 그 격동의 시절을 '흑인의 육체와 백인의 영혼을' 구하려 했던 시기로 기억한다. 킹에 따르면 진정한 목표는 백인을 무찌르는 것이 아니라 "압제자들 속에 수치심을 일깨우고 잘못된 우월감에 도전을 가하는 것이다.… 결과는 화해다. 결과는 구속(救贖)이다. 결과는 사랑의 공동체를 만드는 것이다." 그리고 그것이 마틴 루터 킹 주니어가 끝내 이루어 낸 일이다. 나같이 지독한 인종차별주의자에게까지.

이제 와서 어린 시절을 돌아보면 수치와 자책과 더불어 회개의 마음이 든다. 하나님이 나의 노골적인 인종 차별 — 좀더 교묘한 형태로 차별하는 이들도 있으리라 — 을 깨뜨리시는 데는 몇 년이 걸렸다. 나는 이 죄야말로 가장 악독한 죄 중 하나라고 믿는다. 사회적 영향력도 제일 클 것이다. 요즘 미국에는 극빈층 집단과 도심지 위기에 대한 이야기가 많이 나온다. 전문가들은 약물, 가치관 해체, 가난, 핵가족 붕괴 등을 그 이유로 꼽는다. 내 생각에는 이런 모든 문제도 실은 좀더 깊은 근본적 원인, 즉 수세기에 걸친 인종 차별이라는 죄의 결과가 아닌가 싶다.

인종 차별의 도덕적, 사회적 부산물에도 불구하고 다행히 미국은 하나로 남았다. 지금은 남부에서까지 피부색과 상관없이 온 국민이 민주적인 생활을 공유하고 있다. 애틀랜타에서는 흑인들이 시장에 뽑힌 지 벌써 몇 년째다. 1976년 미국인들 눈앞에는 조지 월라스가 앨라배마 흑인 지도자들을 찾아가 과거 자기가 흑인들에게 했던 행동에 대해 사과하는 진귀한 광경이 펼쳐졌다. 그는 전국 텔레비전 방송에서도 사과를 되풀이했다.

그러나 월라스의 사과보다 — 그는 팽팽한 주지사 선거에 흑인들의 표가 필요했다 — 더 이해하기 힘든 것은 흑인들의 반응이었다. 흑인 지도자들은 그의 사과를 수락했고 흑인 시민들은 그를 용서하여 표를 몰아 주었다. 월라스가 킹의 민권 운동 시발지인 몽고메리 침례 교회에 가서 사과하던 날 그에게 용서를 베풀러 찾아온 지도층 중에는 코레타 스코트 킹, 제시 잭슨 그리고 살해당한 메드가 에버스의 형제도 있었다.

내가 어려서 다니던 그 교회도 회개를 배웠다. 주민들이 바뀌면서 교회 출석 인원이 줄어들기 시작했다. 나는 몇 해 전 그 교회의 예배에 한번 참석했다가 깜짝 놀랐다. 어렸을 때 1,500명씩 꽉 들어차던 큰 본당 안에 200-300명 정도가 띄엄띄엄 흩어져 앉아 예배를 드리고 있었다. 저주받아 말라 비틀어진 교회 같았다. 목사도 몇 명 바꿔 보고 새 프로그램도 이것저것 써 보았으나 효과가 없었다. 지도층에서 흑인들의 참여를 모색했으나 주민들 중 반응을 보이는 사람은 거의 없었다.

어렸을 때 나랑 같은 반이었던 담임 목사는 마침내 특단의 조처로 회개 예배를 계획했다. 예배에 앞서 그는 토니 에반스와 그 성경 교수에게 편지를 보내 용서를 구했다. 그리고 흑인 지도자들이 배석한 자리에서 과거 교회에서 행해진 인종 차별의 죄를 공개적으로 진땀 흘리며 열거했다. 그렇게 잘못을 빌어 그들의 용서를 받았다.

그 예배가 있은 뒤로 교인들의 짐이 하나 벗겨진 듯 싶었지만 교회를 살리기에는 아직도 역부족이었다. 몇 년 후 백인 교인들이 교외 지역으로 이사를 나가자 그제야 열렬한 흑인 교인들이 건물을 가득 메워 다시 한 번 창문을 들썩이게 하고 있다.

∨ ∨ ∨

엘턴 트루블러드는 예수님이 교회의 운명을 설명하기 위해 쓰신 표현—"음부의 권세(몇몇 영어 성경에는 the gates, 즉 대문으로 되어 있다—편집자 주)가 이기지 못하리라"—이 방어가 아닌 공격을 뜻한 것이라 말한 바 있다.[4] 그리스도인들은 그 대문을 습격할 것이고 이길 것이다. 역사의 어느 한 시점에서 교회의 모습을 어떻게 보든 간에 악의 권세를 지키는 대문은 은혜의 공격을 견뎌내지 못할 것이다.

언론은 이스라엘과 런던에서의 폭격, 남미의 암살단, 인도와 스리랑카와 알제리의 테러 등 폭력적인 전쟁에 초점을 두기를 좋아한다. 그것들은, 이 가장 폭력적인 세기에 우리가 기대하게 되어 버린 피 흘리는 얼굴, 잘린 팔다리 등 소름 끼치는 이미지를 만들어 낸다. 그럼에도 불구하고 은혜의 힘을 부인할 수 있는 사람은 아무도 없다.

필리핀 국민들이 50톤짜리 탱크 부대 앞에서 무릎을 꿇던 장면을 누가 잊을 수 있을까? 탱크들은 보이지 않는 기도의 방패에 부딪히기라도 한 듯 비틀거리다 멈추고 말았다. 필리핀은 아시아에서 그리스도인들이 다수를 이루고 있는 유일한 국가이자 바로 은혜의 무기가 독재의 무기를 이긴 곳이다. 암살되기 직전 마닐라에서 비행기에서 내리던 베니그노 아키노의 손에는 간디의 말을 인용한 연설문이 들려 있었다. "무죄한 자들의 자발적 희생은 오만한 독재를 향해 던지는, 신이나 인간이 현재 알고 있는 것 중 가장 강력한 답입니다." 연설문을 읽을 기회는 주어지지 않았지만 아키노의 삶은—그리고 그의 부인의 삶은—그 말의 예언성을 입증해 보였다. 마르코스 정부는 치명타를 입었다.

전 상원의원 샘 넌은 "냉전은 핵의 지옥불이 아니라 동유럽 교회의 촛불로 끝났다"고 말했다. 언론에는 잘 나오지 않았지만 동독의 촛불 행진은 지구의 얼굴을 바꾸어 놓았다. 라이프치히 철야 촛불 행진에 모여든 사람은 처음에는 몇백 명이던 것이 차츰 천 명, 오천 명, 오만 명으로 늘어 급기야 오십만 명—거의 도시 인구 전체—에 달했다. 성 니콜라이 교회에서 기도회를 가진 후 평화의 시위 행렬은 찬송가를 부르며 어두운 밤거리를 행진했다. 무장한 경찰과 군인도 그 힘 앞에서는 무력해 보였다. 그날 밤 동베를린의 비슷한 행진에 백만 명이 가담해서 결국 그 흉물스런 베를린 벽은 총 한 방 쏘지 않고도 무너져 내렸다. 라이프치히 시가에 거대한 현수막이 걸렸다. **우리는 교회에 감사하노라.**

청량한 바람이 세차게 불어와 정체된 오염 물질을 몰아내듯이 지구촌에 평화 혁명의 바람이 불었다. 1989년 한 해에만 총인구 오억에 달하는 10개 국가―폴란드, 동독, 헝가리, 체코슬로바키아, 불가리아, 루마니아, 알바니아, 유고슬라비아, 몽고, 소련―가 비폭력 혁명을 이루었다. 그 가운데는 소수의 그리스도인들이 결정적 역할을 해낸 나라가 많다. "교황에게 병력이 몇 사단이나 있냐"라던 스탈린의 조롱조 질문에 대한 답이 나온 셈이다.

이어서 1994년에 가장 놀라운 혁명이 일어났다. 놀랍다 함은 거의 모두가 유혈 사태를 예상했기 때문이다. 남아프리카공화국은 평화 시위의 발원지였다. 모한다스 간디가 톨스토이와 산상수훈을 공부하며 비폭력 전략(나중에 마틴 루터 킹 주니어가 받아 쓴)을 개발한 곳이 바로 거기였다. 연습할 기회가 많았던 남아공 사람들은 은혜라는 무기 사용에 완성도를 높였다. 월터 윙크의 책에는 한 흑인 여자가 아이들과 함께 거리를 걸어가고 있는데 어느 백인 남자가 그 여자의 얼굴에 침을 뱉은 이야기가 나온다.[5] 여자는 멈춰 서서 이렇게 말했다. "감사합니다. 이젠 아이들 차례입니다." 궁지에 몰린 남자는 아무 대꾸도 하지 못했다.

어느 무단 입주 마을에 갑자기 군인들이 불도저를 몰고 와 흑인 여자들을 포위했다. 군인들은 주민들에게 마을을 다 갈아 엎을테니 2분 내로 피하라고 확성기로 소리쳤다. 여자들은 무기도 없었고 마을 남자들은 멀리 일하러 나가고 없었다. 시골 네덜란드계 개혁파 백인들의 청교도적 성향을 잘 알고 있던 여자들은 불도저 앞에 늘어서서 옷을 전부 벗었다. 경찰은 도망갔고 그 마을은 지금도 그대로 남아 있다.

기독교 신앙이 남아공의 평화 혁명에 결정적 영향을 미친 사실은 언론에는 거의 언급되지 않았다. 헨리 키신저가 이끄는 중재단이 잉카타 자유당의 선거 참여를 설득하려다 끝내 모든 희망을 포기한 뒤, 케냐의 한 그리스도인 외교관이 은밀히 고위직 인물을 모두 만나 함께 기도하며 그들의 마음을 돌려놓았다(신기하게도 비행기 나침반이 고장 나서 출발이 지연되는 바람에 이 결정적 만남이 가능하게 됐다).

넬슨 만델라는 26년의 감옥살이 끝에 복수가 아닌 용서와 화해의 메시지를 가지고 돌아와서 비은혜의 사슬을 끊었다. 남아공 교회들 중 가장 작고 가장 칼뱅주의가 엄격한 교회의 지도자로 선출된 F. W. De 드 클럭은 후에 자신이 '강한 소명감'이라고 묘사한 것을 느꼈다. 그는 자기 교인들과 동족에게 버림받을 줄 알았지만 그럼에도 불구하고 하나님이 자신을 남아공 온 국민의 구원을 위해 부르셨다고 말했다.

흑인 지도자들은 드 클럭이 과거의 인종 차별에 대해 사과해야 한다는 입장이었다. 드 클럭은 망설였다. 차별 정책을 시작한 이들 중에 자기 아버지도 있었기 때문이다. 그러나 데스몬드 투투 주교는 남아공의 화해 과정은 반드시 용서로 시작돼야 한다고 믿었고 그에 대해 추호도 양보하지 않았다. 투투에 따르면, "우리가 세상에 가르쳐 주어야 할, 보스니아와 르완다와 부룬디 국민들에게 가르쳐 주어야

할 한 가지 교훈은 바로 우리가 용서할 각오가 돼 있다는 것이다." 드 클럭은 결국 사과했다.[6]

드디어 정치적 힘을 찾은 다수 민족 흑인, 그들은 지금 용서 문제를 공식 논의 중이다. 정책을 입안하는 법무부 장관의 말이 꼭 신학 이야기 같다. 그에 따르면, 아무도 피해자 대신 용서할 수 없다. 피해자가 직접 용서해야 한다. 또 아무도 완전한 진상 규명 없이 용서할 수 없다. 어떤 일이 있었고 누가 무슨 일을 했는지 먼저 밝혀야 한다. 또한 용서를 베풀기 전에 반드시 잘못을 저지른 쪽에서 용서를 빌기로 동의해야 한다. 남아공 국민들은 과거를 잊기 위해 과거를 기억하는 작업을 한 단계 한 단계 진행하고 있다.

남아공 국민들이 깨닫고 있듯 용서란 결코 쉽지도 않고 명확한 일도 아니다. 암살범을 용서한 교황도 그의 출소를 요구하지는 않을 것이다. 사람들은 독일을 용서하면서도 군사력에 제한을 가할 것이고, 아동 학대자를 용서하되 피해자들과 격리시킬 것이며, 남부 인종 차별을 용서하지만 재발 방지를 위해 법안을 제정할 것이다.

이 모든 어려움 중에도 용서를 추구하는 국가는 최소한 그 반대, 즉 비용서의 처참한 결과는 피할 수 있다. 세계의 눈앞에 펼쳐진 것은 대학살과 내전의 광경 대신 남아공 흑인들이 1.6킬로미터도 넘게 꼬불꼬불 줄지어 서서 처음으로 투표할 기회를 얻은 것이 기뻐 **춤추**는 모습이었다.

∨ ∨ ∨

용서는 인간의 본성에 어긋나는 것이기에 어려운 기술 훈련과 함께 교육과 훈련이 필요하다. 마틴 루터 킹 주니어는 말했다. "용서란 간헐적 행위가 아니라 영구적 태도다."[7] 그리스도인들이 세상에 줄 선물로 은혜와 용서의 문화를 가꾸는 것보다 더 위대한 것이 있을까?

일례로 베네딕트회에는 감동적인 용서와 화해의 예배가 있다. 지도자는 성경 말씀을 전한 뒤 각 사람에게 용서가 필요한 일을 떠올리게 한다. 이어 예배자들은 물이 가득 든 커다란 수정 그릇에 과오를 '움켜쥔' 손을 담근다. 그리고 용서의 은혜를 구하며 잘못을 '놓아 보내는' 상징으로 천천히 손을 편다. 참석자 브루스 데머레스트는 "직접 몸으로 이런 의식을 시행하는 것이 그냥 용서한다고 말만 하는 것보다 더 큰 변화의 힘이 있다"라고 말했다. 남아공의―또는 미국의―흑인과 백인이 하나의 용서의 그릇에 반복하여 손을 담근다면 어떤 영향을 미치게 될까?

로렌스 밴 더 포스트는 전시에 자바 섬 일본 포로 수용소에서 겪은 고초를 『죄수와 폭탄』이라는 책으로 펴냈다. 그 현실 같지 않은 곳에서 그가 내린 결론은 이렇다.

미래의 유일한 희망은 과거에 우리의 적이었던 자들을 너그러이 용서하는 태도에 있다. 수용소 경험을 통해 배운 바는, 용서가 단지 종교적 감상이 아니라 중력의 법칙만큼이나 인간 영혼에 근본적인 법칙이라는 점이다. 중력의 법칙을 무시하면 무릎이 깨지는 것처럼 용서의 법칙을 어기면 영혼에 치명상을 입고 다시 한 번 인과(因果)의 사슬―그토록 오랜 세월 고생하고 나서 힘들여 벗어난 사슬―에 묶인 죄수 무리의 일원이 되고 만다.[8]

3부

파문의 향기

이야기 셋

사생아의 집

월 캠벨[1]은 미시시피 주의 어느 척박한 농장에서 자라났다. 책벌레인 데다 시골 환경이 영 안 맞던 그는 열심히 공부해서 결국 예일 대학교 신학부에 들어갔다. 졸업 후에는 남부로 돌아와 말씀을 전했고 미시시피 대학교 신앙 생활 감독으로 임명되었다. 1960년대 초반이었다. 미시시피 사람들이 민권 운동가들의 공격에 대항해서 호송차를 포위한 일을 계기로 학생들과 교직원들 사이에 캠벨의 자유주의적 흑백 통합 입장이 알려지자, 그는 학교를 떠나야 했다.

캠벨은 민권 운동에 가담하고자 남부로 이주해 온 이상주의적 북부 청년들을 지도하는가 하면 유권자 등록 운동을 이끄는 등 곧 본격적인 투쟁에 나섰다. 청년들 중에는 조나단 대니얼스라는 하버드 대학교 신학생이 하나 있었다. 월 캠벨은 그의 친구가 되었다.

당시 그의 일을 반대하는 사람들은 대부분 '훌륭한 그리스도인'

으로, 자기네 교회에 타인종 사람들을 들여놓지 않았고 백인 우호 법안에 참견하는 자는 누구든지 괘씸하게 여겼다. 캠벨은 오히려 불가지론자, 사회주의자, 일부 독실한 북부인 중에서 같은 편을 찾기가 더 쉬웠다.

"열 단어 정도로 말해 기독교의 메시지가 무엇인가?" 한 불가지론자가 도전해 왔다. 질문자는 기독교 신앙을 버린 신문 편집자 P. D 이스트. 그리스도인들을 적으로 여기던 그는 윌의 요지부동한 헌신적 신앙을 이해할 수 없었다.

그때 우리는 어디를 가던 중이었거나 어디서 돌아오던 중이었다. "말해 보게. 열 단어로." 그가 말했다. 나는 이렇게 답했다. "우리는 다 사생아라네. 하지만 하나님은 어쨌거나 우리를 사랑하신다네." 그는 내 요약에는 아무 반응도 하지 않고 손가락으로 단어 수를 세어 보더니 말했다. "열 단어를 줬는데 두 단어가 남았군. 다시 해도 좋네." 나는 다시 하지 않았으나 그는 그날 내가 한 말을 종종 내게 상기시키곤 했다.

캠벨은 몰랐지만 이스트는 정말 사생아로서 평생 '사생아' 소리를 들으며 자랐던 터라 윌의 정의는 그의 마음을 찔렀다. 그러나 캠벨의 인생에서 가장 암울했던 날에 이스트는 그 정의를 가혹한 시험대에 올려놓았다. 그날은 토머스 콜만이라는 앨라배마 주 부보안관이 조나단 대니얼스—당시 그는 26세였다—를 쏘아 죽인 날이다. 백인 상점들의 차별 감시에 나섰다 체포된 대니얼스가 감옥에서 풀려 나와 차편을 마련하려 전화를 걸고 있는데 콜만이 총을 들고 다가와서 그의 배를 쏘았다. 뒤에 서 있던 한 흑인 청년도 총알을 맞고 중상을 입었다.

그날 밤 이스트와 나눈 대화가 캠벨의 책 『잠자리의 형제』에 적혀 있다. 캠벨은 그 대화를 "내 평생 가장 큰 깨우침을 준 신학 수업"이라고 회상했다. 그 비련의 순간에도 이스트는 공격의 강도를 줄이지 않았다.

"이보게, 자네가 내린 신앙의 정의가 이번 시험을 이길 수 있나 보세." 나는 법무성, 미국 자유 인권 협회, 내쉬빌의 변호사 친구에게 차례로 전화를 걸었다. 나는 친구의 죽음을 정의에 대한 조롱, 법과 질서의 완전 붕괴, 연방법과 주법의 위반이라고 말했다. 사회학과 심리학과 사회 윤리를 배웠던 나는 그런 개념으로 생각하고 말하고 있었다. 물론 나는 신약학도 공부했다.

이스트는 호랑이마냥 으스댔다. "여보게 친구, 자네 정의에 대해 말해 보자고." 조[월의 형제]가 보다 못해 한마디 했다. "가만 좀 두세요. 기분을 봐 가면서 해야 될 거 아니에요?" 그러나 이스트는 오히려 조더러 가만히 있으라고 했다. 나를 혼자 내버려두기에는 그는 나를 너무 사랑한 것이다.

"조나단은 사생아였나?" 이스트가 먼저 물었다. 캠벨은 조나단이 지금까지 만나 본 사람 가운데 보기 드물게 훌륭한 청년이었으나 그래도 모든 사람은 죄인이라고 답했다. 그런 의미에서 그 역시 '사생아'였다.

"좋아. 그럼 토머스 콜먼은 사생아였나?" 이 질문은 답하기가 한결 쉬웠다. 살인자야 당연히 사생아가 아닌가?

그러자 이스트가 의자를 바짝 끌어당겨 앉더니 캠벨의 무릎에 자기의 앙상한 손을 얹고는 빨갛게 충혈된 캠벨의 눈을 똑바로 쳐다보며 물었다. "이 두 사생아 중 하나님은 누구를 더 사랑하실 것 같나?" 심장을 뚫는 화살처럼 정곡을 찌르는 물음이었다.

갑자기 모든 것이 분명해졌다. 모든 것이. 그것은 계시였다. 나는 방을 가로질러 가서 커튼을 올린 뒤 가로등 불빛을 똑바로 바라보았다. 훌쩍훌쩍 울음이 터져 나왔다. 그러면서 중간중간에 웃음이 새어 나왔다. 이상한 체험이었다. 슬픔과 기쁨을 구분해 보려고 애쓰던 일이 기억난다. 울음은 무엇 때문이고 웃음은 무엇 때문인지. 곧 그것도 분명해졌다.

웃음은 나 때문이었다. 자신도 모르게 자유주의적인 궤변으로 흐른 20년의 사역 탓이었다.…무장하지 않은 사람들이 음료수를 마시며 빵을 먹고 있는 가게에 한 남자가 들어가 그 중 하나에게 총을 갈겨 간과 심장과 창자를 찢은 뒤 다시 다른 사람에게 탄알을 날려 골육을 찢을 수 있다는 것 그리고 그런 사람을 하나님이 그냥 놓아두실 수 있다는 것. 나로서는 분명 견딜 수 없는 일이다. 그러나 그것이 불가능하다면 복음이란 없다. 다시 율법만 남는 것이다.

윌 캠벨이 그날 밤 배운 것은 은혜에 대한 새로운 통찰이었다. 값없이 베푸시는 은혜는 자격이 없는 자에게만이 아니라 정반대 대우를 받아 마땅한 자에게까지 이르는 것이다. 민권 운동가뿐 아니라 KKK 단원에게도, 윌 캠벨뿐 아니라 이스트에게도, 조나단 대니얼스뿐 아니라 토머스 콜만에게도.

메시지가 어찌나 깊이 박혔던지 윌 캠벨은 마치 한바탕 은혜의 지진을 겪은 것 같았다. 그는 NCC(National Council of Churches, 세계 교회협의회)에서 맡은 직책을 그만두고 자신의 우스개 표현으로 '촌구석 백인의 사도'가 되었다. 테네시 주에 농장을 산 그는 소수 민족과 자유주의 백인에게 들이는 시간 못지않게 KKK 단원과 인종 차별주의자에게 많은 시간을 내주고 있다. 소수 민족을 도우려고 나서는 자들은 많지만 수많은 토머스 콜만을 상대로 사역하는 자는 없다고 판단했던 것이다.

내가 윌 캠벨 이야기를 좋아하는 것은 나 자신이 애틀랜타, 즉 인종 차별을 명예 훈장으로 생각하던 사람들 틈에서 자랐기 때문이다. 한마디로, 내가 윌 캠벨 이야기를 좋아하는 것은 내게도 한때 조나단 대니얼스보다 토머스 콜만을 더 닮았던 시절이 있기 때문이다. 물론 사람을 죽인 일은 없지만 증오했던 것은 분명하다. KKK 단원들이 우리 동네로 이사 온 첫 흑인 가정 앞뜰의 십자가를 불태웠을 때 나는 쾌재를 불렀다. 조나단 대니얼스 같은 북부인들이 살해당할 때면 친구들과 함께 어깨를 으쓱하며 말했다. "여기까지 내려와서 분란을 일으키더니 잘 됐군."

그러다가 내 실상을 깨닫는 날이 왔다. 불쌍한 인종 차별주의자, 복음의 옷을 입었으되 삶은 그 반대인 위선자. 그날 나는 물에 빠진 사람처럼 은혜의 약속에 매달렸다. 정반대 대우를 받아 마땅한 사람들, 나 같은 자들에게 주신 은혜의 약속에.

지금도 비은혜가 고개를 들 때가 있다. 그것은, 아직도 깨닫지 못한 백인들과 인종 차별주의자들에 비해 이런 것을 깨달은 내가 도덕적으로 훌륭하다는 생각으로 유혹해 온다. 그러나 나는 진실을 안다. "우리가 아직 죄인 되었을 때에 그리스도께서 우리를 위하여 죽으심으로"(롬 5:8). 내가 최선의 모습이 아니라 최악의 모습일 때 하나님의 사랑이 나를 찾아오신 것과 그 놀라운 은혜가 나 같은 죄인을 살리신 것을 나는 안다.

8장
불량품 사절

> 여기 먼지와 티끌 속, 오 이 곳에
> 그분의 사랑이 담긴 백합화는 피누나.
> _ 조지 허버트

나는 감히 아이들에게 설교해 본 일이 딱 한 번 있다. 그 주일 아침에 나는 속에서 수상한 무언가가 꿈틀대는 쇼핑백 하나를 들고 와서 예배 시간에 교회 아이들을 모두 단상으로 올라오게 한 후 그 가방 안에 든 것들을 하나하나 꺼내 보였다.

우선, 구운 베이컨 껍질(당시 조지 부시 대통령이 제일 즐겨 먹던 간식)을 몇 통 꺼내서 다들 먹어 보게 했다. 이어 가짜 뱀과 커다란 고무 파리를 끄집어내자 아이들이 비명을 질렀다. 이번에는 가리비를 보여 주었다. 마지막으로 조심스레 손을 넣어 살아 있는 바닷가재를 꺼내자 다들 무척이나 좋아했다. 우리가 바닷가재에게 래리 랍스터라는 이름을 붙여 주자 래리는 무섭게 겁을 주듯이 집게발을 흔들어 보였다.

그날 교회 관리인은 평소보다 오랫동안 남아 있어야 했다. 나 역시 그랬다. 아이들이 아래층으로 내려간 뒤 부모들에게 하나님이 한때 그런 음식들을 금하셨던 까닭을 설명해 주어야 했던 것이다. 구약 레위기 율법을 보면 그날 우리가 한 입씩 먹은 것들이 모두 명백히 금지되어 있다. 정통 유대인이라면 아무도 그 쇼핑백의 내용물에 손대지 않을 것이다. "하나님은 왜 바닷가재를 금하셨나?" 그것이 내 설교 제목이었다.

우리는 함께 신약에서 재미있는 본문 한 군데를 찾았다. 그것은 사도 베드로가 지붕 위에서 환상을 본 기사다. 혼자 기도하러 지붕에 올라간 베드로는 갑자기 시장기를 느꼈다. 비몽사몽간에 잠깐 의식을 잃었는데 눈앞에 오싹한 장면이 펼쳐졌다. 하늘에서 커다란 보자기가 내려오는데 그 안에 포유류, 파충류, 조류 할 것 없이 '부정한' 동물이 가득 들어 있었다. 사도행전 10장에는 더 자세한 이야기가 없지만 그 종류에 대한 유력한 단서를 레위기 11장에서 찾을 수 있다. 돼지, 낙타, 토끼, 솔개, 갈까마귀, 타조, 올빼미, 학, 박쥐, 개미, 딱정벌레, 곰, 도마뱀, 사막 도마뱀, 족제비, 쥐, 뱀 등등.

"베드로, 더러운 것들이다! 만지지도 말아라. 당장 가서 손을 씻어라!" 분명 어머니의 호령 소리가 들려왔을 것이다. 왜? "우리는 다르기 때문이다. 그것이 이유다. 우리는 돼지를 먹지 않는다. 그것은 더럽고 부정한 것이다. 하나님이 그런 것은 만지지도 말라고 하셨다." 팔레스틴의 모든 유대인과 다를 바 없이 베드로에게 그런 음식은 단순히 싫은 정도가 아니었다. 그것은 금기요 가증한 것이었다. 하나님은 말씀하셨다. "너희는 그 고기를…가증히 여기라"(레 11:11).

만일 베드로가 하루 중 어쩌다 죽은 곤충을 만지게 됐다면 몸과

옷을 씻고 저녁까지 부정해야 했고 그런 상태로는 성전에도 갈 수 없었다. 혹 천정에서 도마뱀이나 거미가 질그릇 위로 떨어지면 그릇 안에 든 것을 버리고 그릇을 깨뜨려야 했다.

바로 이런 금지된 동물들이 보자기에 싸여 내려오는데 마침 하늘에서 소리가 들렸다. "베드로야, 일어나 잡아 먹어라."

베드로는 자신의 규율을 들고 나와 하나님께 항변했다. "주여, 그럴 수 없나이다. 속되고 깨끗하지 아니한 것을 내가 결코 먹지 아니하였나이다."

다시 소리가 들렸다. "하나님께서 깨끗하게 하신 것을 네가 속되다 하지 말라." 이런 일이 두 번 더 있은 뒤에 정신이 멍한 상태로 계단을 내려가자 또 하나의 충격이 베드로를 기다리고 있었다. '부정한' 이방인 일행이 예수님의 제자가 되고자 찾아온 것이다.

오늘날 돼지갈비, 가리비, 껍질에 얹은 굴, 바닷가재를 얼마든지 즐겨 먹는 그리스도인들은 수천 년 전 지붕 위에서 벌어진 그 광경의 위력을 쉽게 알아차리지 못할 것이다. 충격 효과로 내가 생각해 낼 수 있는 가장 근접한 경우는 이렇다. 텍사스 경기장에서 남침례교 총회가 열리고 있는데 천상에서 경기장 위로 온갖 술을 갖춘 술집이 내려오더니 하늘에서 큰소리가 울려 이 절대 금주자들에게 명한다. "마시라!"

반응이 상상이 간다. "주여, 그럴 수 없나이다. 우리는 침례교인입니다. 이런 것에는 손을 대 본 일도 없습니다." 베드로가 부정한 음식에 대해 품고 있던 확신이 바로 이런 것이었다.

～～～

사도행전 10장 사건으로 인해 갓 태어난 교회가 먹을 수 있는 음식은 많아졌을지 모르나 "하나님은 왜 바닷가재를 금하셨나?" 하는 내 본래 질문에 대한 답은 아직 나오지 않았다. 그 답을 찾으려면 하나님이 금지 이유를 설명해 주신 레위기로 가야 한다. "나는 여호와 너희의 하나님이라. 내가 거룩하니 너희도 몸을 구별하여 거룩하게 하고"(레 11:44). 하나님의 짧막한 설명은 오히려 해석의 여지가 많아서, 오랜 세월 학자들이 이유 뒤에 숨은 이유를 두고 논의를 벌여 왔다.

레위기 율법에 담긴 건강상의 유익을 지적한 이들도 있다. 돼지고기의 금지는 선모충병의 위험을 없애 주었으며, 조개류의 금지는 굴이나 홍합에서 심심찮게 발견되는 세균으로부터 이스라엘 백성을 안전하게 지켜 주었다. 금지된 동물 중에 짐승의 사체를 먹는 동물이 많다는 점에 주목한 이들도 있다. 그런가 하면 어떤 율법은 이스라엘 백성을 인근 이방인들의 풍습에 물들지 않게 하려는 뜻에서 주어진 것으로 보는 사람들도 있다. 예컨대 염소 새끼를 어미의 젖에 삶지 말라는 조항은 이스라엘 백성이 가나안 족속들의 주술 의식을 흉내내지 못하도록 하기 위한 것이라는 식이다.

이는 모두 일리 있는 설명으로, 이것들이 하나님이 주신 신기한 목록의 배후 논리를 밝혀 줄 수도 있다. 하지만 설명이 안 되는 동물들도 있다. 바닷가재는 왜 안 되나? 건강상의 위험도 없고 짐승 사체 대신 풀을 먹고사는 토끼는 어떤가? 중동 어디서나 볼 수 있는 동물인 낙타와 당나귀는 왜 들어가 있는가? 분명 율법은 자의성을 띠고 있다.*

하나님은 왜 바닷가재를 금하셨는가? 유대인 작가 허먼 우크에 따르면 현재까지도 유대인의 풍습을 지배하고 있는 '코세르'(kosher)라는 히브리어에 가장 잘 맞는 영어 낱말은 '맞다'(fit)라고 한다.[1] 레위기에 보면 어떤 동물은 '맞는' 혹은 적합한 것으로, 어떤 동물은 맞지 않는 것으로 구분되어 있다. 인류학자 메리 더글라스는 더 깊이 들어가, 하나님이 금하신 동물은 하나같이 이형(異形)을 하고 있음을 눈여겨보았다.[2] 물고기는 지느러미와 비늘이 있어야 하므로 조개류와 뱀장어는 자격에 맞지 않는다. 조류는 날도록 되어 있으므로 타조 종류는 맞지 않는다. 육상 동물은 뱀처럼 땅 위를 기는 것이 아니라 네 발로 걸어야 한다. 가축으로 기르는 소, 양, 염소는 새김질을 하고 발굽이 갈라져 있으므로 다른 동물도 먹을 수 있으려면 다 그래야 한다. 랍비 제이콥 뉴스너도 같은 생각이다.[3] "특정한 사물이 부정한 까닭을 한마디로 말한다면 그것이 어떤 이유로든 무언가 정상과 다른 면이 있기 때문이다."

다양한 이론 공부를 거쳐 드디어 부정함에 대한 구약 율법의 진수가 담긴 내 나름의 포괄적 원리를 찾았다. 바로 '불량품 사절'이다. 이스라엘 백성의 음식에는 비정상 내지 '불량품' 동물이 철저히 배제되어 있다. 예배 때 사용된 '정한' 동물에도 똑같은 원리가 적용된다.

- 물론 모든 사회의 식습관은 전부 자의적인 것이며 '정한' 동물과 '부정한' 동물의 구분은 문화마다 있다. 프랑스인은 말고기를 먹고 중국인은 개고기와 원숭이 고기를 먹고 이탈리아인은 특정한 새고기를 먹고 뉴질랜드인은 캥거루 고기를 먹고 아프리카인은 곤충류를 먹고 식인종은 인육을 먹는다. 미국인에게는 이런 풍습이 대부분 거부감을 준다. 미국 사회는 미국 사회대로 먹는 음식 목록이 정해져 있기 때문이다. 채식주의자 경우는 목록이 훨씬 짧다.

누구도 성전에 다리를 절거나 흠 있는 양을 가져올 수 없었다. 하나님이 흠 없는 것을 원하셨기 때문이다. 가인부터 시작해서 사람들은 하나님의 명령을 정확히 따라야 했다. 그렇지 않으면 예물이 열납되지 않았다. 하나님은 완전한 것을 요구하셨다. 그분은 최고를 받아 마땅하신 분이다. 불량품은 사절이다.

∨ ∨ ∨

구약은 이와 유사하되 훨씬 까다로운 등급을 사람에게도 적용한다. 시카고의 어느 교회에서 예배를 드린 일이 기억난다. 목사 빌 레슬리는 예배당 안을 예루살렘 성전과 비슷하게 구획별로 나누었다. 이방인은 이방인의 뜰로 지정된 발코니에 모일 수 있었으나 본당 안에는 들어올 수 없었다. 유대인 여자는 본당에는 들어오되 여성 구역에만 있어야 했다. 유대인 평신도는 앞쪽으로 넓은 공간을 차지했으나 제사장 구역인 강단에는 가까이 올 수 없었다.

빌은 제단이 있는 강단 뒤편을 지성소로 구분한 뒤 말했다. "이 부분을 30센티미터의 두꺼운 휘장이 가로막고 있다고 생각해 보십시오. 제사장 한 명만 1년에 한 번—속죄일 성일에—그 안에 들어갔는데 그 제사장도 발목에 줄을 매야 했습니다. 그가 잘못한 것이 있어서 안에서 죽으면 다른 제사장들이 줄을 당겨 그를 끌어내야 했습니다. 그들은 하나님이 살아 계신 지성소 안에 감히 들어가지 못했습니다."

죽음의 벌이 무서워서 아무도, 심지어 가장 거룩하다는 사람조차도 지성소에 함부로 들어가지 못했다. 건축 구조 자체가 이스라엘 백성에게 하나님이 구별된 타자요 거룩하신 분임을 상기시켜 주었다.

현대의 유사한 경우를 생각해 보자. 미국 대통령에게 메시지를 보내고 싶은 사람이 있다. 국민이면 누구나 대통령에게 편지를 쓰거나 전보를 치거나 이메일을 보낼 수 있다. 그러나 그 사람이 직접 워싱턴 시까지 가서 관광객들과 함께 백악관 앞에 줄을 선다 해도 대통령과 일대일로 만날 것이라고 기대하지는 않을 것이다. 비서관과 대화하거나 출신 주 상원의원의 도움으로 내각 관리를 접견할 수 있을지는 몰라도, 평범한 시민이 대통령 집무실에 함부로 들어가서 탄원할 수는 없다. 정부는 계급 제도에 의해 엄격한 규정에 따라 고위 관리층과 일반인을 격리한다. 마찬가지로 구약 시대에도 사람과 하나님을 분리하는 위계 사다리가 있었다. 그 근거가 직위에 있지 않고 '정함' 내지 '거룩함'에 있다는 점만 다를 뿐이다.

동물을 부정하다 하는 것과 사람을 부정하다 하는 것은 전혀 별개의 문제인데도 구약 율법은 거침없이 그 단계까지 간다.

> 누구든지 너의 자손 중 대대로 육체에 흠이 있는 자는 그 하나님의 음식을 드리려고 가까이 오지 못할 것이라. 누구든지 흠이 있는 자는 가까이 하지 못할지니 곧 맹인이나 다리 저는 자나 코가 불완전한 자나 지체가 더한 자나 발 부러진 자나 손 부러진 자나 등 굽은 자나 키 못 자란 자나 눈에 백막이 있는 자나 습진이나 버짐이 있는 자나 고환 상한 자나(레 21:17-20).

한마디로 몸에 흠이 있거나 가계에 흠이 있는 자(사생아)는 자격 미달이었다. 즉 불량품 사절이다. 월경중인 여자, 최근에 밤에 누정

(漏精)한 남자, 아이를 낳은 여자, 피부병이 있거나 고름을 흘리는 사람, 시체를 만진 사람은 다 의식상 부정한 자로 여겨졌다.

요즘처럼 정치적으로 민감한 시대에 성별, 인종, 건강상의 이유로 그렇게 대놓고 사람의 등급을 매긴다는 것은 생각할 수도 없는 일이지만, 그것이 바로 유대교 특유의 환경이었다. 그래서 유대인 남자는 날마다 "나를 이방인 되지 않게 하시고…노예 되지 않게 하시고…여자 되지 않게 하신" 하나님께 감사하며 아침 기도를 시작했다.[4]

크로아티아 출신의 신학자 미로슬라브 볼프는 그런 태도를 "정결을 빙자한 죽음의 논리"라 불렀다.[5] 그런 태도의 산물이 사도행전 10장에 잘 나타나 있다. 마침내 외압에 떠밀려 로마 백부장의 집에 온 베드로는 자기를 이렇게 소개한다. "유대인으로서 이방인과 교제하며 가까이 하는 것이 위법인 줄은 너희도 알거니와." 지붕에서 하나님과 싸워서 진 후에야 겨우 나온 양보다.

베드로는 말을 잇는다. "하나님께서 내게 지시하사 아무도 속되다 하거나 깨끗지 않다 하지 말라 하시기로." 베드로로서는 좀처럼 이해할 수 없는 은혜의 혁명이 진행되고 있었다.

~ ~ ~

『내가 알지 못했던 예수』를 쓰기 전 나는 몇 달간 예수님 생애의 배경을 연구했다. 그후 나는 1세기 유대교의 질서 정연한 세계를 이해하게 됐다. 사람에게 등급을 매긴다는 것이 미국인인 나에게는 거부감을 주었다. 그것은 공식적 비은혜 체제요 종교적 카스트제도 같았다. 하지만 최소한 유대인에게는 여자, 이방인, 노예, 가난한 자를 위한 자리가 있었다. 다른 사회에서는 그들을 더 심하게 대했다.

예수님이 이 땅에 오신 시기는 팔레스틴에 종교 부흥이 일던 때였다. 예컨대 바리새인은 정결을 지키는 규율을 정확히 조목조목 정해 두었다. 이방인의 집에 들어가지 말라. 죄인들과 함께 먹지 말라. 안식일에 일하지 말라. 식사 전에 일곱 번씩 손을 씻으라. 그러던 차에 예수님이 그토록 오래 기다려 온 메시아일지도 모른다는 소문이 나돌자 경건한 유대인들은 충격을 받다 못해 괘씸한 생각이 들었다. 예수라면 문둥병 환자 같은 부정한 자들에게 손을 댄 사람이 아니던가? 지저분한 여자가 머리털로 발을 씻도록 내버려둔 자가 아니던가? 그는 세리들과 밥을 먹는가 하면—그 중 하나는 아예 측근 열두 명 중 하나가 되었고—정결하게 하는 의식이나 안식일 규례 따위에 신경 쓰지 않기로 유명한 자였다.

그뿐 아니라 예수님은 일부러 이방인 지역에 들어가서 이방인과 어울리셨다. 어떤 이스라엘 사람보다 믿음이 크다고 로마 백부장을 칭찬하시고 친히 그의 집에 들어가 하인을 고쳐 주시겠다고 자원하셨다. 문둥병을 앓던 혼혈족 사마리아인을 낫게 하셨고 사마리아 여자와 길게 대화하셔서 "유대인이 사마리아인과 상종치 아니함"을 잘 알던 제자들을 깜짝 놀라게 하기도 했다. 유대인에게는 인종이 달라서 배척받고 동네 사람들에게는 결혼 횟수가 많아서 배척받던 이 여자는 예수님이 지명하신 최초의 '선교사'요 또 예수님이 메시아로서의 정체를 드러내 놓고 알리신 최초의 사람이 되었다. 예수님의 지상 생활은 제자들에게 주신 '지상 명령'에서 절정에 달한다. 그것은 "온 유대와 사마리아와 땅 끝까지 이르러"(행 1:8) 부정한 이방인들에게 복음을 전하라는 명령이었다.

'부정한' 사람들에 대한 예수님의 접근은 동족들을 당황하게 했고 이는 결국 그분을 십자가에 달리게 만드는 데 일조했다. 본질상 예수님은 애지중지 지켜져 온 구약의 불량품 사절 원리를 무효화하고 대신 "우리는 다 불량품이다. 하지만 하나님은 어쨌거나 우리를 사랑하신다"라는 은혜의 새로운 규정을 제시하신 셈이다.

복음서에는 예수님이 폭력을 행사하신 장면이 딱 한 번 기록되어 있다. 바로 성전을 깨끗하게 하신 일이다. 그분은 채찍을 휘둘러 상과 의자를 엎으시고 장사하던 상인들을 쫓아내셨다. 앞서 말했듯이 성전의 건축 구조는 그 자체에 유대교의 위계를 담고 있다. 이방인은 바깥뜰에만 들어올 수 있었다. 예수님은 상인들이 이방인 구역을 짐승이 우는 소리와 가격을 흥정하는 소리로 왁자지껄한 시장터로 바꿔 놓은 데 분개하셨다. 그것은 예배에 아무런 도움도 안 되는 분위기였다. 마가복음을 보면 예수님이 성전을 깨끗하게 하신 후부터 대제사장들과 서기관들이 "예수를 어떻게 죽일까 하고 꾀하니"(막 11:18)라는 기록이 나온다. 진실로 예수님은 분노에 차서 이방인들이 하나님께 나아갈 권리를 옹호하시다가 자신의 운명을 결정지으신 셈이다.

∨ ∨ ∨

예수님은 하나님께 나아가는 길을 막던 위계 사다리의 단을 하나하나 떼어 내셨다. 하나님의 잔치에 흠 있는 자, 죄인, 외국인, 이방인―부정한 자들!―을 부르셨다.

'열방이 부름받은 큰 잔치'는 이미 이사야 선지자가 예언하지 않왔던가? 이사야의 숭고한 비전이 수세기를 거치는 동안 흐려질 대로 흐려져서 일부 집단에서는 잔치 초청 대상을 신체에 결함이 없는 유대인으로 국한하기에 이르렀다. 반면 예수님이 보여 주신 큰 잔치는 주인이 종들을 큰 길과 뒷골목으로 보내 "가난한 자들과 몸 불편한 자들과 저는 자들과 맹인들을"(눅 14:13) 청하는 잔치다.*

예수님이 해주신 가장 인상 깊은 이야기인 탕자의 비유도 가문의 명예를 더럽힌 못난 자식을 영웅처럼 대우하는 잔치 장면으로 끝맺어진다. 만인이 탐탁지 않게 여긴 사람도 하나님께는 얼마든지 소중한 존재이며 그런 사람 하나가 하나님께 돌아오면 잔치가 열린다는 것이 예수님의 요지다. 우리는 다 불량품이다. 하지만 하나님은 어쨌거나 우리를 사랑하신다.

또 하나 유명한 이야기인 선한 사마리아인 비유에는 시체로 인해 더럽혀질까봐 강도 만난 자를 피해 간 두 종교 지도자가 등장해서 당시 청중을 곤혹스럽게 했다. 예수님은 멸시받던 사마리아인을 영웅으로 띄우셨다. 당시 청중에게는, 이것이 현대 유대인 랍비의 입에서 PLO(팔레스타인해방기구) 전사를 찬양하는 이야기가 나오는 것만큼이나 충격적이었다.

예수님은 사람들과의 접촉에서도 유대교의 정함과 부정함의 범주를 뒤엎으셨다. 예컨대 누가복음 8장에는 짧은 기간에 일어난 세

• 하나님이 처음부터 그분의 '가족'을 유대 민족을 넘어 모든 종족과 나라로 넓히실 것을 계획하셨다는 것은 구약에 여러 군데 나와 있다. 베드로가 부정한 동물의 환상을 받은 욥바라는 곳이 요나가 이방 니느웨에 하나님의 말씀을 전하라는 명을 피하려던 바로 그 항구라는 점은 재미있는 아이러니다.

가지 사건이 기록되어 있는데 이것들은 모두 예수님에 대한 바리새인들의 의심에 확증을 더해 주었을 것이다. 우선 예수님은 이방인 거주 지역으로 배를 타고 건너가 벌거벗은 미치광이를 고치신 뒤 그를 선교사로 세워 고향에 보내신다. 이어 열두 해 동안 혈루증을 앓던 여자가 예수님의 몸에 손을 대는 장면이 나온다. 혈루증은 예배를 드릴 자격마저 잃게 한 '여성 문제'로서, 그 여자는 보나마나 큰 수치를 느끼며 살았을 것이다(바리새인들은 죄 때문에 그런 병이 생긴다고 가르쳤으나 예수님은 그것을 정면으로 부정하셨다). 거기에서 예수님은 막 딸을 잃은 회당장의 집으로 가신다. 이방인 미치광이와 혈루증 여인으로 이미 '부정한' 예수님이 방 안에 들어가 시체에 손을 대신다.

레위기 율법은 전염을 경계했다. 환자, 이방인, 시체, 특정 동물은 물론 곰팡이에 닿아도 사람이 오염되었다. 그러나 예수님은 그 흐름을 뒤집으셨다. 오염되신 것이 아니라 오히려 상대를 온전하게 하신 것이다. 벌거벗은 미치광이는 예수님을 오염시키지 못하고 오히려 치유를 받았다. 출혈이 멈추지 않던 가련한 여자는 예수님을 더럽히지 못하고 오히려 나음을 입어 떠났다. 열두 살 난 소녀의 시체는 예수님을 오염시키지 못하고 오히려 다시 살아났다.

나는 예수님의 접근에서 구약 율법의 폐기가 아니라 완성을 본다. 하나님은 속(俗)에서 성(聖)을, 부정한 것에서 정한 것을 구별해 내심으로써 세상을 '거룩하게' 하셨다. 그리고 예수님은 이 성화의 원리를 폐기하지 않으시되 그 근원을 바꾸셨다. 이제 하나님이 우리 안에 계시므로 우리도 하나님의 거룩함을 내보내는 통로가 될 수 있다. 우리도 예수님처럼 이 부정한 세상 속을 활보하며 거룩함의 근원이 될 수 있다. 병든 자, 저는 자들은 오염의 소굴이 아니라 하나님의 자비가 임할 대상이다. 우리는 그 자비를 베풀기 위해, 오염을 기피하는 사람이 아니라 은혜를 전달하는 사람이 되기 위해 부름받았다. 예수님처럼 우리도 '부정한' 자를 정하게 할 수 있다.

교회가 이 극적인 변화에 적응하는 데는 많은 시간이 걸렸다. 그렇지 않았다면 베드로가 지붕에서 환상을 볼 필요도 없었을 것이다. 교회는 또한 이방인에게 복음을 전하는 데도 초자연적 자극이 필요했다. 성령은 기꺼이 은혜를 베푸사 빌립을 먼저 사마리아로 보내셨다가 다시 광야 길로 인도하셔서 구약에서 부정하다 했던 어느 외국인 흑인(그는 내시로 고환을 다친 자다)을 만나게 하셨다. 얼마 후 빌립은 아프리카 최초의 선교사에게 세례를 주었다.

처음에는 변화를 가장 방해하던 무리 중 하나였고 날마다 자신이 이방인도, 노예도, 여자도 아님을 인해 하나님께 감사했던 "바리새인 중의 바리새인" 사도 바울도 이런 혁명적인 말을 하기에 이르렀다. "너희는 유대인이나 헬라인이나 종이나 자유인이나 남자나 여자나 다 그리스도 예수 안에서 하나이니라"(갈 3:28). 그는 예수님의 죽음이 성전 휘장을 찢어 사람과 사람을 갈라 놓은 적대의 벽을 헐었다고 말했다. 은혜가 길을 찾은 것이다.

∨ ∨ ∨

아프리카에서는 종족 싸움이 대학살을 불러오고 나라마다 민족을 기준으로 국경선을 다시 긋고 인종 차별이 미국의 위대한 이상을 비웃고 온갖 소수 집단과 분파가 자기 권익을 찾아 로비를 벌이는 요즘,

나는 복음의 메시지 중에서, 예수님을 돌아가시게 한 이 메시지보다 더 강력한 것을 알지 못한다. 바로 인간과 인간을 그리고 인간과 하나님을 갈라 놓던 벽이 허물어졌다. 우리는 모두 불량품이다. 하지만 하나님은 어쨌거나 우리를 사랑하신다.

하나님이 지붕에서 베드로 사도를 깨우쳐 주신 후 거의 20세기가 흘렀다. 그 동안 상황이 많이 변했다(더 이상 교회의 탈유대교 문제로 걱정하는 사람은 없다). 그러나 예수님이 가져오신 변혁은 지금도 모든 그리스도인에게 중대한 영향을 미친다. 예수님의 은혜 혁명은 적어도 두 가지 면에서 내게 깊은 영향을 준다.

첫째, 그것은 하나님께 나아가는 방식에 영향을 준다. 빌 레슬리가 유대교 성전과 비슷한 비율로 예배당에 구획을 긋던 날, 교인들이 예배 중에 연극을 했다. 소원을 올릴 사람 몇 명이 단상에 나가 제사장에게 뜻을 알렸다. 물론 여자는 남자 대리인을 거쳐야 했다. 몇 사람은 제사장 앞에 하나님께 드릴 제물을 가져왔다. "제 문제를 하나님께 말씀드려 주시겠어요?"라며 구체적인 요구를 하기도 했다. 그럴 때마다 '제사장'은 단상에 올라가 지정된 의식을 거쳐 그 요구를 지성소 안의 하나님께 아뢰었다.

이 의식 도중에 갑자기 한 젊은 여자가 히브리서를 펴 들고 여성 지정 구획을 무시한 채 통로를 달려 나와 큰소리로 외쳤다. "이것 좀 보세요! 누구나 다 하나님께 직접 갈 수 있대요. 한번 들어 보세요."

그러므로 우리에게 큰 대제사장이 계시니 승천하신 이 곧 하나님 아들 예수시라. 우리가 믿는 도리를 굳게 잡을지어다.…그러므로 우리는…

은혜의 보좌 앞에 담대히 나아갈 것이니라(히 4:14, 16).

"그리고 또 있어요."

우리가 예수의 피를 힘입어 성소에 들어갈 담력을 얻었나니 그 길은 우리를 위하여 휘장 가운데로 열어 놓으신 새로운 살 길이요 휘장은 곧 그의 육체니라. 또 하나님의 집 다스리는 큰 제사장이 계시매…하나님께 나아가자(히 10:19-22).

"우리도 누구나 지성소에 들어갈 수 있어요!" 여자가 단상 뒤로 달려가며 말했다. "누구나 하나님께 직접 갈 수 있어요!"

목사는 설교를 통해 '가까워진 하나님,' 그 놀라운 변화를 전했다. 이 일대 변화를 실감하려면 레위기를 읽고 나서 바로 사도행전을 읽어 보면 된다. 구약의 예배자는 성전에 들어가기 전에 몸을 정결하게 하고 제사장을 통해 하나님께 제물을 바친 반면 사도행전의 하나님 백성(대부분 정통 유대인)은 가정 집에 모여 아바라는 친근한 말로 하나님을 불렀다. 이는 '아빠'처럼 가족간의 정이 담긴 허물없는 말로, 예수님 이전에는 누구도 천지의 대주재 여호와 하나님을 그렇게 부를 생각을 못했을 것이다. 그러나 예수님 이후로 그 말은 초대 교인들이 기도할 때 하나님을 부르는 표준 단어가 되었다.

나는 앞서 백악관 방문객 이야기를 하면서, 누구도 예약 없이 집무실에 함부로 들어가 대통령을 만날 수 없다고 했다. 그러나 예외가 있다. 존 F. 케네디 정부 시절 가끔 사진사들의 눈에 깜찍한 장면이 포착되었다. 각료들이 회색 옷차림으로 대통령 책상 주위에 둘러앉아 쿠바 미사일 위기 같은 국제 문제를 논하고 있다. 그때 아장아장 걷는 두 살배기 존이 백악관 규정이나 중대한 국내 문제에 아랑곳없이 커다란 대통령 책상을 기어오른다. 존은 그저 아빠를 보러 온 것이다. 존이 가끔 노크 없이 집무실에 들어와도 아버지는 그저 기쁠 뿐이다.

이것이 바로 예수님이 사용하신 아바라는 말에 담긴 뜻이다. 하나님이 그렇게 가깝다니 정말 충격이다. 천지의 대주재 하나님이 그 아들을 통해, 자기 자식을 애지중지하는 여느 아버지 못지않게 친히 우리 곁에 가까이 오셨다. 바울은 로마서 8장에서 이 친밀한 이미지를 한층 실감나게 표현한다. 성령이 아예 우리 안에 사신다는 것이다. "우리는 마땅히 기도할 바를 알지 못하나 오직 성령이 말할 수 없는 탄식으로 우리를 위하여 친히 간구하시느니라"(롬 8:26).

우리는 정결함의 문제로 고민하며 위계 사다리를 타고 하나님께 나아갈 필요가 없다. 하나님 나라에 "불량품 사절"이라는 팻말이 꽂혀 있다면 아무도 들어갈 수 없다. 예수님은 동전 두 닢뿐인 과부, 로마 백부장, 불쌍한 세리, 십자가에 달린 강도 같은 자들이 도움을 청하며 부르짖을 때 완전하고 거룩하신 하나님이 기쁨으로 맞아 주신다는 사실을 알리려고 이 땅에 오셨다. 우리는 그저 "아바" 하고 부르기만 하면 된다. 그것도 안 되면 신음만으로도 족하다. 하나님이 그렇게 가까이 오셨다.

~ ~ ~

예수님의 혁명이 둘째로 내게 미친 영향은 '나와 다른' 사람을 보는 시각과 관련된 것이다. 예수님의 모본을 보고 마음이 찔리는 이유는 우리가 조금씩 그와 반대쪽으로 가고 있기 때문이다. 사회에 부도덕이 만연함에 따라 일부 그리스도인 사이에서 자비를 줄이고 도덕을 강조해야 한다는 소리가 심심찮게 들린다. 구약의 방식으로 돌아가자는 것이다.

베드로와 바울이 모두 사용했던 한 표현은 내가 신약에서 제일 좋아하는 개념 중 하나가 되었다. 두 사도는 우리가 하나님의 은혜를 베풀어야, 혹은 '전해야' 한다고 말한다. 이 개념을 생각하면 아직 향수를 뿌리는 기술이 발달하기 전에 여자들이 사용했던 구식 '향수 분무기'가 떠오른다. 고무통을 꾹 누르면 반대편 끝에 있는 작은 구멍으로 향수 방울이 나온다. 몇 방울만 있어도 온 몸에서 향기가 나기에 충분하다. 몇 번만 누르면 온 방 안의 분위기가 달라진다. 은혜가 바로 이래야 한다. 은혜는 세상이나 사회를 통째로 바꾸지는 않지만 그 공기를 한결 풍성하게 한다.

그러나 그리스도인의 전체적 이미지가 향수 분무기에서 살충용 분무기로 바뀌지 않았나 우려된다. '바퀴벌레다!' 뿜어라, 뿌려라, 뿜어라, 뿌려라. '죄악이다!' 뿜어라, 뿌려라, 뿜어라, 뿌려라. 내가 아는 그리스도인 중에는 죄악이 만연한 주변 사회에 대해 '도덕적 살충제' 역할을 하고 있는 이들도 있다.

사회를 보면 정말 걱정스럽다. 그러나 나는 건강한 자가 아니라 병든 자, 의인이 아니라 죄인을 위해 오신 예수님이 답으로 보여 주신 그 자비의 힘에 마음이 녹는다. 예수님은 결코 죄악을 묵인하지 않으셨다. 그러나 그분은 언제나 용서할 준비가 되어 있으셨다. 어찌된 일인지 그분은 죄인을 사랑하는 자라는 평판을 얻으셨다. 이는 오늘날 그 제자들이 상실할 위기에 처한 평판이다. 도로시 데이는 이렇게 말했다. "내가 가장 덜 사랑하는 사람에게 주는 사랑. 나는 그 사랑만큼만 하나님을 사랑하는 것이다."

이는 어려운 주제인만큼 따로 한 장을 할애할 가치가 있다.

9장

은혜로 치유된 눈

> "성경에 모든 사람을 사랑해야 한다고 나와 있지 않나요?"
> "아, 성경요! 물론 많은 말이 있죠.
> 하지만 실제 그렇게 살려는 사람은 없어요."
> _ 해리엣 비처 스토우, 『톰 아저씨의 오두막』

나는 심심할 때면 친구 멜 화이트에게 전화를 했다. 나는 아직까지 그렇게 활력이 넘치고 자유분방하게 사는 사람은 본 적이 없다. 전 세계 안 다녀 본 데가 없는 그는 카리브해 물고기떼 사이로 스쿠버 다이빙하던 일, 모로코 첨탑 위에서 일출에 맞춰 영화를 찍느라 천 년간 쌓여 온 비둘기 똥을 밟고 다니던 일, 유명한 텔레비전 프로듀서의 초대 손님으로 "엘리자베스 2세"호를 타고 대서양을 건너던 일, 가이아나 대참사 후 짐 존스파 생존자들을 인터뷰하던 일 등 갖가지 이야기로 나를 즐겁게 해주었다.

인정 많은 멜은 길거리 행상들의 완벽한 표적이었다. 야외 카페에 앉아 있는 우리 앞으로 꽃장수라도 지나가면 멜은 내 아내의 눈빛이 밝아지는 것을 보는 맛에라도 으레 한 다발씩 사곤 했다. 사진사가 사진을 찍어 준다며 엄청난 값을 불러도 멜은 즉각 승낙했다. 우리가 반대하면, 그는 "추억일세. 추억에 가격표를 붙일 수는 없지" 하고 말했다. 웨이터도, 호텔 지배인도, 출납원도 그의 농담과 익살에 배꼽을 잡고 웃었다.

우리가 시카고 시내에 살 때 멜은 미시간 주에 가는 길에 우리 집에 종종 들렀다. 당시 그는 거기서 기독교 영화 자문으로 일하고 있었다. 우리는 외식도 하고 화랑에도 가고 산책도 하고 영화도 보고 자정이 넘도록 호숫가를 걷기도 했다. 그러면 멜은 새벽 4시에 일어나 옷을 입고는 네 시간 동안 미친 듯 자판을 두드려 댔다. 그날 오후 미시간 주 고객에게 전해 줄 30쪽 분량의 서류를 만드는 것이다. 아내와 나는 멜을 택시에 태워 공항으로 보낸 뒤 파김치가 되어서도 행복을 느꼈었다. 멜은 우리로 하여금 우리가 아는 누구보다도 온전히 살아 있음을 느끼게 해주었다.

ˇ ˇ ˇ

우리가 살던 동네, 특히 다이버시에는 동성애자들이 많이 살고 있었다. 멜에게 그 사람들에 대해 농담했던 일이 기억난다. "게이와 나치의 차이가 얼마나 되는지 아나?" 한번은 다이버시를 걸어가며 내가 말했다. "그야 60도지." 나는 뻣뻣한 나치 경례 자세를 취했다가 손을 내리고 손목의 힘을 빼서 호모들의 손동작을 흉내냈다.

아내도 한마디 거들었다. "이 동네 동성애자들은 항상 표시가 나요. 뭔가 특징이 있거든요. 나도 항상 알게 돼요."

멜과 친구로 지낸 지 5년째 되던 어느 날 멜에게서 전화가 왔다. 오헤어 공항 근처 메리엇 호텔에서 볼 수 있겠느냐는 것이었다. 나는 정시에 도착해 신문, 메뉴판, 설탕 봉지 뒷면 등 눈에 보이는 것은 뭐든 읽으며 한 시간 반 동안 식당에 혼자 앉아 있었다. 헛수고에 약이 올라 막 일어나 가려는데 멜이 급하게 들어왔다. 그는 미안하다며 몸까지 떨고 있었다. 다른 메리엇 호텔로 잘못 갔다가 오는 길에 시카고의 극심한 교통 체증에 말려들었다고 했다. 비행기 출발까지는 한 시간밖에 없었다. 나는 멜의 마음이 진정되도록 잠시 더 같이 앉아 있을 수 있었을까? 물론이다.

멜은 아침에 있었던 일로 지친 듯 정신 없고 산만해 보였다. 금방이라도 눈물이 쏟아질 것 같았다. 멜은 눈을 감고 심호흡을 몇 번 하더니 내 평생 못 잊을 말로 말문을 열었다. "필립, 자네도 내가 게이라는 걸 벌써 눈치챘겠지."

그런 생각은 단 한 번도 해 본 적이 없었다. 멜에게는 사랑으로 내조하는 아내와 두 자녀가 있었다. 멜은 풀러 신학교에서 가르쳤고 복음주의 언약 교단의 한 교회에서 목사로 섬겼고 기독교 영화 제작에, 베스트셀러 신앙 서적을 쓰기도 했다. 멜이 게이라고? 교황이 이슬람교도일 수도 있단 말인가?

당시 나는 특수한 동네에 살고 있었음에도 불구하고 개인적으로 알고 지내는 게이는 한 사람도 없었다. 교외에 사는 친구들에게 동성애에 대한 농담도 하고 게이 행진(우리 집 앞에서 행진한) 이야기도 들려주었지만, 동성애자 친구는커녕 안면이 있는 사람도 없었다. 그 자체에 반감을 느끼던 터였다.

그런데 가장 절친한 친구 중 하나에게 내가 전혀 몰랐던 비밀이 있었다는 이야기를 들은 것이다. 나는 자세를 고치고 심호흡을 몇 번

한 뒤 멜에게 내막을 이야기해 달라고 했다.

이 이야기를 한다고 멜의 기밀을 누설하는 것은 아니다. 본인이 벌써 『문간의 이방인: 미국에서 게이이자 그리스도인』이라는 책에 이미 모든 걸 밝혔기 때문이다. 그 책에는 나와의 우정도 언급되어 있고, 또 프랜시스 쉐퍼, 팻 로버트슨, 올리버 노스, 빌리 그레이엄, W. A. 크리스웰, 짐 배커와 태미 배커, 제리 폴웰 등 한때 멜과 동역했던 보수 그리스도인들도 꽤 등장한다. 동역 당시만 해도 멜의 비밀 생활을 안 사람이 아무도 없었던 터라, 지금 그 사람들이 멜에 대해 당혹스러워하는 것도 전혀 무리는 아니다.

동성애를 둘러싼 신학적·도덕적 이슈들은 그 나름대로 중요한 것이겠지만, 지금 나는 그런 문제를 파고들 생각이 전혀 없음을 우선 분명히 해 둔다. 멜 이야기를 꺼내는 이유는 하나뿐이다. '나와 다른' 사람들을 대하는 태도에 은혜가 어떤 영향을 미쳐야 하는가라는 개념에 멜과의 우정이 강한 도전을 주었기 때문이다. 이는 그 차이가 심각하여 해결이 요원한 경우라도 마찬가지다.

∨ ∨ ∨

나는 경솔하게도 동성애를 자기 마음대로 택하는 생활 양식으로 본 때가 있었으나 멜을 통해 그렇지만은 않다는 걸 알았다. 멜의 책에 자세히 나와 있듯이 사춘기 때부터 동성애 욕구를 느낀 멜은 그 욕구를 억압하려고 갖은 애를 썼고 성인이 되어서는 '치료제'를 찾는 데 열심을 다했다. 금식 기도도 하고 신유의 기름부음도 받았다. 개신교는 물론 천주교에서 행하는 축사 의식도 섭렵했다. 남자 사진에 자극을 느낄 때마다 혐오 요법을 통해 몸에 전기 충격을 받아 보기도 했다. 약물 치료로 늘 약 기운에 젖어 말마저 앞뒤가 잘 안 맞던 때도 있었다. 특히 멜은 게이가 되지 **않기**를 간절히 원했다.

어느 날 밤늦게 전화 소리에 잠이 깼던 일이 기억난다. 누구라는 말도 없이 멜이 힘 빠진 소리로 말했다. "지금 태평양이 내려다보이는 5층 발코니에 서 있네. 10분 동안 여유를 줄테니 내가 여기서 뛰어내리지 말아야 할 이유를 말하게." 관심을 끌기 위한 장난이 아니었다. 그는 얼마 전에도 자살을 기도해서 과다 출혈로 죽을 뻔한 적이 있었다. 나는 몽롱한 상태에서 개인적·실존적·신학적 이유를 생각나는 대로 다 끌어 대며 멜을 말렸다. 감사하게도 멜은 뛰어내리지 않았다.

몇 년 후 멜이 게이 연인에게서 받은 선물들을 가지고 오던 눈물 어린 장면도 기억난다. 멜은 파란색 털실 스웨터를 나에게 주며 난롯불 속에 던져 달라고 했다. 자기는 죄를 지었으며 이제는 회개하고 옛 생활을 뒤로 한 채 아내와 가정으로 돌아가겠다는 것이었다. 우리는 기뻐하며 함께 기도했다.

기억나는 눈물 어린 장면이 또 있다. 그것은 멜이 캘리포니아 목욕 클럽 회원증을 찢어 없애던 때였다. 캘리포니아 게이 집단에 희귀한 질병이 돌기 시작하면서 많은 게이들이 목욕 클럽을 떠나고 있었다. "병이 무서워서 그러는 게 아니라 이게 옳은 길임을 알기 때문일세." 멜은 그렇게 말하며 가위를 가져다 딱딱한 플라스틱 카드를 조각조각 잘랐다.

멜은 문란한 성생활과 부부간의 정절 사이에서 큰 기복을 보였다. 금방 호르몬이 넘치는 십대 아이처럼 행동하다가도 어느 사이엔가 현인처럼 되어 있었다. 한번은 내게 이런 말을 했다. "깨끗한 슬픔과 죄스런 슬픔의 차이를 알게 됐다네. 둘 다 현실적이고 몹시 괴로운 것이지만 후자가 훨씬 심하지. 독신자들이 느끼는 깨끗한 슬픔은 빈 부분은 있을망정 무엇을 잃는 것은 아니지만, 죄스런 슬픔은 항상 상실을 의식해야 한다네." 실상을 밝히는 날에는 직업과 사역은 물론 결혼 생활에다 자칫 신앙까지 잃어야 한다는 두려운 인식, 멜에게 죄스런 슬픔이란 바로 그것을 뜻했다.

이런 죄책감에도 불구하고 멜은 결국 자기가 택할 길이, 미치느냐, 제정신으로 사느냐 둘 중 하나라는 결론에 이르렀다. 동성애 욕구를 억압하려 애쓰며 이성과 결혼하거나 게이 독신자로 살면 결국 미칠 수밖에 없다는 것이 그의 생각이었다(당시 그는 매회 100달러씩 내고 주 5회 정신과 의사를 만나고 있었다). 그는 온전하게 살려면 동성애자라는 정체를 수긍하고 게이 파트너를 찾아야 한다고 결론지었다.

˅ ˅ ˅

멜의 오랜 방황에 나는 혼란스러워서 갈피를 잡을 수 없었다. 우리 부부는 멜과 함께 그의 장래 문제로 밤 늦도록 이야기한 날도 많았다. 함께 관련된 성경 구절을 전부 찾아가며 의미를 따져 보기도 했다. 멜은 내게 왜 그리스도인들이 같은 본문에 언급된 다른 행동은 개의치 않으면서 동성간의 연합에 대한 지적만 그렇게 강조하는지 물었다.

나는 멜의 요청에 따라 1987년 워싱턴에서 열린 첫 번째 게이 행진에 참석했다. 행진자나 잡지 기자로서가 아니라 멜의 친구로서 간 것이다. 멜은 부담스런 결정 사항 몇 가지를 정리하는 동안 내가 곁에 있어 주기 원했다.

그때는 게이 권익 행진자들이 30만 명가량 모였는데 그 중에는 감히 텔레비전 저녁 뉴스에 내보낼 수 없는 복장으로 대중에게 충격을 주려 한 사람들도 있었다. 10월의 쌀쌀한 날, 잿빛 구름은 수도를 가로지르는 행렬 위로 빗방울을 뿌렸다.

나는 백악관 정면에 있는 인도에 서서 분노의 대치 장면을 지켜보았다. 소규모 반대 시위자들은 지옥불을 생생하게 그린 주황색 포스터 덕에 언론 사진사들을 대거 끌어모았다. 그들 둘레로 말 탄 경찰들이 반원형 방벽을 이루고 있었다. 이들 그리스도인 시위자들은 15,000 대 1이라는 수적 열세에도 불구하고 게이 행진자들을 향해 선동적 구호를 외쳐 대고 있었다.

"호모는 물러가라!" 주동자가 마이크로 외치자 뒤에서 구호를 받았다. "호모는 물러가라, 호모는 물러가라…." 거기에 물리자 이번에는 구호를 바꿨다. "창피한 줄 알아라!" 주동자는 구호 사이사이에 하나님이 동성애자들과 기타 변태자들을 위해 지옥불 아랫목을 점지해 두셨다며 짤막한 유황불 같은 설교를 곁들였다.

"에이즈, 에이즈, 에이즈에 걸릴 것이다." 시위자들의 비아냥거림은 이 마지막 구호에서 절정에 달했다. 마침 에이즈 환자 수백 명의 비참한 행렬이 지나간 뒤였다. 휠체어를 탄 사람들이 많았는데 꼭 수용소에서 돌아온 이들마냥 피골이 상접해 있었다. 구호를 듣노라니 과연 남한테 저렇게 되라고 악담을 해도 되는 건지 아찔한 기분이 들었다.

그리스도인들에 대한 게이 행진자측의 반응도 갖가지였다. 입심 좋은 사람들은 키스를 날리며 "꼴통! 꼴통! 창피한 줄 알아라!" 하고 되레 맞받는가 하면, 한 레즈비언 집단은 반대 시위자들을 향해 "너희 부인들을 내 놔라!" 하고 일제히 외쳐 언론사에서 온 사람들이 웃기도 했다.

행진자들 중에는 다양한 종교 단체에 속한 이들이 최소 삼천 명에 달했다. 천주교 "존엄성" 운동, 감독교 "충실파" 등에다 몰몬교와 안식교도 드문드문 있었다. 동성애에 대한 입장만을 제외하고는 복음적 신학을 대부분 그대로 고백하는 교단인 MCC(Metropolitan Community Church, 메트로폴리탄 공동체 교회)의 휘장 아래 행진한 사람만 천 명이 넘었다. 이 마지막 그룹은 행렬에 둘러싸인 기독교 시위자들에게 뜨끔한 반응을 보여 주었다. 가까이 다가와 그들을 보며 노래를 불러 준 것이다. "예수 사랑하심은 거룩하신 말일세."

이 대치 장면의 비약적인 아이러니가 마음을 찔렀다. 한쪽에서는 그리스도인들이 교리의 순수성을 옹호하고 있다(NCC도 아직 MCC를 회원으로 받아들이지 않고 있다). 다른 쪽에는 '죄인들'이 있다. 자신의 동성애 생활을 공개적으로 인정한 이들도 많다. 그런데 정통 집단은 증오를 토하고 있고 죄인 집단은 예수님의 사랑을 노래하고 있는 것이다.

워싱턴에서 보낸 그 주말 동안 멜은 각종 종교 단체의 여러 지도자에게 나를 소개했다. 나는 한 주에 그렇게 많은 예배에 참석한 적은 없었다. 놀랍게도 대부분은 복음주의 주류의 찬송가와 예배 순서를 그대로 사용하고 있었다. 강단에서 외치는 신학에서도 이상한 점을 찾을 수 없었다. 지도자 중 한 사람은 내게 이렇게 설명해 주었다.

"게이 그리스도인들은 대부분 신학적으로 상당히 보수입니다…." 이 말을 뒷받침해 주는 이야기를 각 개인들로부터도 많이 들었다.

내가 인터뷰한 게이들은 하나같이 거부와 증오와 핍박을 당한 끔찍한 사연을 털어놓았다. 대부분 욕설을 듣고 셀 수 없이 많은 매를 맞았다. 인터뷰한 사람 중 반은 가족에게 버림받았다. 자기의 질병을 알리려고 관계가 소원해진 가족에게 연락을 취하려 했으나 아무런 응답도 못 받은 에이즈 환자들도 꽤 있었다. 10년간 가족들과 떨어져서 산 어떤 남자는 위스콘신 주에 있는 집으로 추수감사절 저녁 식사를 하러 오라고 초대받았다. 어머니는 그를 사기 접시와 플라스틱 수저로 차린 다른 상에 가족들과 떨어져서 따로 앉게 했다.

일부 그리스도인들은 "게이를 대할 때 동정심도 필요하지만 동시에 심판의 메시지도 들려줘야 한다"고 말한다. 나는 인터뷰를 마치면서 모든 게이들이 교회로부터 심판의 메시지를 들었다는—오직 심판의 말만 듣고 또 들었다는—것을 알게 됐다. 인터뷰에 응한 사람 중 신학적 식견이 있는 이들은 동성애 관련 성경 본문을 다르게 해석하고 있었다. 그런 차이점에 대해 함께 앉아 토의해 보자고 보수 학자들에게 제의해 보았지만 아무도 응하지 않았다고 말하는 이들도 있었다.

나는 머릿속이 어지러운 상태로 워싱턴을 떠났다. 기존 교회에서 항상 죄라고 가르쳐 온 주제, 그것을 공통 분모로 하여 모인 이들이 실내를 가득 메우고 뜨거운 찬송과 기도와 간증으로 드리는 예배에 여러 번 참석해 보았다. 또한 내 친구 멜의 선택이 내가 도덕적으로 오류라 생각하는 쪽—유혹으로 가득 찬 두려운 새 생활을 시작하기 위해 아내와 이혼하고 사역을 잃는 쪽—으로 점점 기울고 있음도 느낄 수 있었다.

애당초 멜 화이트를 몰랐더라면 내 삶이 훨씬 단순했으리라는 생각도 들었다. 그러나 그는 내 친구였다. 이제 그를 어떻게 대해야 하나? 은혜는 나로 하여금 어떻게 하게 할 것인가? 예수님이라면 어떻게 하실까?

∨ ∨ ∨

멜이 자신의 정체를 폭로함으로 그 사연이 세간에 알려지자 이전 동료들과 고용주들이 그를 대하는 태도는 얼음장처럼 싸늘해졌다. 그를 초대 손님으로 모시고 그와 함께 여행하고 그의 일로 수십만 달러를 벌어들인 유명한 그리스도인들이 한순간에 등을 돌렸다. 어느 공항에서 아주 잘 아는 그리스도인 정치 지도자를 만난 멜이 다가가 손을 내밀자 상대는 찡그린 얼굴로 말 한마디 없이 돌아섰다. 멜의 책이 나오자 그를 고용했었던 그리스도인 몇 명은 지금까지 가까웠던 관계를 전면 부인한 채 기자 회견장에 전화를 걸어 비난을 퍼부었다.

한동안 '60분' 같은 텔레비전 프로그램이나 라디오 대담에 멜을 섭외하려는 열풍이 불었다. 우익 종교 지도자들 밑에서 일한 비밀 동성애자의 시각에 구미가 당긴 세상 매체는 무슨 말거리가 없을까 싶어 복음주의 명사들에 대한 멜의 이야기에 귀를 쫑긋 세웠다. 멜은 이런 프로그램에 출연하면서 많은 그리스도인들에게 항의 전화를 받았다. "출연하는 프로그램마다 예외 없이 누군가 전화를 걸어 말했네. 가증한 놈이니 레위기 율법대로 처치해야 한다고. 돌에 맞아 죽어야 한다는 뜻이지." 멜이 나에게 한 말이다.

나 역시 멜의 책에 이름이 나온다는 이유만으로 그런 그리스도인들의 질타 대상이 되었다. 자신이 멜에게 보낸 편지 사본을 동봉한 사람도 있는데 끝부분은 이랬다.

언젠가는 당신이 진심으로 회개하고, 진실로 죄의 종에서 해방되기를 원하고 소위 '게이 교회'의 잘못된 가르침을 버릴 수 있기를 진심으로 기도하오. 만일 그렇지 않으면 감사하게도 당신은 받아 마땅한 벌, 즉 죄의 종이 되어 회개를 마다한 모든 자들을 위해 예비된 영원한 지옥을 피할 수 없을 것이오.

발신자에게 답장을 보내 "감사하게도"라는 말이 진심이냐고 물었더니 진심이라며 성경 구절을 빽빽이 적은 장문의 편지를 다시 보내 왔다.

나는 기독교 배경을 가진 사람을 포함하여 우리 동네 다른 게이들을 열심히 만나기 시작했다. 어떤 사람은 말했다. "아직도 믿습니다. 교회에 가고 싶지만 갈 때마다 누군가 소문을 퍼뜨려 갑자기 다들 나를 멀리합니다." 그러더니 뼈아프게 한마디 덧붙였다. "게이로서 교회에 가서 따뜻한 대접을 받기보다 길거리에서 섹스 파트너를 찾는 게 더 쉽다는 걸 알았습니다."

나는 또한 동성애자를 사랑으로 대하려는 그리스도인들을 만나 보았다. 예컨대 그리스도인 베스트셀러 작가 바바라 존슨은 자기 아들이 게이라는 걸 안 뒤, 교회가 그 사실에 어떻게 대처해야 할지 전혀 모르고 있다는 점 역시 알게 되었다. 바바라는 같은 곤경에 처한 부모들을 돕기 위해 "주걱 사역"이라는 단체를 시작했다("당신은 천정에 달라붙은 나를 주걱으로 떼어내야 했다"는 데서 나온 듯하다). 바바라는 성경이 금하고 있음을 확신하기에 동성애를 반대하며 늘 그 점을 분명히 한다. 다만 교회에서 피난처를 찾지 못하는 다른 가족들에게 피난처를 마련해 주려는 것뿐이다. 바바라의 소식지는, 한때 갈기갈기 찢겼다가 아프게 꿰매어진 가족들의 사연으로 가득 차 있다. 바바라는 말한다. "바로 우리의 아들딸들이에요. 그냥 문을 닫아 걸 수는 없어요."

또한 나는 입장이 분명한 그리스도인 강사 토니 캠폴로와도 이야기를 해 보았다. 그는 동성애 성향은 타고난 것이라 거의 바꾸기 어렵다는 것을 인정하면서도 동성애 행위는 반대한다. 그는 독신 생활을 게이의 이상으로 보고 있다. 토니의 아내가 게이들을 상대로 사역하다 보니 토니까지 다른 그리스도인들로부터 욕을 들어 강연 일정이 취소된 경우도 많다. 항의 세력이, 토니와 게이 지도층 사이에 오간 것이라고 소문난 편지를 강연 현장에 배포한 일도 있다. 그러나 그 편지는 인신 공격용으로 날조한 것으로 밝혀졌다.

놀랍게도 나는 '나와 다른' 사람을 대하는 방식에 대해 에드워드 답슨에게서 많은 것을 배웠다. 그는 밥 존스 대학교 출신으로 한때 제리 폴웰의 심복이었고 "근본주의자 저널" 창간자다. 폴웰의 기관을 떠나 미시간 주 그랜드 래피즈에서 목회를 시작한 답슨은 그 도시의 에이즈 문제에 관심을 갖게 되었다. 그는 도시 내 게이 인사들을 찾아가 만난 뒤 자기 교회 성도들이 봉사하게 해 달라고 부탁했다.

동성애가 잘못된 것이라는 믿음은 확고했음에도 불구하고 답슨은 게이 집단에 그리스도인의 사랑을 베풀어야 할 부담을 느꼈다. 게이 운동가들은 (좋게 말해서) 경계의 눈빛을 보였다. 그들은 근본주의자로서 답슨의 명성을 알고 있었다. 다른 게이들이 그런 것처럼 그들에게 '근본주의자'란 내가 워싱턴 시에서 봤던 데모단 같은 이들을 연상하게 하는 말이었다.

결국 답슨은 게이 집단의 신뢰를 얻었다. 그는 교인들을 독려해 에이즈 바이러스 감염자들에게 크리스마스 선물을 돌리고 병들어 죽어가는 이들에게 다른 실제적 도움의 방편을 제공하게 했다. 아직까지 동성애자라고는 한 번도 만나 보지 못한 성도들도 많았다. 동참을 거부한 사람도 몇 명 있었다. 그러나 양측은 서서히 상대를 다른 시각으로 보게 되었다. 어느 게이는 답슨에게 이렇게 말했다. "저희는 목사님 입장을 압니다. 목사님이 저희에게 동조하지 않는다는 것도 압니다. 하지만 목사님이 여전히 예수님의 사랑을 보여 주셔서 거기에 마음이 끌렸습니다."

그랜드 래피즈의 에이즈 환자들에게 이제 **그리스도인**이란 말은 몇 년 전과는 완전히 다른 뜻을 갖게 되었다. 답슨의 경험은 그리스도인들이 윤리적 삶에는 확고한 입장을 지키면서도 사랑을 베풀 수 있음을 입증해 주었다. 답슨은 내게 이렇게 말한 적이 있다. "나의 장례식에 온 사람이 '에드 답슨은 동성애자들을 사랑했다'고 한마디 해 준다면 나는 가슴이 뿌듯할 것이오."

나는 당시 미국 공중 위생국 장관 자리에 있던 에버렛 쿠프 박사도 인터뷰해 보았다. 복음주의 그리스도인으로서 쿠프의 신앙은 전혀 흠잡을 데 없었다. 프란시스 쉐퍼와 손잡고 보수주의 교계를 움직여 반낙태 문제로 정치판에 뛰어들게 한 것도 바로 그였다.

'국민의 의사'라는 직책상 쿠프는 에이즈 환자들을 방문했다. 자줏빛 상처투성이에다 피골이 상접할 정도로 야윈 그들의 몸을 보며 쿠프는 의사로서는 물론 그리스도인으로서 깊은 동정을 느꼈다. 그렇잖아도 권리를 잃고 힘없는 자들을 보살피겠다고 공약한 바 있었는데 미국 전역에 이보다 더 권리가 없고 힘없는 자들은 없었다.

에버렛 쿠프는 7주 동안 제리 폴웰의 교회, "전국 종교 방송 협회"(National Religious Broadcasters' Convention), 유대교와 천주교 내 보수 세력 등 종교 단체만 돌며 연설을 했다. 쿠프는 공중 위생국 제복 차림으로 성욕 절제와 일부일처제 결혼의 필요성을 역설했다. 그러면서 그는 덧붙였다. "나는 이성애자와 동성애자, 젊은이와 노인, 도덕적인 쪽과 부도덕한 쪽, 모두의 공중 위생국 장관입니다." 그는 동료 그리스도인들에게 권면했다. "죄는 미워할 수 있으나 죄인은 사랑해야 합니다."

쿠프는 자기가 성 문란을 혐오한다는 것을 늘 밝히면서도—동성애 행위를 지칭할 때 그는 꼭 '남색'이라는 말을 썼다—공중 위생국 장관으로서 동성애자들을 위해 탄원하며 그들을 돌보았다. 쿠프는 보스턴에서 12,000명의 게이들 앞에서 연설한 뒤 청중이 "쿠프! 쿠프! 쿠프! 쿠프!" 하고 외치자 도저히 믿어지지 않았다. "자기들의 행동에 대한 내 반대 발언에도 불구하고 그들은 믿을 수 없는 지지를 보내고 있습니다. 전 국민의 공중 위생국 장관으로서 국민이 있는 곳이면 어디든지 가겠다고 한 말 때문이 아닌가 싶습니다. 실제로 나는 동성애자들에 대해 동정심을 호소하며 자원 봉사자들에게 도움을 요청하고 있습니다." 쿠프는 절대 신앙을 타협하지 않았으나—지금도 그는 한사코 반론을 불러일으킬 만한 감정적인 용어인 '남색'이라는 단어를 사용한다—복음주의 그리스도인 중 동성애자들에게 그처럼 따뜻한 영접을 받는 사람은 없다.

끝으로 나는 멜 화이트의 부모로부터 '나와 다른' 사람들에 대한 중요한 통찰을 배웠다. 어느 텔레비전 프로그램 제작진이 멜, 멜의 아내, 친구들, 부모 등과 잠시 인터뷰하는 시간을 가졌다. 놀랍게도 멜의 아내는 이혼 후에도 계속 멜을 지지하며 그에 대해 아주 좋게 말했다. 그녀는 멜의 책에 서문까지 썼다. 보수 그리스도인이자 지역 사회에서 존경받는 인사인 멜의 부모(멜의 아버지는 시장을 역임한 바 있다)는 상황을 받아들이느라 힘겨운 시간을 보냈다. 멜에게서 모든 이야기를 들은 부모는 충격과 부정(否定)의 다양한 단계를 거쳤다.

한번은 인터뷰하는 사람이 카메라 앞에서 멜의 부모에게 물었다. "다른 그리스도인들이 아드님에 대해 하는 이야기를 다 알고 계시지요? 그들은 그를 가증한 자라고 합니다. 그 점을 어떻게 보십니까?"

어머니가 떨리는 듯 부드러운 목소리로 말했다. "글쎄요, 그 애가 가증한 자일지도 모르지요. 하지만 우리에겐 여전히 자랑과 기쁨입니다."

그 말은 내 마음에서 떠나지 않았다. 그 말이 은혜에 대한 가슴 아픈 정의로 다가왔던 것이다. 멜 화이트의 어머니는 하나님이 우리 각 사람을 어떻게 보고 계신지를 잘 표현해 주었다는 생각이 들었다. 어떤 면에서 우리는 다 하나님께 가증한 자들이지만—**모든 사람이 죄를 범하였으매 하나님의 영광에 이르지 못하더니**(롬 3:23)—얼토당토

않게 하나님은 어쨌거나 우리를 사랑하신다. 은혜는 우리가 여전히 하나님의 자랑과 기쁨이라고 선포한다.

∨ ∨ ∨

폴 투르니에는 이혼 수속을 밟고 있는 한 친구에 대해 이렇게 썼다.

이혼은 언제나 하나님께 대한 불순종이므로 나는 그의 행동 노선에 찬성할 수 없다. 그에게 이것을 숨기려면 내 믿음을 저버려야 할 것이다. 나는, 하나님의 인도를 따라 진심으로 해결책을 찾을 마음만 있다면 결혼 생활의 갈등에는 언제나 이혼보다 나은 해법이 있음을 안다. 그러나 이 불순종이 내가 매일 짓고 사는 교만의 몸짓, 험담, 거짓말 등의 죄보다 더 악한 것이 아니라는 것도 안다. 삶의 상황은 사람마다 다르지만 심령의 본질은 같다. 내가 그 입장에 있다면 과연 그와 다르게 행동할까? 알 수 없다. 다만 아는 것은, 내 모든 연약함에도 불구하고 나를 있는 모습 그대로 조건 없이 사랑해 줄 친구, 나를 판단하지 않고 믿어 줄 친구가 필요하리라는 것이다. 만일 그가 이혼한다면 분명 현재보다 더 어려운 일들이 많이 닥칠 것이다. 내 사랑을 더 필요로 하게 될 것이다. 이것이 내가 그에게 주어야 할 확신이다.[1]

게이 운동을 한창 진행중이던 멜이 중간에 내게 전화를 걸어 왔다. 그는 게이 운동가들이 '폭탄 낙하점'이라 부르는 보수주의 지역 콜로라도 주 콜로라도 스프링즈의 한 캠프용 자동차에서 단식 중이었다. 차 안에는 콜로라도 스프링즈 기독교 기관들에서 보낸 '게이 비난' 우편물이 전시되어 있었다. 전국 도처에 게이를 노린 혐오 범죄가 만연하고 있던 터라 멜은 그 지역 그리스도인 지도층에게 선동적 표현을 중단할 것을 요청했다.

멜은 어려운 한 주를 보내고 있었다. 어느 지방 라디오 해설자는 은근히 멜에게 협박을 가했고, 밤에 차를 몰고 나와 멜의 캠프용 차를 빙 둘러싼 뒤 경적을 울려 잠을 못 자게 하는 이들도 있었다.

멜이 전화로 말했다. "한 기자가 우리 모두를 한 자리에 모으려 하고 있네. '포커스 온 더 패밀리'나 네비게이토 같은 단체의 간사들은 물론 ACT UP(에이즈 퇴치 단체) 강경파와 MCC 교회 레즈비언 사역자들까지 모두 불러 왔다네. 일이 어떻게 될지 전혀 모르겠네. 배고프고 피곤하고 두렵다네. 자네가 좀 와 줘야겠네."

나는 갔다. 그런 모임을 소집할 수 있는 사람은 내가 알기로는 멜밖에 없다. 정치적 좌우익이 한 방에 앉았다. 팽팽한 긴장감이 감돌고 있었다. 그날 저녁에 있었던 일은 대부분 기억하지만 가장 선명한 것이 하나 있다. 멜은 내게 주제 발언을 요청하면서 나를 친구라고 소개한 뒤 우리 사이의 역사를 간략히 말했다. 그리고 이렇게 말을 맺었다. "필립이 동성애와 관련된 모든 것을 어떻게 보고 있는지 저도 모릅니다. 솔직히, 묻기가 두렵습니다. 그러나 한 가지 아는 것은 저를 향한 마음입니다. 필립은 저를 사랑합니다."

멜과의 우정은 내게 은혜에 대해 많은 것을 가르쳐 주었다. 언뜻 보기에 은혜라는 말은 자유주의를 대충 용인해도 좋다는 압축 표현 같기도 하다. 다 같이 잘 지내서 안 될 까닭이 없지 않은가? 그러나 은혜는 다르다. 신학적 뿌리를 추적해 보면 은혜에는 자기 희생의 요소, 즉 비싼 대가가 포함되어 있다.

나는 멜이 자기를 욕하는 그리스도인들을 몇 번이고 은혜의 마음으로 대하는 모습을 지켜보았다. 나는 한번은 그리스도인들에게 받은 혐오 우편물 더미를 좀 보여 달라고 했다. 그것은 차마 다 읽을 수가 없었다. 편지마다 증오로 악취가 나고 있었다. 발신자들은 하나님의 이름으로 저주와 모독과 협박을 퍼부었다. 나는 항변하고 싶었다. "잠깐, 멜은 내 친구입니다. 당신은 멜을 모릅니다." 그러나 편지를 쓴 사람들에게 멜은 한 인격이 아니라 하나의 꼬리표—**변태!**—에 지나지 않았다. 나는 예수님이 산상수훈에서 날카롭게 지적해 주신 위험을, 멜을 안 덕분에 더 잘 이해하게 되었다. 우리는 자신의 분노와 정욕은 그냥 넘어가면서 남의 살인과 간음을 욕하는 데는 얼마나 빠른가! '우리' 대 '저들'이 될 때 은혜는 죽는다.

나는 멜의 책 『문간의 이방인』에 대한 반응으로 온 편지도 꽤 읽어 보았다. 대부분 게이들이 쓴 것으로 사연은 단순했다. 편지를 쓴 사람들 중에도 멜처럼 자살을 기도한 사람이 많았다. 멜처럼 교회에서 늘 거부만 당한 사람도 많았다. 80,000부 판매에 41,000명의 독자가 반응을 보내 왔다. 이는 동성애자 집단에 존재하는 은혜에 대한 굶주림을 잘 보여 주는 비율이 아닌가?

나는 멜이 새 일을 시작하려 애쓰는 모습도 보았다. 멜은 이전 고객을 다 잃고 수입이 75퍼센트나 떨어져 고급 주택에서 아파트로 이사해야 했다. 현재 멜은 MCC 교단 치리 목사로 게이 교회 남녀 소그룹을 찾아다니며 강연하는 일에 많은 시간을 보내고 있다. 그들은 좋게 말해서, 강사의 자아 만족에는 전혀 도움이 안 되는 그룹이다.

나에게는 '게이 교회'라는 개념 자체가 이상해 보인다. 나는, 동성애 행위에 가담하지 않고 독신으로 지내면서 다른 교회에서 받아주기를 간절히 바라는 게이들을 보았다. 내가 다니는 교회들이 그러한 그리스도인들의 영적 은사들을 잃어버리고 있는 것이 슬프다. 또한 MCC 교단이 너무 성적인 이슈에만 매달리고 있는 것 같아 슬프다.

멜과 나는 너무 다르다. 나는 멜이 내린 결정의 많은 부분을 용인할 수 없다. "언젠가 우리는 맞은편에 서서 대치하게 될지도 모르네." 몇 년 전 멜이 한 말이다. "그때 우리 우정은 어떻게 되지?"

러시아에서 돌아온 직후 레드 라이온 여관 커피숍에서 멜과 어렵게 맞섰던 일이 기억난다. 그때 나는 공산주의의 몰락 소식, 세계의 3분의 1에 가까운 지역에 복음의 문이 열린 것, KGB와 고르바초프에게서 직접 들은 믿기지 않는 말 등으로 가슴이 벅차 있었다. 은혜를 거의 몰랐던 한 세기에 참으로 진귀한 은혜의 순간이 온 듯했다.

그러나 멜의 입장은 전혀 달랐다. "목사 안수를 받는 데 좀 도와줄 수 있겠나?" 그가 물었다. 그때 내 마음은 성 문제는 말할 것도 없고 동성애와는 너무나 거리가 멀었다. 나는 마르크스주의 붕괴, 냉전 종식, 수용소의 해방 등을 생각하고 있었다.

"그건 안 되네." 잠시 생각한 뒤 멜에게 말했다. "자네 이력과 서신서 말씀을 놓고 볼 때 난 자네가 자격이 안 된다고 보네. 자네의 목사 안수를 놓고 투표한다면 나는 반대표를 던지겠네."

그 대화 이후로 우리의 우정이 회복되는 데는 몇 달이 걸렸다. 즉석에서 솔직히 답한다는 것이 멜에게는 자신에 대한 정면 거부로 들렸던 것이다. 나는 멜의 입장이 되어 보려 애썼다. 자기에게 그렇게 큰 고통을 입힌 복음주의 주류를 대표하며 "크리스채너티 투데이"에 기사를 쓰는 사람과 친구로 남는다는 것이 어떤 것일지 이해하려 해 보았다. 멜에게는 차라리 주변에 자기와 같은 생각을 가진 후원자들을 두고 지내는 편이 훨씬 쉬웠을 것이다.

솔직히, 우리의 우정은 내 쪽보다 멜 쪽의 은혜에 훨씬 더 힘입고 있다고 믿는다.

∨ ∨ ∨

이 이야기에 대해 어떤 답신을 받게 될지 십분 예측이 된다. 동성애 문제는 화약고와도 같아 양측 모두 열띤 반응을 보인다. 보수주의자들은 죄인을 옹호한다며 나를 비난할 것이고, 자유주의자들은 자기들 입장에 동조하지 않는다고 나를 공격할 것이다. 다시 말하지만 나는 지금 동성애 행위에 대한 견해를 밝히고 있는 것이 아니라 동성애자를 대하는 내 태도를 말하고 있을 뿐이다. 멜 화이트와의 관계를 예로 든 것은―일부 이슈는 일부러 피하면서―'나와 다른' 이들을 은혜로 대하는 문제가 내게 줄곧 어려운 시험이었기 때문이다.

어떤 면에서든 그런 깊은 차이는 은혜에 대한 혹독한 시련이 된다. 과거에 자기에게 상처를 입힌 근본주의자들을 어떻게 대할 것인가 하는 문제로 씨름해야 하는 이들도 있다. 윌 캠벨의 과제는 남부 백인들 및 KKK와 화합하는 일이었다. '정치상 옳은' 자유주의자들의 교만과 편협함에 맞서 싸우는 이들도 있다. 백인은 흑인과의 차이를, 흑인은 백인과의 차이를 어떻게든 해결해야 한다. 도심지에 사는 흑인은 유대인이나 한국인과의 복잡한 관계를 정리해야 한다.

동성애 문제는 그 차이가 문화적 이슈가 아닌 도덕적 이슈에 있다는 점에서 특이한 경우다. 동성애 행위를 중죄로 보는 것이 역사상 교회의 주도적인 견해였다. 거기서 "죄인들을 어떻게 대할 것인가?" 하는 문제가 생긴다.

나는 살아오는 동안 이혼 문제―예수님이 당신의 뜻을 분명히 밝히신 문제―에 대해 복음주의 교회 안에서 일어난 변화를 생각해 본다. 오늘날 교회는 이혼자를 외면하거나 파문하거나 그들에게 침 뱉거나 소리 지르지 않는다. 이혼을 죄로 생각하는 사람들도 죄인을 받아들여 예의와 사랑으로 대하게 되었다. 성경이 분명히 말하고 있는 다른 죄들―예컨대 탐심―또한 전혀 장벽이 되지 않는 것 같다. 우리는 행동은 인정하지 않으면서 사람은 용납하는 법을 배웠다.

나는 예수님의 생애를 연구하면서 생긴 확신이 있다. 우리가 '나와 다른' 사람을 대하느라 극복해야 하는 장벽은 거룩하신 하나님이 우리와 함께하시려 이 땅에 오실 때 극복하신 장벽에 비하면 아무것도 아니라는 것이다. 그분은 지성소에 거하시던 분으로 그분이 임재하시면 산꼭대기가 화염에 휩싸였고 부정한 자가 함부로 접근하면 죽음을 피할 수 없었다.

매춘부, 호색꾼, 귀신 들린 여자, 로마 병사, 사마리아인 문둥병자, 남편을 여럿 갈아 치운 또 다른 사마리아인. 예수님이 이런 '죄인의 친구'로 명성을 날리셨다니 정말 놀라운 일이다. 헬무트 틸리케는 말했다.

예수님은 매춘부와 깡패와 악당을 사랑할 능력을 얻으셨다. 그렇게 하실 수 있었던 것은 오직 타락의 찌끼와 오물을 꿰뚫고 그 모든 면에

숨겨진 본연의 신성함을 만인에게서 보셨기 때문이다. 처음으로 그분은 우리에게 새로운 눈을 주신다.[2]

죄책감에 눌린 자를 사랑하사 도와주실 때 예수님이 그 속에서 보신 것은 실수에 빠진 하나님의 자녀였다. 하나님이 사랑하사 그 과오 때문에 슬퍼하시는 한 인간을 보신 것이다. 예수님은 사람을 보실 때 하나님이 원래 빚으시고 의도하신 모습으로 보셨다. 먼지와 때의 껍질을 뚫고 이면의 본모습을 보신 것이다. 예수님은 사람과 죄를 동일시하지 않으시고, 오히려 그 죄 속에서 본래 그 사람에게 속하지 않았던 무언가 이질적인 것, 단지 그를 사슬로 묶어 종노릇하게 한 것, 그분이 다시 자유케 하사 참 자아로 돌아오게 해주셔야 할 것을 보셨다. 예수님은 더러운 표면을 꿰뚫는 사랑 때문에 인간을 사랑하실 수 있었다.[3]

우리는 가증한 존재일 수 있으나 여전히 하나님의 자랑이요 기쁨이다. 교회에 속한 우리 모두는 '은혜로 치유된 눈'이 필요하다. 하나님이 우리에게 그토록 풍성히 부어 주신 은혜가 다른 이들에게도 얼마든지 임할 수 있음을 보는 눈이 필요한 것이다. 도스토예프스키는 말했다. "한 사람을 사랑한다는 것은 그 사람을 하나님이 의도하신 모습으로 본다는 것이다."[4]

10장
허점

> 이 가톨릭 소설가는 인간이 죄로 자유를 파괴한다고 믿는다.
> 그러나 나는 현대의 독자들은
> 인간이 죄로 자유를 얻는다고 믿는다고 생각한다.
> 양자간 이해의 가능성은 별로 보이지 않는다.
> _ 플래너리 오코너

역사학자 겸 미술 평론가인 로버트 휴즈는 경비가 철저한 오스트레일리아의 섬 감옥에서 종신형을 선고받은 한 죄수 이야기를 한 바 있다.[1] 어느 날 이 죄수는 아무런 이유도 없이 동료 죄수를 때려죽인다. 감옥측은 살인자를 다시 본토로 보내 법정에 세운다. 죄수의 범행 진술은 솔직하고 냉담했다. 후회의 빛도 없고 피살자에 대한 원한도 없었다. 당황한 판사가 묻는다. "그러면 왜 죽인 거요? 동기가 뭐요?"

죄수는 잔인하기로 악명 높은 섬 생활에 이골이 나서 계속 살아 있을 이유를 전혀 못 느꼈다고 답했다. "그건 다 좋소. 그래서 바다에 빠져 죽는다면 말이 되겠지. 그런데 사람을 죽여요? 왜 하필 살인이오?"

죄수가 답했다. "말하자면 이렇습니다. 저는 천주교 신자입니다. 자살하면 바로 지옥행입니다. 하지만 살인하면 다시 시드니로 나와서 처형 전에 신부한테 고해할 수 있고 그러면 하나님도 저를 용서하실 겁니다."

오스트레일리아 죄수의 논리는 성당에서 기도 중인 왕을 죽이지 않은 햄릿의 논리와 닮은꼴이다. 그는 왕이 기도하다 죽으면 잘못을 용서받고 천국으로 직행할 것이라고 생각했다.

∨ ∨ ∨

은혜를 주제로 글을 쓰는 사람은 이 명백한 허점을 피할 수 없다. 오든의 "잠시 동안"이라는 시에서 헤롯 왕은 영악하게 은혜의 논리적 결과를 파악하고 있다. "사기꾼들이 다 큰소리치리라. '나는 범행을 좋아하고 하나님은 용서를 좋아하니 이 얼마나 멋진 세상이냐'고."[2]

솔직히 말해 지금까지는 은혜의 한쪽 면만 본 셈이다. 하나님은 용서를 갈망하시는 사랑에 애타는 아버지였고, 은혜는 우리를 옭아맨 사슬을 깨뜨릴 만큼 강하고 서로의 차이를 극복할 만큼 자애로운 힘이었다. 그러나 은혜를 그렇게 무차별적인 말로 표현하면 사람들의 마음이 불안해진다. 그리고 나는 내가 그 위험 수위까지 달려온 것을 인정한다. 그렇게 한 이유는 신약 성경도 그러고 있다는 믿음 때문이다. 명설교가 마틴 로이드 존스의 예리한 지적을 생각해 보라.

따라서 "오직 믿음으로 의롭다 함을 받는다"라는 메시지는 분명 위험의 소지가 있다. 마찬가지로 오직 은혜로 구원을 얻는다는 메시지도 그렇다.…모든 설교가에게 말하고 싶다. 구원에 대한 당신의 설교가 그런 식으로 오해된 적이 없다면 설교를 재검토해야 한다. 경건하지 못한 자, 죄인, 하나님과 원수된 자에게 베푸신 신약의 구원을 과연 그대로 전하고 있는지 확인해 봐야 한다. 구원론은 제대로 전하는 데는 이런 위험이 따른다.³

은혜는 파문의 향기를 풍긴다. 신학자 칼 바르트는 아돌프 히틀러에게 해주고 싶은 말이 뭐냐는 질문에 이렇게 답했다. "예수 그리스도께서 당신의 죄를 위해 죽으셨습니다." 히틀러의 죄를 위해? 유다의 죄를 위해? 은혜는 한계도 없단 말인가?

구약의 두 거장 모세와 다윗은 살인죄를 지었는데도 하나님은 그들을 사랑하셨다. 앞서 말했듯이 고문에 대한 캠페인을 주도하다 타의 추종을 불허하는 선교사의 표상이 된 사람도 있다. 바울은 그 용서의 기적에 대해 아무리 말해도 싫증나지 않았다. "내가 전에는 비방자요 박해자요 폭행자였으나 도리어 긍휼을 입은 것은 내가 믿지 아니할 때에 알지 못하고 행하였음이라. 우리 주의 은혜가 그리스도 예수 안에 있는 믿음과 사랑과 함께 넘치도록 풍성하였도다. 미쁘다, 모든 사람이 받을 만한 이 말이여. 그리스도 예수께서 죄인을 구원하시려고 세상에 임하셨다 하였도다. 죄인 중에 내가 괴수니라"(딤전 1:13-15).

국제 감옥 선교회 대표 론 니클이 전 세계 죄수에게 기본적으로 들려주는 이야기가 있다. "누가 천국에 들어갈지 우리는 모릅니다. 예수님도 '나더러 주여 하는 자마다 천국에 다 들어갈 것이 아니요' 하시며 많은 사람들이 깜짝 놀랄 거라고 하셨습니다. 그러나 우리는 절도범과 살인범 중에 천국에 들어갈 자가 있음을 압니다. 예수님은 십자가에 달린 강도에게 천국을 약속하셨고, 사도 바울은 살인죄의 공범이었습니다." 나는 칠레, 페루, 러시아 등지에서 론의 말에 감동을 받는 죄수들의 얼굴 표정을 보았다. 그들에게 들리는 은혜의 소식은 너무나 좋아서 마치 사실이 아닌 것 같았다.

빌 모이어즈가 찬송가 "나 같은 죄인 살리신" 특집 프로그램을 만들 때 카메라는 조니 캐쉬를 따라 경비가 삼엄한 어느 감옥 내부로 들어갔다. 캐쉬는 그 찬송을 부른 뒤 죄수들에게 물었다. "이 노래가 당신한테는 어떤 의미를 줍니까?" 살인 미수로 복역하고 있는 한 남자가 대답했다. "저는 교인이고 집사였지만 여기 올 때까지는 은혜가 뭔지 몰랐습니다."

ᵛ ᵛ ᵛ

내가 '은혜 남용'의 가능성을 강하게 깨달은 것은 친구 다니엘과의 대화를 통해서였다. 어느 날 밤늦게 나는 한 식당에 앉아 다니엘이 털어놓는 이야기를 듣고 있었다. 그는 결혼 생활 15년 만에 아내를 떠나기로 했다. '한동안 모르고 지냈던 살아 있는 느낌을 되찾아 준' 더 젊고 예쁜 여자를 만났던 것이다. 부부 사이에 특별한 성격 차이는 없었다. 다만 자동차를 신형으로 바꾸고 싶어 좀이 쑤시는 사람처럼 변화를 원했을 뿐이다.

그리스도인 다니엘은 자기가 취하려는 행동의 개인적·도덕적 결과를 잘 알고 있었다. 자기가 가정을 버리면 아내와 세 자녀는 영원히 상처를 입게 될 것이었다. 그럼에도 불구하고 그는 젊은 여자에게 끌리는 힘이 강력한 자석처럼 너무 강해서 항거할 수 없다고 했다.

나는 그 이야기를 이해하기 위해 노력하느라 할 말도 잊은 채 안타깝고 슬픈 마음으로 다니엘의 이야기를 들었다. 디저트가 나올 무렵 드디어 폭탄이 터졌다. "필립, 의논할 문제가 있네. 오늘 밤 자네를 보자고 한 것은 오랫동안 나를 괴롭혀 온 질문 때문일세. 자네는 성경을 연구하지. 자네는 하나님이 지금 내가 하려는 끔찍한 일까지도 용서하실 수 있다고 생각하는가?"

다니엘의 질문은 살아 있는 뱀처럼 식탁 위에서 꿈틀거렸고 나는 감히 대답을 찾기 전에 커피를 석 잔이나 비웠다. 그 사이 은혜의 파장에 대해 오랫동안 심각하게 생각해 보았다. 어떻게 용서가 코앞에 있음을 아는 친구를 설득해서 중대한 과오를 범하지 않게 할 수 있을까? 로버트 휴즈가 들려준 험악한 오스트레일리아 사건의 경우, 어떻게 용서받을 것을 미리 알고 있는 죄수로 하여금 살인하지 못하도록 막을 수 있을까?

은혜에는 '손잡이'가 하나 있다. 나는 이제 그것에 대해 말해야 한다. 루이스는 말했다. "아우구스티누스는 '하나님은 손이 비어 있는 자에게 주신다'라고 말한 바 있다. 손에 짐을 가득 든 사람은 선물을 받을 수 없다."⁴ 다시 말해 은혜란 반드시 받아야 하는 것이다. 루이스는 내 표현으로 '은혜 남용'이 묵인과 용서를 혼동한 데서 오는 것이라 설명한다. "악을 묵인하는 것은 그냥 무시한 채 악을 선 보듯 하는 것이다. 그러나 용서란 베푸는 편 못지않게 받아들이는 자가 있어야 온전한 것이 된다. 죄를 인정하지 않는 자는 용서를 받아들일 수 없다."⁵

내가 친구 다니엘에게 한 말을 간추리자면 이렇다. "하나님이 자네를 용서하실 수 있냐고? 물론이지. 자네도 성경을 아니까. 하나님은 살인범과 간음범을 사용하시는 분이네. 심지어 베드로나 바울 같은 악당이 신약 교회를 이끌지 않았나? 용서는 우리 문제지 하나님 문제가 아닐세. 범죄의 과정은 우리를 하나님과 멀어지게 하고—반역을 행하면서 사람이 변하지—나중에 다시 돌아오리라는 보장은 없네. 자네는 지금 나한테 용서에 대해 묻고 있지. 그런데 나중에 자네가 용서를 원하게 될까? 더구나 회개가 뒤따라야 하는데?"

그로부터 몇 달 후 다니엘은 마음을 정하고 가정을 떠났다. 아직 그가 회개했다는 증거는 보이지 않는다. 요즘은 자기의 결정이 불행한 결혼의 탈출구였다고 합리화하고 있다. 그는 대다수 친구들을 '너무 편협하고 비판적'이라고 몰아세우며, 대신 자신이 새로 찾은 자유에 대해 박수쳐 줄 사람들을 찾고 있다. 그러나 내 눈에는 다니엘이 그리 자유로워 보이지 않는다. '자유'의 대가는 자기를 가장 사랑하던 이들에게 등을 돌리는 것이었다. 다니엘은 지금 자기 삶에는 하나님이 없어도 된다고 말한다. "혹시 나중엔 몰라도."

용서를 사전에 선포하는 것은 하나님에게는 일대 모험이다. 은혜의 파문은 그 모험을 우리 쪽에 옮겨 놓는다.

∨ ∨ ∨

파스칼은 말했다. "죄가 많은 것은 분명 악이다. 그러나 죄가 많으면서 그것을 인정할 마음이 없는 것은 더 큰 악이다."

사람은 두 부류로 나뉜다. 통념처럼 죄인과 '의인'으로 나뉘는 것이 아니라 두 종류의 죄인으로 나뉜다. 자기 잘못을 인정하는 죄인과 인정하지 않는 죄인이 그것이다. 요한복음 8장에 이 두 부류가 함께 나온다.

사건은 예수님이 가르치시던 성전 뜰 안에서 일어난다. 바리새인과 서기관들이 간음하다 잡힌 여자를 끌고 들어와 '교회 예배'가 중단된다. 관례에 따라 수치의 표시로 여자의 옷을 허리까지 벗긴다. 무방비 상태의 여자는 무섭고 창피하여 두 손으로 가슴을 가린 채 예수님 앞에서 몸을 움츠린다.

간음이란 두 사람의 행위이건만 예수님 앞에는 달랑 여자만 와 있다(혹 바리새인과 같이 자다 잡힌 것은 아닐까?). 요한은 공격자들이 죄의 처벌보다 예수님을 트집 잡는 데 더 관심이 있음을 분명히 밝힌다. 과연 만만찮은 덫이었다. 모세의 율법에 의하면 간음한 사람은 돌에 맞아 죽게 되어 있지만 로마법은 유대인의 사형 집행을 금하고 있었다. 예수님은 모세를 따를까, 로마를 따를까? 자비심이 많기로 유명하다던데, 혹 이 여자를 풀어 줄 묘안이라도 생각해 낼까? 그러려면 성전 뜰에 모인 무리 앞에서 모세의 율법을 어겨야 한다. 모든 사람의 시선이 예수님께 고정되어 있다.

팽팽한 긴장이 감돌던 그 순간 예수님이 아주 특이한 행동을 하신다. 몸을 굽혀 손가락으로 땅에 글씨를 쓰신 것이다. 이것은 복음서를 통틀어 예수님이 글씨를 쓰시는 유일한 장면이다. 발자국에, 비바람에 금방 지워질 것을 아시면서도 그분은 이 유일한 글쓰기의 수단으로 모래판을 택하셨다.

요한은 예수님이 모래 위에 뭐라고 쓰셨는지 밝히지 않는다. 예수님의 생애를 그린 영화에서 세실 드밀은 그분이 갖가지 죄목을 쓰신 것으로 표현한 바 있다. 간음, 살인, 교만, 탐심, 정욕. 단어 하나를 쓰실 때마다 바리새인들이 몇 명씩 사라진다. 다른 사람들의 생각과 마찬가지로 드밀의 생각도 추측일 뿐이다. 우리는 다만 그 위험한 순간에 예수님이 모든 것을 중단하신 채 말없이 땅 위에 글을 쓰신 것을 알 뿐이다. 아일랜드 시인 시머스 헤이니는 예수님이 무리의 관심을 집중시키시고 또 청중이 원하는 결과와 그분이 보이실 반응의 차이도 극대화하시면서 "그 문구에 대한 가능한 모든 의미에서 시간을 벌고 계신다"라고 말했다.[6]

청중은 분명 그 극에 두 부류의 배우가 있음을 본다. 현장에서 잡힌 여자 죄인과 고발을 맡은 '의로운' 전문 종교인. 마침내 예수님이 입을 열어 두 부류 중 하나를 아예 없애 버리신다. "너희 중에 죄 없는 자가 먼저 돌로 치라."

그리고 다시 몸을 구부려 글씨를 쓰시며 좀더 기다리신다. 공격자들이 하나씩 하나씩 죄다 꽁무니를 뺀다.

그러자 예수님이 몸을 일으켜 그 앞에 혼자 남은 여자에게 이르신다. "여자여, 너를 고발하던 그들이 어디 있느냐? 너를 정죄한 자가 없느냐?"

"주여, 없나이다." 여자가 답한다.

죽을 줄 알고 겁에 질려 끌려온 여자에게 예수님은 사면을 베푸신다. "나도 너를 정죄하지 아니하노니 가서 다시는 죄를 범하지 말라."

예수님은 이렇듯 멋진 일격으로 의인과 죄인이라는 세간의 구분을 없애시고 대신 죄를 인정하는 죄인과 부인하는 죄인으로 구분 방식을 바꾸셨다. 간음하다 잡힌 여자는 어쩔 수 없이 죄를 인정할 수밖에 없었다. 그러나 그보다 훨씬 큰 문제는 죄를 부정하거나 억압한 바리새인 같은 이들이다. 그들 역시 은혜를 받을 빈 손이 필요했다. 폴 투르니에 박사는 이것을 정신 의학 용어로 이렇게 표현했다. "하나님은 의식된 죄는 소멸해 주시나 억압된 죄는 의식으로 끌어내신다."[7]

요한복음 8장에 나오는 장면에 가슴이 덜컹하는 것은 내가 본성상 죄를 지은 여자보다는 바리새인 편에 더 잘 서기 때문이다. 나는 자백보다 부인에 훨씬 능하다. 체면의 옷자락으로 죄를 가린 채 경솔하고 무분별한 행동은 절대로 남들의 눈에 띄지 않게 한다. 그러나 이 기사에 대한 내 이해가 맞다면, 이 여자 죄인이야말로 하나님 나라에 가장 가까운 자다. 사실 나 또한 이 여자처럼 겸손히 두려워 떨며 아무런 변명도 하지 않고 하나님의 은혜에 두 손을 벌릴 때만 그 나라에 들어갈 수 있다.

받으려고 손 벌린 자세, 그것이 곧 내가 말하는 은혜의 '손잡이'다. 은혜는 받아야 하는 것이며, 그 행동을 기독교 용어로 회개라 한다. 회개란 은혜로 들어가는 문이다. 루이스는, 회개란 하나님이 우리에게 임의로 요구하시는 것이 아니라 "단순히 복귀 행위를 뜻하는 것"이라고 했다.[8] 탕자의 비유에서 회개란 곧 기쁨의 잔치가 기다리는 집으로 돌아가는 것을 말한다. 그럴 때 앞날의 길, 관계 회복의 길이 열린다.

나를 은혜의 입구인 회개로 몰아가시려는 하나님의 열망을 이해하면서부터 죄에 대한 성경의 무서운 본문들이 새로운 의미로 다가왔다. 예수님이 니고데모에게 말씀하셨다. "하나님이 그 아들을 세상에 보내신 것은 세상을 심판하려 하심이 아니요, 그로 말미암아 세상이 구원을 받게 하려 하심이라"(요 3:17). 다시 말해서 하나님이 내 죄를 깨우치심은 나의 유익을 위해서다. 나를 멸하시려는 것이 아니라 자유케 하시려는 것이다. 자유를 얻으려면 바리새인의 교만한 마음이 아니라 현장에서 잡힌 여자의 무력한 마음이 있어야 한다.

상처는 빛 아래에서 밝히 보지 않는 한 고칠 수 없다. 알코올 중독자들은 본인이 문제를 인정하지 않는 한—"나는 알코올 중독자다"—치료에 희망이 없음을 안다. 중독자가 부인을 일삼는 경우 고백하기까지 가족과 친구들의 집요한 개입이 필요할 수도 있다. 중독자가 자신에 대해 인정할 때까지 부끄러운 실상을 '땅에 써야' 하는 것이다.•

폴 투르니에는 이렇게 말했다.

자신에 대해 가장 철저히 절망한 신자일수록 은혜에 대한 확신을 가장 절실히 고백한다. 스스로 만인 가운데 가장 큰 죄인으로 자처한 바울…그리고 아시시의 성 프란체스코 같은 이들이 있다. 또 사람은 자기 힘으로는 선을 행할 수도 없고 하나님을 알 수도 없다고 강조한 칼뱅 같은 사람도 있다.

다니엘루 신부의 말처럼 "죄의식을 가진 자는 오히려 성인이다. 죄의식은 영혼이 하나님을 느끼는 정도를 재는 척도다."⁹

• AA는 술은 끊었으되 문제를 인정하지 않고 한사코 부인하는 중독자를 가리켜 '술을 마시지 않은 주정뱅이'라고 부른다. 그는 술은 마시지 않지만 비참한 상태에 있기 때문에 주변 사람까지 비참하게 만든다. 여전히 타인을 조작하며 의존의 끈을 놓지 않는다. 그러면서도 더 이상 술을 마시지 않기 때문에 기분 좋은 도취 기간이 전혀 없다. 오히려 가족들이 기분 전환차 술을 마시게 할 때도 있다. 차라리 '행복한 주정뱅이'의 모습을 다시 보고 싶은 것이다. 작가 키스 밀러는 이런 사람을 겉모양만 바뀌고 속은 변하지 않는 교회 내의 위선자에 비유한다. 그리스도인이든 알코올 중독자든 진정한 변화는 은혜의 필요를 인정하는 데서 시작해야 한다. 부정은 은혜를 막는다.

유다서 기자는 "하나님의 은혜를 도리어 방탕한 것으로 바꾸는" (유 4절) 것이 가능하다고 경고한다. 회개를 강조한다고 해서 이 위험이 말끔히 사라지는 것은 아니다. 내 친구 다니엘도, 오스트레일리아의 죄수도 둘 다 이론상으로는 회개의 필요성에 동의하겠지만 실제로는 은혜의 허점을 악용하여 우선 욕심대로 하고 나중에 회개하려는 속셈을 품었다. 마음 한구석에 삐딱한 생각이 먼저 든다. '내가 하고 싶은 일이잖아. 물론 잘못인 줄 알지. 하지만 못할 게 뭐 있어? 나중에 언제든지 용서받을 수 있는데.' 그 생각은 점점 커져서 그를 사로잡고 급기야 은혜를 '방탕한 것'으로 만든다.

그리스도인들은 이 위험에 다양한 방식으로 반응해 왔다. 하나님의 은혜에 푹 빠진 마르틴 루터는 간혹 은혜 남용의 가능성을 모조리 없애기도 했다. 그는 친구 멜랑히톤에게 이렇게 썼다. "자네가 은혜를 전하는 자라면 가짜 은혜가 아니라 진짜 은혜를 전하게. 그리고 은혜가 진짜라면 가짜 죄가 아니라 진짜 죄를 지니게. 죄인이 되어 마음껏 죄를 짓게.…세상 죄를 지신 어린양만 보고 있으면 되네. 하나님의 풍성하신 영광을 통해서 말일세. 설사 하루 수천 수만 번 간음하고 살인한다 해도 죄는 우리를 어린양으로부터 갈라놓을 수 없다네."[10]

그리스도인이 하루에 수천 번 간음하고 살인할 수도 있다는 과장법에 놀란 사람들은 루터를 책망하고 나섰다. 성경은 어디까지나 은혜를 죄악에 맞서는 치유의 힘으로 제시하고 있다. 한 사람 안에 어떻게 두 가지가 공존할 수 있단 말인가? 베드로의 권면처럼 우리는 "은혜…에서 자라가야" 하지 않는가? 하나님의 가족으로서 점점 더 그분을 닮아 가야 하지 않는가? 월터 트로비쉬는 말했다. "그리스도는 우리를 있는 그대로 받아주시지만 일단 그분이 받아주시면 우리는 있는 그대로 남아 있을 수 없다."[11]

20세기 신학자 디트리히 본회퍼는 은혜 남용이라는 말을 바꾸어 '값싼 은혜'라는 말을 만들어 냈다. 그는 나치 독일에 살면서 히틀러의 위협에 반응하는 그리스도인들의 비겁한 모습에 경악을 금치 못했다. 루터교 목사들은 주일에는 강단에서 은혜를 설교했지만 주중에는 나치당에서 인종 차별, 안락사, 대량 학살 정책을 펴도 꿀 먹은 벙어리였다. 본회퍼의 책 『나를 따르라』는 그리스도인에게 거룩을 명하는 신약의 말씀을 새삼 강조한 책이다. 그는 회심으로의 부르심은 제자도 즉 그리스도를 닮아가라는 부르심을 내포하고 있다고 역설한다.

바울은 로마서에서 바로 이 문제를 심층 분석하고 있다. 신비에 싸인 은혜를 이렇게 중점적으로 조명한 부분은 성경에 없다. 은혜의 파문을 제대로 살펴보려면 로마서 6-7장으로 가야 한다.

로마서의 처음 몇 장은 인류의 비참한 상태를 고하고 있다. 숙명적 결론은 이렇다. "모든 사람이 죄를 범하였으매 하나님의 영광에 이르지 못하더니"(롬 3:23). 그러나 새 악장을 시작하는 팡파르처럼 다음 두 장에 가면 모든 형벌을 일소하는 은혜가 나온다. "그러나 죄가 더한 곳에 은혜가 더욱 넘쳤나니"(롬 5:20). 물론 위대한 신학이다. 그러나 이런 일괄적 선언은 내가 지금껏 변죽만 울려 온 아주 실제적인 문제를 야기한다. 용서받을 것을 미리 아는데 착하게 살 필요가 있나? 내 모습을 있는 그대로 받아주시는데 굳이 하나님이 원하시는 모습이 되려 애쓸 필요가 있나?

바울은 그가 신학적 수문을 열었다는 것을 알았다. 로마서 6장에서 그는 대놓고 묻는다. "그런즉 우리가 무슨 말을 하리요? 은혜를 더하게 하려고 죄에 거하겠느냐?"(롬 6:1) 그는 이어서 또 묻는다. "그런즉 어찌하리요? 우리가 법 아래 있지 아니하고 은혜 아래에 있으니 죄를 지으리요?"(롬 6:15) 바울은 두 질문 모두에 짧지만 단호하게 대답한다. "그럴 수 없느니라!" 이것보다 강경한 번역도 있다. 예컨대 흠정역에 보면 "하나님이 금하신다!"라고 되어 있다.

긴장과 열기가 가득한 이 본문에서 바울의 마음을 사로잡은 것은 바로 은혜의 파문이다. 바울의 논제에서 핵심적인 질문은 "착하게 살 필요 뭐 있나?" 하는 것이다. 용서받을 것을 미리 아는데 불신자들처럼 흥청망청 살면 안 되는 이유가 무엇인가? 먹고 마시고 즐거워하라. 내일 하나님이 용서하실 것이다. 바울은 이 명백한 허점을 그냥 넘어갈 수 없었다.

∨ ∨ ∨

바울은 첫 번째 예화(롬 6:1-14)에서 바로 요점으로 들어간다. 바울이 제시한 질문은 이렇다. 죄가 더할수록 은혜가 더한다면 하나님께 은혜 베푸실 기회를 더 많이 드리기 위해 가능한 한 최대로 죄를 지어야 할 것 아닌가? 해괴한 논리같이 들릴 수 있지만 그리스도인들이 바로 그 해괴한 논리를 따르는 일이 비일비재했다. 3세기 어느 주교는 독실한 순교자들이 감옥에서의 마지막 며칠 밤을 요란한 술판과 난잡한 성행위로 지새는 것을 보고 충격을 받았다. 그들은 어차피 순교로 완전함에 이르게 될텐데 마지막 시간을 죄짓는 데 쓴다고 해서 무슨 탈이 있겠느냐고 생각한 것이다. 크롬웰이 다스리던 시절 영국에서는 "고함파"로 알려진 한 극단 분파가 '죄의 거룩함'이라는 교리를 만들어 냈다. 어떤 지도자는 런던의 한 교회 강단에서 꼬박 한 시간 동안 욕지거리를 해 댔다. 다른 사람들은 공공연히 술에 취해 신성 모독 발언을 했다.

바울은 이렇게 윤리적으로 와전된 사례를 거론할 시간이 없다. 그는 이 논리를 반박하기 위해 생사를 극명히 대조하며 추론하기 시작한다. "죄에 대하여 죽은 우리가 어찌 그 가운데 더 살리요?"(롬 6:2) 그는 믿을 수 없다는 듯이 묻는다. 새 생명으로 부활한 그리스도인이 무덤에 연연해서는 안 된다. 죄에는 죽음의 악취가 배어 있다. 왜 그것을 택한단 말인가?

그러나 생사를 대조한 바울의 생생한 이미지도 당면 문제를 완전히 해결해 주지는 못한다. 악이 언제나 죽음의 악취를 풍기는 것은 아니기 때문이다. 적어도 타락한 인류에게는 그렇다. 은혜 남용은 현실적인 유혹이다. 요즘 나온 잡지나 광고를 훑어보라. 정욕, 탐심, 질투, 교만 등의 유혹을 피할 수 없을 것이다. 죄가 그렇게 멋있어 보일 수 없다. 농가의 돼지처럼 진창 속에 뒹구는 것이 좋기만 하다.

더욱이 그리스도인은 이론상 죄에 대하여 죽었음에도 불구하고 죄는 끊임없이 삶 속으로 침투한다. 내 친구 하나가 이 본문으로 성경 공부를 인도했는데 나중에 한 여대생이 당황한 표정으로 찾아와서 이렇게 말했다고 한다. "성경에는 우리가 죄에 대하여 죽었다고 되어 있는데 제 삶 속에는 죄가 버젓이 살아 있는 것 같아요." 바울도 현실을 아는 자였기에 이 사실을 인정했다. 그렇지 않았으면 같은 본문에서 이렇게 권하지 않았을 것이다. "너희 자신을 죄에 대하여는 죽은…자로 **여길지어다**.…죄가 너희 죽을 몸을 지배하지 못하게 하여"(롬 6:11-12).

하버드 대학의 생물학자 에드워드 윌슨이 실시한 다소 엉뚱한 개미 실험으로 바울의 예화를 보충할 수 있다. 개미집 안에 한 개미가 눌려 죽어 있어도 다른 개미들이 그것을 아는 데는 며칠씩 걸린다. 이 같은 관찰을 토대로 윌슨은 개미는 시각이 아니라 후각을 통해 죽음을 감지한다는 것을 알아냈다. 개미가 썩기 시작하면 다른 개미들은 예외 없이 시체를 집 밖 쓰레기 더미로 끌어냈다. 윌슨은 반복 실험 끝에 그 화학 물질이 올레산이라는 것을 밝혀냈다. 개미들은 올레산 냄새만 맡으면 시체를 밖으로 끌어냈지만 다른 냄새에는 미동도 하지 않았다. 그 본능이 어찌나 강하던지 종이 조각에 올레산을 묻혀 놓아도 개미들은 어김없이 종이를 개미 무덤으로 끌어냈다.

끝으로 윌슨은 살아 있는 개미 몇 마리에 올레산을 묻혀 보았다. 아니나 다를까 살아 있는 개미들이 다리와 촉수를 비틀며 버티는데도 동료 개미들은 무조건 잡아서 개미 무덤으로 밀어냈다. '죽었으나 살아 있는' 버림받은 성난 개미들은 집으로 돌아오기 전 몸을 깨끗이 닦았다. 올레산 자국을 지우지 않았다가는 즉각 동료들한테 붙들려 다시 무덤으로 쫓겨날 판이었다. 다시 집에 들어가려면 오로지 후각의 기준에서 살아 있음을 증명해 보여야 했다.

'죽었으나' 버젓이 살아 있는 개미. 로마서 6장에 나오는 바울의 첫 번째 예화를 읽노라면 바로 이 이미지가 떠오른다. 죄는 죽었을지 모르나 끈질기게 삶 속으로 비집고 들어온다.

바울은 즉각 이 딜레마를 다른 식으로 바꿔 말한다. "우리가 법 아래에 있지 아니하고 은혜 아래에 있으니 죄를 지으리요?"(6:15) 인생의 도덕적 미로에서 은혜가 무슨 면허증이나 자유 통행증이라도 되는 것일까? 나는 바로 그러한 결론에 도달했던 두 사람, 오스트레일리아 죄수와 외도를 한 미국인 남편을 이미 소개한 바 있다.

"젊어서 법대로 사는 데는 그만한 이유가 있다고 본다.…그래야 늙어서 법을 모두 어길 힘이 남을 것 아닌가." 마크 트웨인의 말이다. 과연 그는 보란 듯이 자기 말대로 살려 했다. 용서받을 줄 미리 아는데 왜 안 된다는 말인가? 다시 한 번 바울은 못 믿겠다는 듯이 일갈한다. "그럴 수 없느니라!" 인생의 목표가 은혜의 바깥 테두리를 허무는 데 있는 사람에게 우리는 무어라 답할 것인가? 그런 사람이 정말 은혜를 경험한 적이 있을까?

노예에 관한 바울의 두 번째 예화(6:15-23)는 이 논의에 새로운 차원을 더해 준다. "너희가 본래 죄의 종이더니." 그는 아주 적절한 비교를 하면서 이야기를 꺼낸다. 죄는 좋든 싫든 우리를 노예로 부리는 상전과 같다. 역설적이지만 자유에 대한 무모한 추구가 오히려 굴레로 변하는 경우가 많다. 신경질이 날 때마다 분노를 터뜨릴 자유를 주장해 보라. 이내 분노의 종이 된 자신을 발견할 것이다. 오늘날 십대 아이들이 자유의 표출이랍시고 행하는 일들—담배, 술, 마약, 포르노—이 실은 그들의 가혹한 주인이 된다.

많은 사람에게 죄란 일종의 노예 상태—현대적 표현으로 중독—같은 것이다. 알코올 중독자 12단계 그룹 회원들이 그 과정을 잘 안다. 중독에 빠지지 않는다는 굳은 각오가 있을 때 그들은 머지않아 자유를 맛보게 된다. 그러나 안타깝게도 다시 굴레로 돌아가는 자들이 얼마나 많은가?

소설가 프랑수아 모리악은 이 역설을 정확히 묘사해 놓았다.

정욕은 하나씩 깨어나서 코를 킁킁거리며 삼킬 자를 찾아 헤맨다. 마음에 정함이 없는 가련한 영혼을 뒤에서 치면 영락없이 밥이 된다. 최종적으로 영적인 삶의 법—세상 사람들이 가장 이해하지 못하고 저항하는, 그러면서도 그것이 없이는 끝내 구원의 은혜를 얻지 못하는—에 굴복하게 되기까지, 도랑에 내동댕이쳐진 채 진흙에 숨이 막혀 기슭을 붙잡고 가까스로 빠져나와 잠시 가난한 빈 손이 되었다가 다시 어둠으로 돌아가는 일이 얼마나 많은가? 꼭 필요한 것은 자아 부인으로, 이는 파스칼의 말에 더할 나위 없이 잘 나타나 있다. "전적인 기쁨의 자아 부인. 예수 그리스도 및 영적 지도자를 향한 절대 복종."

사람들은 스승에게 복종하면 자유인이라는 칭호가 무색하게 된다며 비웃고 조롱할 것이다.…그러나 이 노예됨이야말로 진정 기적적인 해방이다. 당신은 자유로울 때조차 스스로 사슬을 만들어 매고 매 순간 더 세게 조이는 데 시간을 보내기 때문이다. 자신이 자유로운 줄 알았던 그 시기에 실은 무수한 죄성의 멍에에 소처럼 굴복하며 산 것이다. 태어나는 순간부터 지은 죄 중에 지금까지 건재하지 않은 것, 날마다 더 나를 포로로 삼지 않은 것, 또 다른 죄를 불러오지 않은 것은 단 하나도 없다. 우리의 참 복종의 대상인 그분은 당신이 노예가 되기 위해 자유로워지는 것을 원하지 않으신다. 그분은 우리의 족쇄를 끊으신다. 완전히 소멸되지 않아 아직도 피어나는 우리의 욕망을 이기시고, 은혜의 불을 지피고 또 지피신다.[12]

˅ ˅ ˅

세 번째 예화(7:1-6)에서 바울은 신앙 생활을 결혼에 견주고 있다. 기본 틀은 새로운 것이 아니다. 성경에는 하나님을, 변심한 신부를 뒤쫓는 남편으로 묘사한 부분이 많다. 평생 함께 살기로 택한 한 사람을 향한 우리의 뜨거운 애정, 그것이 바로 하나님이 우리를 향해 느끼시는 열정을 대변해 준다. 하나님은 우리가 그 열정에 대해 같은 것으로 보답하기를 원하신다.

결혼의 비유는 바울이 처음에 던진 질문에 대해 죽음이나 노예의 비유보다 훨씬 더 강력한 답을 제시한다. 왜 착하게 살아야 하나? 사실 그것은 잘못된 질문이다. 이래야 맞다. 왜 사랑해야 하나?

어느 여름 나는 대학원 학위를 받기 위해 초급 독일어를 배워야 했다. 정말 지독한 여름이었다. 친구들은 미시간 호에서 보트를 타고 자전거를 타고 야외 카페에서 카푸치노를 마시는 즐거운 저녁 시간에 나는 재미없는 가정 교사와 방 안에 틀어박혀 독일어 동사 변화를 공부하고 있었다. 다시는 사용하지 않을 어휘와 어미를 외우느라 하루 세 시간씩 매주 닷새 밤을 꼬박 바친 것이다. 그런 고문을 견딘 목적은 단 하나, 시험에 합격해 학위를 받는 것이었다.

"필립, 열심히 공부해 독일어를 배워서 시험을 치기 바라네. 하지만 어쨌든 합격점은 주기로 사전에 약속하지. 학위 증서는 이미 마련돼 있네." 만일 학교 학적과에서 그렇게 약속했다면 어떻게 했을까?

그래도 즐거운 여름 밤을 답답하고 후덥지근한 아파트에서 보냈을까? 턱없는 소리다. 간단히 말해 이것이 바로 바울이 로마서에서 직면한 신학적 딜레마였다.

왜 독일어를 배워야 하는가? 물론 고상한 이유도 얼마든지 있지만—언어는 지식과 의사 소통 영역을 넓혀 준다—내 경우 그것이 독일어 공부의 동기가 된 적은 한 번도 없다. 나는 학위를 받으려는 이기적인 목적으로 공부한 것이고, 다가올 결과가 두려워 여름 우선 순위를 조정했을 뿐이다. 그때 머릿속에 집어넣은 독일어는 지금 거의 기억나지 않는다. "의문의 묵은 것"(구약 율법에 대한 바울의 표현)은 기껏해야 단기적 결과만 낳을 뿐이다.

어떻게 하면 독일어가 배우고 싶어질까? 한 가지 강력한 동기를 생각할 수 있다. 만일 내 아내, 내가 사랑에 빠진 여자가 독일어밖에 모른다면 최단 기간에 독일어를 배웠을 것이다. 왜? 나의 아름다운 여인과 대화하고 싶은 간절한 바람 때문이다. 밤늦도록 동사 변화를 익혀 연애 편지 문장 끝마다 적절히 써먹었을 것이고, 새로 나온 단어도 사랑하는 이에게 마음을 표현할 수 있는 방편으로 알고 소중히 여겼을 것이다. 관계 자체가 보상이 되니 불평 없이 독일어를 배웠을 것이다.

"은혜를 더하게 하려고 죄에 거하겠느냐?"라는 질문에 다짜고짜 "그럴 수 없느니라!"라고 답한 바울의 마음이 이 실례를 통해 좀더 이해가 된다. 결혼 첫날 밤 신부에게 이렇게 이야기할 신랑이 있을까? "당신을 정말 사랑하오. 평생 당신과 함께 살고 싶소. 하지만 몇 가지 짚고 넘어갈 게 있소. 결혼 후 나는 다른 여자들과 얼마나 깊이 사귈

수 있는 거요? 같이 자도 좋소? 키스해도 좋소? 가끔씩 바람을 피워
도 괜찮겠지? 당신이 속상할 줄 알지만, 배반한 나를 용서할 수 있는
기회가 그만큼 많다는 것 아니겠소!" 이런 바람둥이한테 어울리는 유
일한 대답은 뺨을 한 번 올려친 뒤 "그럴 수 없느니라"라고 말해 주는
것뿐이다. 그는 사랑의 기본도 모르는 사람이다.

마찬가지로 하나님께 나아갈 때 "어떻게 하면 벌을 받지 않고 실
속을 챙길 수 있을까?" 하는 태도로 나아간다면, 그것은 곧 우리를
향하신 하나님의 마음을 모른다는 증거다. 노예의 상전은 채찍으로
순종을 강요할 것이다. 그러나 하나님이 원하시는 관계는 그것을 훨
씬 넘어서는 것이다. 하나님은 상전도 아니요 직장 상사도 아니요 우
리가 요구하는 대로 해주는 요정도 아니다.

사실 하나님은 가장 친밀한 관계인 남녀간의 평생에 걸친 연합보
다도 더 친밀한 것을 원하신다. 하나님이 원하시는 것은 훌륭한 행위
가 아니라 내 마음이다. 내가 아내에게 '선행'을 하는 것은 점수를 따
기 위해서가 아니라 사랑을 표현하기 위해서다. 마찬가지로 하나님
은 내가 마지못해서가 아니라 자원함으로, 즉 '영의 새로운 것'으로
섬기기를 원하신다. 클리포드 윌리엄스(Clifford Williams)는 말했다.
"제자도란 한마디로 은혜로 사는 삶을 말한다."[13]

∽ ∽ ∽

신약 성경이 말하는 '착한 삶'의 주된 동기를 한마디로 말한다면 나
는 **감사**를 꼽겠다. 바울 서신은 대부분 우리가 그리스도 안에서 누리
는 부요함에 대한 이야기로 시작한다. 그리스도께서 우리를 위해 행

하신 일을 바로 안다면 당연히 감사가 넘쳐서 그 크신 사랑에 '합당한' 삶을 살려 할 것이다. 거룩함을 추구하되, 하나님의 사랑을 얻기 위해서가 아니라 그분이 이미 사랑하셨기 때문에 그렇게 할 것이다. 바울이 디도에게 한 말처럼 "우리를 양육하시되 경건하지 않은 것과 이 세상 정욕을 다 버리고 신중함과 의로움과 경건함으로 이 세상에 살게"(딛 2:12) 하신 것은 하나님의 은혜다.

천주교 작가 낸시 메어즈의 회고록 『평범한 시간』을 보면 어린 시절에 지녔던 '아빠 하나님'의 이미지에 대한 반항기 이야기가 나온다. 그 하나님은 그녀가 온갖 귀찮은 규율과 금기 사항을 지켜야 직성이 풀리는 분이었다.

> 그런 규율과 금기 사항이 기본적으로 명령 형태로 되어 있다는 사실은 강압이 있어야 선을 행하는 인간 본성을 잘 암시해 준다. 자기 생각대로 하게 내버려두면 우상 숭배, 신성 모독, 빵을 먹으며 "뉴욕 타임즈"지나 읽는 게으른 주일 아침, 권위에 대한 무례함, 살인, 간음, 절도, 거짓말, 옆집의 재산…을 더 밝히는 것이 인간 본성이다. 나는 언제나 금기 사항을 범할까봐 조마조마했다. 내가 범할 것을 아시면서도 그 행동을 금하여 이미 나를 범죄의 위험에 빠뜨려 놓으신 하나님께 용서를 빌며 속죄해야 했다. 잡는다면 잡는 하나님이라고나 할까.[14]

메어즈는 많은 규율을 어기며 늘 죄책감 속에서 살았으나 나중에 자신의 표현으로 "범죄를 불가능하게 하는 유일한 행위, 즉 사랑을 요구하시는" 하나님의 "도움으로 자유로이 사는 법을 배웠다."

선한 삶을 사는 최고의 이유는 스스로 선한 삶을 원하는 것이다. 내적 변화는 관계를 필요로 한다. 그것은 사랑을 필요로 한다. "사랑으로가 아니라면 선해질 자 누구인가?"[15] 아우구스티누스의 말이다. 그는 또 이런 유명한 말도 했다. "하나님을 사랑하라. 그리고 당신이 하고 싶은 대로 하라." 그는 이 말을 아주 진지하게 했다. 하나님을 진정 사랑하는 자는 하나님을 기쁘시게 하고 싶을 수밖에 없다. 예수님과 바울이 율법 전체를 "하나님을 사랑하라"라는 짧은 명령에 다 담은 것도 바로 이런 이유에서이다.

우리가 하나님의 놀라운 사랑을 바로 안다면 로마서 6-7장을 쓰게 만든 삐딱한 질문―"어떻게 하면 벌을 안 받고 실속을 챙길 수 있나?"―같은 건 아예 생각나지도 않을 것이다. 하나님의 은혜를 남용하는 것이 아니라 그 은혜에 한없이 감격하며 살아갈 것이다.

11장
은혜 기피증

> 그런데 포도주를 가진 사람이
> 포도를 원할까?
> _ 조지 허버트

나는 율법주의를 가까이서 많이 접해 보았다. 나는 남녀가 함께 수영하는 것, 반바지 입는 것, 보석을 달거나 화장하는 것, 춤추는 것, 볼링을 치는 것, 일요일자 신문 읽는 것 등에 눈살을 찌푸리던 남부 근본주의 문화에서 자라났다. 술은 지옥불 유황 냄새가 풍기는 전혀 다른 차원의 죄였다.

후에 나는 신학 대학을 다녔는데 그때는 미니스커트 시대라 학장은 치마 길이를 무릎 아래로 규제했다. 치마 길이가 아슬아슬한 학생이 있으면 여학생처장이 무릎 꿇고 앉게 해 치마 끝이 바닥에 닿는지 확인했다. 여자들 바지는 소풍날 외에는 금지였는데 그것도 단정하게 **치마 밑에** 입어야 했다. 이에 뒤질세라 어떤 기독교 대학은 물방울 무늬 옷까지 못 입게 했는데 이유인즉 물방울 무늬가 '선정적인' 신체 부위를 연상시킬 수 있다는 것이었다. 우리 학교 남학생들에게도 나름대로 규율이 있었다. 머리가 귀를 덮을 수 없었고 수염을 기르는 것이 금지되어 있었다. 데이트는 엄격히 규제됐다. 나는 4학년이 되기 전에 약혼했지만 약혼녀는 저녁 시간에만 볼 수 있었고 키스는커녕 손도 잡을 수 없었다.

학교는 학생들과 하나님의 관계까지 감시하려 했다. 아침 일찍 일어나 경건의 시간을 갖도록 매일 종을 쳤다. 자다가 들키면 『그리스도인의 행복한 삶의 비결』 같은 책을 읽고 독후감을 써 내야 했다(윗사람들은 그런 책을 벌로 읽히는 것이 장기적으로 어떤 영향을 줄지를 한 번쯤 생각해 봤는지 궁금하다).

학교를 중퇴한 학생들도 있고 기꺼이 규율을 지킨 학생들도 있고 흉내만 내는 이중 생활을 터득한 학생들도 있다. 내가 그나마 버틸 수 있었던 것은, 수도원, 기숙사 학교, 정신 병원, 감옥, 사관 학교 등 소위 '절대 기관'만 모아 연구한 위대한 사회학자 어빙 고프만의 고전 『정신 병원』을 읽으며 얻은 통찰 덕이 컸다. 각 기관들은 자의적이고 비인격적인 규율을 줄줄이 만들어 개성을 말살하고 복종을 강요하는 데 사용하고 있었다. 그것은 하나같이 고도로 통제된 비은혜 기관이었다.

고프만의 책은 그 신학 대학과 근본주의 전체를 하나의 통제된 환경 내지 하위 문화로 볼 수 있게 해주었다. 그때는 그런 환경이 못마땅했지만 지금 와서 깨닫는 것은 인간은 누구나 하위 문화 속에서 자란다는 것이다. 하위 문화 가운데는 남부의 근본주의보다 더 율법적인 것도 있고[근본주의 이슬람교, 하시디즘(Hasidism, 18세기 후반 폴란드 유대교도 사이에 일어난 신비주의적 경향이 있는 신앙 부흥 운동)], 아주 위험한 것도 있고(도심지 갱단, 우익계 시민군), 겉으로는 좋아 보이지만 함정이 있는 것도 있다(비디오 게임과 MTV 하위 문화). 근본주의에 대한 나의 저항은 여타의 다른 하위 문화들을 생각하는 사이에 수그러들었다.

점차 그 신학 대학이 일종의 영적 사관 학교가 아닌가 하는 생각이 들었다. 침상 정돈, 단발 머리, 경직된 자세 등에 대한 요구 정도가 타학교에 비해 심했다. 싫으면 다른 데로 가면 됐다.

지금 와서 돌이켜볼 때 가장 마음에 걸리는 것은 모든 교칙을 하나님의 율법과 결부지으려 했던 학교측 태도다. 학장과 교수들은 66쪽짜리 규율집―성경의 책 한 권당 한 쪽이라는 우스갯소리도 있었다―과 교내 채플을 통해, 규율마다 성경적 근거를 끌어다 대려 안간힘을 썼다. 나는 예수님이나 우리가 공부한 성경 인물들이 대부분 우리보다 머리도 길고 수염까지 길렀을 것이라 생각하니 남학생 장발을 적발하려는 교수들의 엉터리 시도에 속이 부글부글 끓었다. 사실 머리 길이에 대한 규율은 성경보다는 학교 후원자들의 기분을 배려하는 것과 더 상관 있는 것이었지만 아무도 그것을 인정하지 않았다.

성경은 록 음악, 치마 길이, 흡연에 대해 한마디도 말하지 않는다. 술을 못 마시게 하는 것은 우리를 오히려 예수님보다 세례 요한 편에 서게 하는 것이다. 그럼에도 이 모든 규율을 복음의 일부로 제시하기 위한 학교 당국의 노력은 결연했다. 메시지 자체에 하위 문화가 섞여 들어온 것이다.

지금은 나도 엄격한 근본주의에 여러 모양으로 감사하고 있음을 밝히고 싶다. 내가 잘못되지 않은 데는 그 공도 있을 수 있다. 엄격한 근본주의는 궤도 이탈에 한계를 그어 준다. 혹 볼링장은 살짝 갈 수 있어도 술이나 마약—아서라!—에는 아예 손댈 생각도 못할 것이다. 담배를 금하는 성경 말씀은 없지만 정부에서 경고에 나서기 전부터 이미 근본주의의 으름장 덕에 담배를 멀리할 수 있었던 것은 내게 다행이다.

한마디로 나는 이런 특정한 규율 자체에는 별로 반감이 없지만 그것이 제시된 방식에 대해서는 반감이 많다. 나는 외면적 행동 규정이 하나님을 기쁘시게 하는—더 나아가 하나님의 사랑을 얻는—방편이 되어 버린 게 아닌가 하는 강한 느낌을 떨칠 수 없다. 나는 처음 접한 하위 문화에서 복음을 따로 떼어내는 데 오랜 시간이 걸렸다. 슬프게도 내 친구들 중에는 중도에 포기해서 끝내 예수님을 만나지 못한 이들이 많다. 편협한 교회가 길을 막은 셈이다.

교회도 사회도 오히려 자유주의 쪽으로 치닫고 있는 듯한 이 시점에 율법주의의 위험을 거론한다는 것은 자못 망설여지는 일이다. 그러나 은혜의 위협 요소로 율법주의보다 강력한 것이 없다는 것 또한 사실이다. 율법주의는 신학 대학이나 해병대 같은 기관에서는 '통할지' 모른다. 비은혜 세상에서 제도적 수치(羞恥)는 상당한 위력이 있으나 거기엔 대가가 따른다. 그것은 계산할 수 없는 큰 대가인데, 하나님과의 관계에는 비은혜가 통하지 않는다는 것이다. 나는 거짓된 순결을 추구하는 율법주의가 은혜 기피증에서 비롯된 교묘한 잔꾀임을 알게 되었다. 율법을 달달 외우면서도 얼마든지 그 핵심을 모를 수 있다.

가톨릭 학교에서 지나치게 엄격하게 자란 탓에 교회에 알레르기

반응을 보이는 중년 남자가 하나 있었다. 마침 그 사람을 돕던 내 친구가 "흑백 수녀복 차림의 노수녀 몇 사람 때문에 정말 하나님 나라에 들어가지 않을 작정이오?" 하고 물었다. 그렇다고 답하는 사람이 많으니 비극이 아닐 수 없다.

∨ ∨ ∨

예수님의 생애를 공부하다 보면 항상 나를 놀라게 하는 사실이 있다. 예수님을 가장 노엽게 만든 집단이 최소한 외형상으로는 예수님을 가장 닮은 집단이라는 점이다. 예수님은 전형적인 바리새인의 신상에 거의 부합된다는 것이 학자들의 일치된 생각이다. 그분은 토라 즉 모세 율법을 지키셨고 바리새인 지도층의 말을 인용하셨으며 공적 논쟁에서도 바리새인 편에 서신 일이 많았다. 그럼에도 불구하고 예수님은 유독 바리새인들에게 가장 무서운 공격을 퍼부으셨다. "뱀들아! 독사의 새끼들아! 어리석은 맹인들이여! 외식하는 서기관들과 바리새인들이여! 맹인된 인도자여! 회 칠한 무덤이여!"(마 23:16-18, 24, 26-27, 33)

무엇이 이런 분노를 유발한 것일까? 바리새인들은 요즘 언론에서 남부 근본주의자들이라 불리는 사람들과 공통점이 많다. 그들은 평생을 바쳐 하나님을 따르며 정확히 십일조를 내고 토라의 세부 규정을 일일이 지키며 새로운 회심자를 찾아 선교사를 파송했다. 1세기의 상대주의자나 세속주의자와는 달리 그들은 전통적 가치관을 고수했다. 바리새인들은 성적인 죄나 폭력 범죄에 연루되는 일이 거의 없는 모범적인 시민이었다.

예수님이 이런 바리새인들을 그렇게 맹렬히 비난하셨다는 것은 그분이 독소와도 같은 율법주의의 위협을 얼마나 심각하게 보셨는지 잘 보여 준다. 그 위험 요소들은 잡힐 듯 잡히지 않아 무어라 꼬집어 말하기 어렵다. 나는 그것을 찾느라 신약 성경—특히 예수님이 바리새인들을 도덕적으로 해부하신 누가복음 11장과 마태복음 23장—을 다 뒤졌다. 여기서 그 위험 요소들을 살펴보려 하는 것은 그것이 1세기 못지않게 20세기에도 중대한 위협이 되기 때문이다. 오늘날 율법주의는 내가 어렸을 때와 형태는 다르지만 결코 사라지지 않았다.

전체적으로 예수님은 율법주의자들이 외면을 강조하는 것을 비난하셨다. "너희 바리새인은 지금 잔과 대접의 겉은 깨끗이 하나 너희 속에는 탐욕과 악독이 가득하도다"(눅 11:39). 하나님에 대한 사랑의 표현이 남들의 이목을 끄는 방편으로 전락한 사례는 역사에 얼마든지 있다. 예수님 시대에 종교인들은 잠깐만 금식해도 굶주려 핼쑥해진 표정을 짓고, 남들 다 보라고 떠벌리고 기도하며, 성경 구절을 적어 몸에 달고 다녔다.

외관상 문제될 것 없는 행동이지만 예수님은 산상수훈에서 그 이면의 동기를 꾸짖으셨다.

그러므로 구제할 때에 외식하는 자가 사람에게서 영광을 받으려고 회당과 거리에서 하는 것 같이 너희 앞에 나팔을 불지 말라. 진실로 너희에게 이르노니 그들은 자기 상을 이미 받았느니라. 너는 구제할 때에 오른손이 하는 것을 왼손이 모르게 하여 네 구제함을 은밀하게 하라. 은밀한 중에 보시는 너의 아버지께서 갚으시리라.

또 너희는 기도할 때에 외식하는 자와 같이 하지 말라. 그들은 사람에게 보이려고 회당과 큰 거리 어귀에 서서 기도하기를 좋아하느니라. 내가 진실로 너희에게 이르노니 그들은 자기 상을 이미 받았느니라. 너는 기도할 때에 네 골방에 들어가 문을 닫고 은밀한 중에 계신 네 아버지께 기도하라. 은밀한 중에 보시는 네 아버지께서 갚으시리라 (마 6:2-6).

나는 그리스도인들이 예수님의 명령을 무시할 때 어떤 일들이 일어나는지 많이 봐 왔다. 일례로 내가 어렸을 때 다닌 교회에서는 해마다 해외 선교를 위한 모금 대회가 있었다.*

목사님은 강단에서 약정서의 이름과 금액을 일일이 불렀다. "존스 씨, 500달러…자, 여기 보십시오－샌더슨 씨 가족, 2,000달러! 할렐루야!" 우리는 모두 박수를 치며 "아멘!"으로 화답했고 샌더슨 씨 가족 얼굴엔 희색이 만연했다. 어린 나 역시 그렇게 남들 눈에 띄고 싶었다. 해외 선교 촉진을 위해서가 아니라 인정과 박수를 받고 싶어서였다. 한번은 1센트짜리 동전이 든 커다란 가방을 앞으로 끌고 나갔다. 목사님은 순서를 중단하고 나를 칭찬하며 기도까지 해주는데 정말 훌륭한 사람이라도 된 기분이었다. 드디어 보상을 받은 것이다.

오늘도 그런 유혹은 여전히 존재한다. 비영리 기관에 고액을 기부했더니 수혜자 측에서 나를 기관장 클럽에 올리고 기관 소식지에도 내 이름을 굵은 글씨로 내 보냈다. 특별 선정된 기부자들한테만 보내는 듯 싶은 우편물이 기관장 명의로 날아왔다. 솔직히 말해 나는 그런 달콤한 편지와 감사의 선물을 한껏 즐겼다. 마치 내가 도량 넓은 의인이라도 된 듯한 기분이었다. 단 다시 산상수훈으로 돌아갈 때까지만이었다.

평생 율법주의와 싸웠던 레오 톨스토이는 외면에 치중하는 종교의 약점을 잘 알았다. 『당신 안에 있는 천국』이라는 그의 책 제목이 그것을 잘 보여 준다. 톨스토이에 따르면 모든 종교는 외면적 규율 내지 도덕주의를 부추기는 경향이 있다. 반면 예수님은 그분의 제자들이 성취의 만족감에 젖을 수 있는 규율 체계를 만들어 내신 일이 없다. "네 마음을 다하고 목숨을 다하고 뜻을 다하여 주 너의 하나님을 사랑하라(마 22:37).…그러므로 하늘에 계신 너희 아버지의 온전하심과 같이 너희도 온전하라"(마 5:48). 이런 포괄적 계명의 견지에서 볼 때 성취에 '도달할' 수 있는 사람은 아무도 없다.

톨스토이는 예수님의 접근과 기타 모든 종교의 접근을 다음과 같이 대비했다.

종교의 외적인 교훈을 따르는가는 그 사람의 행위가 계율과 부합하는지 보면 알 수 있다[안식일을 지키라. 할례를 받으라. 십일조를 내라]. 그런 부합은 사실상 가능한 것이다.

반면 그리스도의 교훈을 따르는가는, 사람의 힘으로는 이상적인 완전함에 이르지 못한다는 자각을 보아 안다. 완전에 근접한 정도는 눈에 보이지 않는다. 완전에서 벗어난 정도만이 눈에 띌 뿐이다.

외면적 계율을 믿는 사람은 기둥에 매달린 호롱불 아래 서 있는 사람과 같다. 주변이 온통 빛이지만 그 반경 밖으로는 더 이상 발 딛을 곳이 없다. 반면 그리스도의 가르침을 믿는 사람은 길거나 혹은 짧은 막대에 호롱불을 매달아 들고 있는 사람과 같다. 발 앞의 불빛이 언제나 미지의 땅을 비추어 성큼 발을 내딛게 한다.[1]

다시 말해 영적 성숙의 증거는 '순결함'의 정도가 아니라 자신의 '불순함'을 인식하는 데 있는 것이다. 바로 그 인식이 은혜의 문을 연다.

⌣ ⌣ ⌣

"화 있을진저…지기 어려운 짐을 사람에게 지우고"(눅 11:46). 율법을 지키려는 마음은 극단론으로 굳어질 때가 많다. 나는 불용(不容)의 영역을 넓히려 하지 않는 율법주의를 본 적이 없다.

예컨대 모세 율법을 연구한 서기관들과 바리새인들은 기존 613개 규정에 수많은 추가 조항을 달았다. 대랍비 엘리에셀은 아내와 성관계를 갖는 횟수를 보통 노동자, 나귀 몰이꾼, 낙타 몰이꾼, 뱃사람 등 직업별로 규정했다. 바리새인들이 안식일에 붙인 추가 조항만 수십 가지에 달한다. 당나귀를 타는 것은 안식일 규율을 어기는 일이 아니지만 속도를 내려고 회초리를 갖고 타면 동물에 짐을 지우는 죄가 된다. 여자는 안식일에 거울을 볼 수 없다. 혹시라도 새치가 눈에 띄면 뽑고 싶은 유혹에 빠질 수 있기 때문이다. 식초를 단번에 삼키는 것은 괜찮지만 입 안에 넣고 우물우물해서는 안 된다.

바리새인들은 모세가 명한 것이면 무엇이든 거기서 한 술 더 떴다. "여호와의 이름을 망령되이 일컫지 말라"(출 20:7)는 제3계명은 하나님의 이름을 아예 사용하지 말라는 것으로 바뀌어, 오늘날까지 경건한 유대인들은 하나님을 'God'이라 쓰지 않고 'G-d'라 쓰며 입으로 절대 발음하지 않는다. 학자들은 "염소 새끼를 그 어미의 젖으로 삶지 말지니라"(출 23:19)라는 율법도 안전을 기해 아예 육류와 유제품의 혼합을 금하는 것으로 해석했고, 그로 인하여 유대교 아파트, 병원, 양로원 등에는 지금도 육류용 부엌과 유제품용 부엌이 따로 설치되어 있다. "간음하지 말지니라"는 계명이 바리새인 규율에서는 아내 아닌 여자와는 말도 하지 말고 쳐다보지도 말라는 것으로 변했고, 여자를 보지 않으려고 고개를 숙이고 가다 벽에 부딪혀 피가 나는 '유혈 바리새인'은 거룩함의 표시로 붕대를 감고 다녔다.

(모세 율법에 대한 이런 추가 조항을 무시한 것이 예수님을 문제에 빠뜨렸다. 그분은 안식일에 병자를 고치셨고 배고픈 제자들이 밀 이삭을 뽑도록 그냥 두셨다. 그분은 백주에 여자들과 이야기하셨다. '부정한' 자들과 함께 먹는가 하면 먹는 음식이 사람을 더럽게 할 수 없다고 주장하셨다. 무엇보다 충격적인 것은 하나님을 "아바"라 부르신 것이다.)

교회사를 보면 그리스도인의 극단론이 바리새인들을 능가할 때가 더러 있었다. 4세기경 수사들은 빵과 소금과 물만 먹고 살았다. 어떤 수사는 몸을 납작 구부려야 겨우 들어갈 수 있는 손바닥만한 방을 만들었는가 하면 10년을 원형 새장 같은 곳에 들어가 산 수사도 있다. 목축 수사들은 숲 속에서 풀뿌리와 나무껍질로 연명했고 그 중 일부는 가시나무 옷만 두르고 살기도 했다. 주상성자(柱上聖者) 시므온은 극단론의 전형을 보여 준다. 그는 37년간 기둥 꼭대기에 살면서 엎드렸다 일어나는 동작을 매일 1,244번씩 반복한 것이다.

자유와 실용주의의 나라 미국의 그리스도인들 역시 극단론을 유감없이 보여 주었다. 쉐이커파는 결혼과 성관계를 금했다(분파 종식의 확실한 길). 위대한 부흥사 찰스 피니는 커피와 차를 멀리했으며, 자기가 세운 오벌린 대학에도 후추, 겨자, 기름, 식초 따위의 자극물을 한사코 금하게 했다. 최근 내 친구 하나가 젊은 안식교 교인의 장례식 설교를 맡은 일이 있다. 그는 먹어도 되는 음식이 어떤 건지 따지다 그만 굶어 죽은 것이다.

우리는 이런 극단론 증상에 웃고 울지만, 그리스도인들은 그런 성향이 우리 유산의 엄연한 일부임을 인정해야 한다. 그러나 현재 '서구 기독교'가 율법주의 극단론이 아니라 쇠퇴기에 접어들면서, 세계적 추세는 다소 변했다. 한편 일부 이슬람교 국가에서는 도덕 경찰을 고용해 감히 운전대를 잡거나 베일을 쓰지 않고 대중 앞에 나서는 여자들을 곤봉으로 다스리고 있다. 이스라엘 호텔에는 안식일에 층마다 정지하는 '안식일' 엘리베이터가 설치되어 있다. 정통 유대인들이 단추를 누르지 않아도 되도록 하기 위한 것이다.

그러나 추는 항상 움직여 일부 기독교 집단에서는 극단론이 다시 고개를 들고 있다. 율법주의가 뿌리내리는 곳에는 극단론이라는 뾰족한 가시가 돋게 되어 있다.

율법주의는 위험치고는 아주 미묘한 것이다. 아무도 자신을 율법주의자로 보지 않기 때문이다. 남들의 규율은 지나치게 엄격해 보이면서도 자신의 규율은 꼭 필요한 것처럼 보이는 법이다.

∨ ∨ ∨

"너희가 박하와 회향과 근채의 십일조를 드리되 율법의 더 중한 바 정의와 긍휼과 믿음은 버렸도다.…맹인된 인도자여, 하루살이는 걸러 내고 낙타는 삼키는도다"(마 23:23-24).

예수님은 극단론 자체로 인해 바리새인들을 흠잡지는 않으셨다. 사실 그들이 먹는 음식이며 손 씻는 횟수 따위가 그분의 관심사였다고 볼 수 없다. 그분의 관심사는 바리새인들이 남들에게 극단론을 강요했다는 것과 정작 중요한 문제는 무시한 채 **사소한** 것에 치중했다는 것이었다. 부엌에서 쓰는 향료의 십일조를 드린 서기관들이 팔레스틴의 불의와 압제에 대해서는 거의 아무 말도 하지 않았다. 예수님이 안식일에 병자를 고치셨을 때도 비난하는 자들은 아픈 사람보다 율법 규정에 훨씬 관심이 많았다.

율법주의는 예수님의 죽음에서 최악의 모습을 드러냈다. 바리새인들은 유월절 전에 빌라도의 궁에 들어가지 않으려 궁리했고 십자가 처형 날짜도 안식일 규정에 방해되지 않게 정했다. 인류 최악의 범죄가 율법 조항의 엄격한 준수하에 행해진 것이다.

나는 현대에서도 사소한 쪽으로 흐르는 율법주의의 실례를 많이 보았다. 내가 자라난 교회는 머리 모양, 보석, 록 음악 등에는 할 말이 많았지만 인종간 불의나 남부 흑인의 곤경에 대해서는 한마디도 하지 않았다. 나는 신학 대학에서도 역사상 최악의 죄에 해당될 독일의 유대인 대학살에 대한 이야기는 한 번도 들어 보지 못했다. 치마 길이 재느라 바빠 핵 전쟁, 인종 차별, 세계 기아 등 당면 과제를 걱정할 시간이 없었다. 내가 만나 본 남아공 학생들의 출신 교회는 젊은 그리스도인들이 껌도 씹지 못하고 기도할 때 주머니에 손을 넣어서는 안 되며 청바지를 입으면 신앙을 의심받는 곳이었다. 그런데 바로 그런 교회들이 흑백 분리 정책을 열렬히 옹호했다.

1934년 베를린에서 열린 국제 침례교 연맹 회의에 미국 대표로 파견된 사람이 히틀러 정권의 실상을 이렇게 보고해 왔다.

음란물을 판매할 수 없고 지저분한 영화나 갱 영화를 볼 수 없는 나라에 산다는 것은 참으로 다행한 일입니다. 신독일은 유대인 및 공산당 서적을 태우면서 엄청난 분량의 부도덕한 책과 잡지도 함께 소각했습니다.[2]

이 대표단은 또한 히틀러를 담배도 안 피우고 술도 안 마시고 여자들 복장을 단정하게 하고 포르노를 반대한 지도자라고 두둔했다.

1930년대 독일 그리스도인들과 1960년대 남부 근본주의자들과 1970년대 남아공 칼뱅주의자들에게 손가락질하기는 너무 쉽다. 두려운 것은 우리 시대 그리스도인들도 언젠가 그들처럼 엄한 심판을 받지 않을까 하는 점이다. 우리는 어떤 사소한 것에 매달리고 있으며 율법의 더 중한 바 의와 인과 신의 어떤 부분을 놓치고 있을까? 하나님은 어느 쪽에 더 관심을 두실까? 코걸이일까, 도심의 부패일까? 따분한 음악일까, 세계 기아일까? 예배 형식일까, 폭력 문화일까?

여러 기독교 대학을 정기적으로 돌며 채플 강사로 섬기고 있는 저자 토니 캠폴로는 주제를 부각시킬 목적으로 이런 자극적 표현을 사용한 일이 있다. "유엔 보고서에 따르면 매일 만 명 이상이 아사하고 있지만 여러분 대부분은 그깟 X 같은 일에 신경도 안 씁니다. 더 비극적인 것은 오늘 당장 만 명이 죽어가고 있다는 사실보다 지금 막 내가 나쁜 말을 사용했다는 사실에 더 신경 쓰는 사람이 대부분이라는 점입니다." 반응은 과연 토니의 말이 옳음을 입증해 주었다. 거의 모든 경우 토니는 대학 총장이나 교목에게서 불경한 단어를 지적하는 편지를 받았다. 그들이 편지에 세계 기아를 언급한 적은 한 번도 없었다.

내가 자랄 때 죄로 여겨지던 많은 행동은 지금은 다수 복음주의 교회에서 일상사가 되었다. 그러나 표현 양식만 바뀌었을 뿐 율법주의 정신은 달라지지 않았다. 요즘은 사고에 대한 율법주의를 더 자주 접한다. 일례로 낙태나 동성애에 대한 통상적 교리에 감히 이의를 제기한 내 친구 저자들은, '사교차 술자리에 가던' 그리스도인들이 근본주의 하위 문화에서 겪은 것과 똑같은 비판에 직면하고 있다.

토니 캠폴로가 동성애자들에게 더 동정심을 보여야 한다고 호소했다가 욕을 먹은 일은 이미 앞서 이야기한 바 있다. 카렌 메인즈라는 다른 친구는 자기 저서에 대한 주변의 비판 운동으로 인해 끝내 방송인 직업을 잃고 말았다. 『메시지』(복있는사람)라는 제목으로 신약 성경을 풀어 쓴 유진 피터슨은 "하나님의 말씀으로 장난을 쳤다"는 이유로 자칭 이단 파수꾼의 표적이 되었다. 리처드 포스터는 영성 훈련에 관한 저서에 '명상' 등의 단어를 썼다가 뉴에이지로 몰리기도 했다. 척 콜슨은 가끔 불신자도 수상자로 뽑히는 종교 발전에 대한 템플턴상 수상을 수락한 후 받은 그리스도인들의 편지가 지금껏 받아 본 편지 중 가장 끔찍했다고 내게 말한 바 있다. "워터게이트 사건 때도 우리 형제들은 세상 매체보다 훨씬 애정이 적었다." 그의 신랄한 고발이다. 콜슨이 천주교측과의 상호 협력 성명서에 서명하자 편지는 더욱 노기를 더했다.

"바리새인들의 누룩 곧 외식을 주의하라.… 저희의 하는 행위는 본받지 말라. 저희는 말만 하고 행치 아니하며"(눅 12:1; 마 23:3). '외식'(hipocrisy, 위선)이라는 단어는 단순히 '탈을 쓴다'는 뜻이다. 이것은 분명 예수님이 나사렛 집 근처 야외 극장에 와서 사람들의 흥을 돋우던 그리스 배우, 즉 가면 배우(hipocrites)에서 따와 직접 만드신 말이다. 그것은 본래 인상을 좋게 하려 얼굴을 꾸미는 사람을 뜻했다.

내 친구 테리 머크는 풀브라이트 연구원이 되어 스리랑카 불교 승려들의 율법주의를 연구했다. 모든 승려는 부처의 212개 조항을 지키기로 서원했는데 그 중에는 시대에 맞지 않거나 실제적이지 못한 것도 많았다. 테리는 현대 세계의 불가피한 삶과 고대 율법 조항에의 집착 사이에서 승려들이 어떻게 타협점을 찾는지 궁금했다. 한 예로 부처는 승려가 돈을 가지고 다녀서는 안 된다고 명시했으나 테리는 시내 버스 요금을 내는 승려들을 목격하는 일이 다반사였다. 테리가 그들에게 물었다. "212개 조항을 지키십니까?" "예." "돈을 가지고 다니십니까?" "예." "돈 휴대 금지 조항을 알고 계십니까?" "예." "모든 규정을 지키고 계십니까?" "예."

규정에는 또한 정오 후에 먹는 것이 금지되어 있었다. 승려는 시주 공양으로 사는 만큼 부처는 자기 제자들이 가정 주부에게 부담 지우는 것을 원치 않았던 것이다. 현대 승려들은 매일 정오에 시계를 정지시켰다가 저녁 식사 후 다시 제시간으로 맞추는 방식으로 이 규정을 빠져나가고 있었다.

불교의 예를 들었지만 내 경험상 위선이야말로 사람들이 기독교를 거부하는 가장 공통적인 이유 중 하나다. 그리스도인들은 말로는 '가정의 가치관' 운운하지만, 일부 연구에 따르면 포르노 비디오 대여, 이혼, 아동 학대 등의 비율은 그리스도인들도 일반인들과 거의 같은 수준이다.

율법주의는 본질상 위선을 부추긴다. 내면의 진상을 은폐할 수 있는 행동 목록이 정해져 있기 때문이다. 신학 대학이나 기독교 캠프, 심지어 교회에서도 사람들은 '영적'으로 보이는 법을 터득한다. 외면을 강조하면 그만큼 꾸미기가 쉽다. 그것은 내면의 문제를 억압하거나 숨기면서 겉으로만 따라가는 것이다. 신학 대학을 졸업한 지 오랜 뒤에 나는 일부 동창생들이 학창 시절에 해결하지 못한 내면의 깊은 소요―우울증, 동성애, 중독―로 고생하고 있음을 알게 됐다. 그때는 온 신경이 주변 행동을 따르는 데만 가 있었던 것이다.

신약에서 가장 무서운 부분이자 즉시 벌을 받은 몇 안 되는 경우 중 하나는 사도행전 5장 아나니아와 삽비라 기사다. 이 부부는 아주 훌륭한 일을 했다. 그들은 소유를 팔아 그 돈의 상당량을 교회에 바쳤다. 다만 한 가지 잘못한 게 있었다. 더 영적으로 보이고 싶어 땅값을 전부 바치는 것처럼 행동한 것이다. 신앙을 거짓으로 꾸민 셈이다. 아나니아와 삽비라에 대한 무서운 처치는 하나님이 위선을 얼마나 심각하게 여기시는지 잘 보여 준다.

내 생각에 위선의 해결 방안은 완벽 아니면 정직 두 가지뿐이다. 그러나 주 하나님을 마음과 뜻과 목숨을 다하여 사랑하며 이웃을 자기 몸처럼 사랑하는 사람을 아직 한 번도 본 적이 없기에 완벽은 현실적인 방안이 아니다. 그렇다면 유일한 방안은 회개에 이르는 정직이다. 성경이 말하듯 하나님의 은혜는 살인, 외도, 배반 등 어떤 죄든지 다 덮을 수 있다. 정의상 은혜란 받아야만 하는 것이다. 그러나 위선은 은혜를 받아야 할 필요성을 느끼지 못하게 한다. 그러나 가면이 벗겨지면 위선이 은혜를 피하기 위한 정교한 책략이었음이 밝혀진다.

ᕦ ᕦ ᕦ

"그들의 모든 행위를 사람에게 보이고자 하나니…잔치의 윗자리와 회당의 높은 자리와 시장에서 문안 받는 것과 사람에게 랍비라 칭함을 받는 것을 좋아하느니라"(마 23:5-7).

여기 예수님의 책망은 율법주의가 율법을 지키는 자들에게 가져다 주는 결과에 초점을 두고 있다. 율법주의는 **교만**과 **경쟁심**을 부추긴다. 바리새인들은 이방에 빛으로 드러날 정의 사회 구현을 진척시키는 대신 비전을 제한하여 서로 경쟁하기 시작했다. 피차 힘 자랑을 하려다 보니 세상과는 물론 진짜 적과도 접하지 못하고 말았다. 아빌라의 테레사는 기도했다. "오 주여, 어리석은 헌신에서 구하여 주시고 비뚤어진 성도가 되지 않게 하소서."

나는 회복되고 있는 율법주의자로서 한 가지를 기억해야 한다. 바리새인들은 그렇게 엄격하면서도 율법의 의무를 귀찮게 여기지 않았다는 점이다. 오히려 계속 새 규율을 만들어 냈다. 바리새인들은 엄격함을 성취의 수단이요 지위 획득의 방편으로 보았다. 그러나 예수님은 그 교만을 정죄하셨고 또한 어떤 죄(미움, 물질주의, 정욕, 이혼)는 괜찮고 어떤 죄(살인, 간음, 안식일 규정 위반)는 불가한 것으로 등급을 매긴 이분법적 신앙을 정죄하셨다.

우리 그리스도인들 역시 나름대로 '괜찮은' 죄와 '불가한' 죄를 구분한다. 악독한 죄만 피하면 그런대로 자신의 영적 상태에 만족을 느낀다. 문제는 악독한 죄에 대한 우리의 기준이 계속 바뀐다는 것이다. 중세 시대에는 이자를 받는 것이 부도덕한 행위였다. 이자 받는 유대인들을 징발해 고역을 시킬 정도로 심각한 문제였다. 요즘 그리스도인들은 신용 카드, 주택 저당 대출, 상호 기금 계좌 같은 것을 일말의 죄책감 없이 사용한다. 7대 중죄 목록에는 폭식, 시기, 영적 나태 혹은 '우울'-오늘날 설교에서 거의 다루어지지 않는 행동-도 들어 있었다.

빅토리아 시대에는 성적인 죄가 단연 으뜸으로-관점에 따라 단연 꼴찌로-꼽혔다. '부도덕'이란 말이 아예 성적인 죄를 뜻할 정도였다. 내가 자랄 때는 이혼과 음주가 선두를 달렸다. 현대 복음주의 교회에서는 낙태와 동성애가 높은 순위를 차지하지 않을까.

그러나 예수님은 죄에 대해 전혀 다르게 접근하셨다. 그분은 죄를 중대한 것, 덜 중대한 것으로 나누신 것이 아니라 청중의 눈높이를 완전하신 하나님께로 높이셨다. 그분 앞에서 우리는 모두 죄인이다. 모두 하나님의 은혜 없이는 안 되는 존재다. 이사야는 다소 지저분한 표현을 써서 우리의 의가 다 '더러운 옷'(사 64:6) 같다고 말했다. 이는 문자적으로 '때묻은 속옷'이라는 뜻이다.

역설적으로, 은혜에 관해서는 중죄인일수록 이점이 있다. 작가 그레이엄 그린은 부도덕에 빠지고 나서야 신앙이 깊어졌다고 고백했다. 그제서야 교회에 나가 절박하게 죄를 고백했던 것이다. 변명도 없었고 자기 행동을 정당화할 구실도 없었다.

탕자의 비유에도 유사점이 있다. 탕자는 발 딛고 설 힘도, 영적 교만의 근거도 전혀 없었다. 영적 경쟁이라면 어떤 기준으로 잰다 해도 실패였다. 은혜말고는 기댈 것이 없었다. 하나님의 사랑과 용서는 착실한 형에게도 똑같이 임했지만 이 아들은 무책임한 동생과의 비교에 바빠 자신의 실상을 보지 못했다. 헨리 나우웬의 말로 "분노에 찬 '성도'의 죄는 선량하고 착실하게 살려는 마음과 너무 촘촘히 얽혀 있어 회개가 어렵다." 나우웬은 이렇게 고백한다.

> 내 삶을 돌아볼 때, 남들이 좋아하는 착하고 훌륭한 사람, 타인의 귀감이 되고자 얼마나 열심히 노력했는지 모른다. 죄의 함정을 피하려는 의식적 노력과 유혹에 지면 어쩌나 하는 두려움이 끈질기게 따라다녔다. 그런데도 내 하나님의 집에 마음 편히 있기가 점점 더 어려워만 갔으니 정말 심각한 문제요 율법주의의 횡포요 심지어 광신의 지경까지 이를 판이었다. 자유와 자원하는 마음과 기쁨이 갈수록 사라졌다.…
> 내 안에서 탕자의 형을 보면 볼수록 그런 식으로 죄에 빠진 상태가 얼마나 뿌리 깊으며 거기서 집으로 돌아간다는 것이 얼마나 어려운 일인지 절감한다. 존재의 밑바닥에 뿌리내린 차가운 분노에서 돌이켜 집으로 돌아가기보다는 차라리 정욕과 방탕에서 집으로 돌아가는 편이 훨씬 쉬워 보인다.[3]

신앙의 경쟁은 처음엔 최선의 동기로 시작하더라도 결국 우리를 하나님에게서 멀리 엉뚱한 쪽으로 가게 만든다. 그 자체가 은혜와 거리가 멀기 때문이다. 은혜의 입구는 올바른 행동이나 거룩함이 아니요 오직 회개뿐이다. 죄의 반대는 선이 아니라 은혜다.

∨ ∨ ∨

율법주의에 대한 예수님의 비판에 위압이 느껴지지 않는다면 여기 사도 바울이 보탠 또 하나 근본적인 고발이 있다. 율법주의는 율법 본연의 임무―순종 촉구―에 관한 한 비참한 패자다. 엄격한 율법 체계가 인간의 마음 속에 율법 위반이라는 새로운 개념을 심어 주니 정말 꼬여도 이상하게 꼬였다. 바울은 고백한다. "율법이 탐내지 말라 하지 아니하였더라면 내가 탐심을 알지 못하였으리라. 그러나 죄가 기회를 타서 계명으로 말미암아 내 속에서 온갖 탐심을 이루었나니"(롬 7:7-8). 이 원리의 실례로, 일부 조사에 따르면 금주 교단에서 자란 사람들이 알코올 중독자가 될 확률이 세 배나 높다고 한다.

아우구스티누스가 배를 훔친 이야기가 기억난다. 아우구스티누스와 친구들은 훨씬 맛 좋은 배를 많이 가지고 있었으면서도 오로지 배 서리를 금하는 동네 아저씨의 경고를 어기기 위해 꼭 배나무를 털어야만 할 것 같았다. 66쪽짜리 규율집이 지배하던 대학에서 4년을 보내고 보니 이 해괴한 현상이 이해가 간다. 나는 반항하면 안 된다는 삼엄한 경고를 귀따갑게 들으며 반항을 배웠다. 나의 미성숙에도 분명 원인은 있겠지만, 단지 강요된 요구라는 이유만으로 학교 측에 저항하고 싶은 유혹이 늘 있었다. 규율집에서 턱수염 금지 조항을 읽기 전에는 턱수염을 기르고 싶었던 적이 한 번도 없었다.

가톨릭 신학자 한스 큉(Hans Küng)은 "촘촘하게 짠 그물일수록 구멍이 많다"고 했다.[4] 가톨릭 법규집 2,414개 조항에 대한 충절을 서

원한 그는 어느 날 자신의 에너지가 복음 사역이 아니라 법규를 지키거나 피해 가는 데 들어가고 있다는 사실을 깨달았다.

반항하지 않고 열심히 규율을 지키려는 자들에게는 또 다른 율법주의의 덫이 있다. 실패 의식이 오랫동안 수치의 상처를 남길 수 있다. 젊은 수사 마르틴 루터는 전날 지었을 수도 있는 죄를 회개하느라 매일 여섯 시간씩 골머리를 앓았다. 루터의 말을 들어 보자.

수사로서 흠 없는 삶을 살았지만 하나님 앞에서는 늘 죄인의 심정으로 양심이 편치 않았다. 내 행위로 그분을 기쁘시게 했다는 확신이 없었다. 죄인을 벌하시는 의로우신 하나님을 사랑하기는커녕 솔직히 그분이 너무너무 싫었다. 나는 착한 수사였고 계명도 엄격히 지켰다. 수도원 훈련으로 천국에 갈 수 있는 수사가 있다면 바로 나였다. 수도원 동료들도 다 인정할 것이다.…그러나 난 양심에 확신이 없어 늘 의심조로 말하곤 했다. "넌 이걸 제대로 못했어. 통회하는 마음이 부족했어. 고해에 그걸 빠뜨렸어."[5]

실패한 관계는 양쪽에 똑같이 영향을 끼친다. 이스라엘 백성의 역사와 하나님의 언약 관계를 읽다 보면 하나님이 기뻐하셨다든지 즐거우셨다는 구절은 거의 찾아보기 어렵다. 몇 차례 반짝 등장하는 부분을 빼고는 역사서―그리고 특히 선지서―의 하나님은 실망과 염증과 지독한 분노에 차 계신 듯하다. 율법은 순종을 촉구한 것이 아니라 오히려 불순종만 부추겼다. 율법은 병을 지적해 줄 뿐이다. 그러나 은혜는 치유를 가져온다.

예수님도 바울도 언급하지 않았지만 매우 개인적으로 내게 부담이 되는, 율법주의에 대한 마지막 불만이 한 가지 있다. 앞에서 교회의 편협한 율법주의 때문에 신앙을 버린 친구들 이야기를 했다. 우리 형은 자기가 진정으로 사랑한 첫사랑 여자와 관계를 끊었는데, 이유는 자신의 율법 기준상 여자의 '영적' 수준이 양에 차지 않는다는 것이었다. 그는 30년 동안 그 철저한 도덕론에서 벗어나려 애썼고 여태 하나님에게서도 벗어나 있다.

율법주의는 하나의 하위 문화를 만들어 낸다. 이민자의 나라 미국에 사는 우리는 하위 문화란 얼마든지 버릴 수 있는 것임을 잘 안다. 자녀들이 집안의 언어와 유산과 전통을 버린 채 현대 미국 청소년 하위 문화를 좇는 모습을 지켜본 이민 부모들이 얼마나 많은가? 마찬가지로 자녀들이 규율과 가치관을 헌신짝처럼 내팽개치고 신앙을 버리는 모습을 지켜본 그리스도인 가정이 얼마나 많은가? 율법주의로 인해 배교가 더 쉬워진다.

19세기 영국의 개혁가 사무엘 튜크는 정신병 치료에 완전히 새로운 접근법을 도입했다. 당시 정신 병원에서는 미친 사람을 벽에 사슬로 묶어 놓고 구타하는 방법을 사용하고 있었다. 벌을 가하여 내면의 악의 세력을 이길 수 있다고 믿은 것이다. 반면 튜크는 환자들에게 다과회나 교회에서 바르게 행동하는 법을 가르쳐 주었다. 아무도 그들이 정신 병자임을 알아보지 못하도록 옷도 남들 입는 대로 똑같이 입혔다. 겉으로 보기에는 정상이었다. 그러나 튜크는 정작 내면의 고통을 치유하는 데 전혀 손을 쓰지 않았다. 외관상 행동이 어떻든 그들은 여전히 정신 병자였다.

어느 날 나는 내가 튜크의 환자와 같다는 것을 깨달았다. 어릴 적 교회에서 올바른 몸가짐을 배우고 신학 대학에서 좀더 깨인 지식을 습득했음에도 불구하고 내면의 깊은 병은 여전히 치유되지 않았던 것이다. 외관상 행동은 꽤 통달했지만 내면의 병과 고통은 그대로였다. 한때 나는 어릴 적의 믿음을 버리기도 했다. 그런 내게 하나님은 당신이 미움의 하나님이 아니라 사랑의 하나님, 규율의 하나님이 아니라 자유의 하나님, 심판의 하나님이 아니라 은혜의 하나님임을 친히 계시해 주셨다.

나와 함께 반항했던 친구들 중 교회에 대한 깊은 불신 때문에 오늘까지도 하나님을 떠나 있는 이들이 있다. 하위 문화의 온갖 사소한 규율에 묻혀 그만 궁극적인 목표―하나님을 아는 것―를 놓쳐 버린 것이다. 로버트 파라 케이폰은 말한다. 교회가 "오랜 세월 실수의 두려움만 심어 주어 결국 우리를 잘못 배운 피아노 교습생처럼 만들어 놓았다. 주 관심이 음악 연주에 있는 것이 아니라 실수 없이 창피당하지 않는 데 있다 보니 피아노를 쳐도 그 소리가 귀에 들리지 않는다."[6] 나는 이제야 은혜의 선율을 듣게 됐다. 그리고 아직 그렇게 되지 못한 내 친구들을 생각하면 가슴이 아프다.

수십 년이 지난 지금 나는 차분한 마음으로 나의 율법주의적 성장 과정을 되돌아본다. 솔직히 내가 콧수염을 기르든 말든 하나님은 별로 개의치 않으실 것이다. 바지에 지퍼를 달든 아니면 아미쉬 사람들처럼 단추를 달든 개의치 않으시는 것과 같다. 신학 대학에 다닐 때 나는 규율을 지키면서 하나님을 놓치는 사람도 보았고 규율을 어기면서 하나님을 놓치는 사람도 보았다. 그러나 정말 안타까운 것은, 지금까지도 자기가 규율을 어겼기 **때문에** 하나님을 놓쳤다고 믿는 이들이 있다는 것이다. 이들은 은혜의 복음의 선율을 한 번도 들어 보지 못한 이들이다.

∨ ∨ ∨

지금까지 율법주의 이야기를 한 것은 개인적으로 거기 부딪혀 멍이 든 탓도 있고 또 율법주의가 교회에 정말 강력한 유혹이 된다는 내 믿음 때문이기도 하다. 율법주의는 신앙의 곁길에 서서 더 쉬운 길로 우리를 유혹하는 스트립쇼 무희와도 같다. 신앙적인 면에서 어느 정도 이득을 약속하며 치근덕대지만 정작 가장 중요한 것은 가져다 주지 못한다. 바울은 당시 율법주의자들에게 이렇게 썼다. "하나님의 나라는 먹는 것과 마시는 것이 아니요, 오직 성령 안에 있는 의와 평강과 희락이라"(롬 14:17).

테일러 대학교 총장 제이 케슬러에게서 그가 접한 율법주의 이야기를 들은 적이 있다. 십대 때 그리스도를 따르기로 결단한 직후 그는 새로 부여된 온갖 규율에 아찔한 기분이 들었다. 어지러운 마음으로 인디애나 주 집 뒤뜰로 걸어 나가니 충실한 콜리 애완견 래디가 물빛 반짝이는 잔디에 드러누워 신나게 뼈를 갉고 있었다. 그는 갑자기 래디야말로 자기가 아는 가장 훌륭한 그리스도인일지 모른다는 생각이 들었다. 래디는 담배도 피우지 않고 술도 마시지 않고 극장에도 가지 않고 춤도 추지 않고 항의 시위도 벌이지 않았다. 누구를 해치지도 않고 순하고 얌전했다. 그 순간 제이는 자기가 예수님이 부르신 자유와 열정의 삶에서 얼마나 멀리 벗어나 있는지 깨달았다.

언뜻 보면 율법주의가 어려워 보이지만 실은 그리스도 안에서 자유를 얻는 것이 더 어려운 길이다. 살인하지 않는 것은 비교적 쉽지만 사랑의 손을 내밀기는 어렵다. 이웃집 침대를 범하지 않는 것은 쉽지만 생생한 부부 관계를 유지하기는 어렵다. 세금 납부는 쉽지만 가난한 이들을 섬기기는 어렵다. 자유 안에 살려면 성령의 인도에 늘 마음이 열려 있어야 한다. 그러면 잘한 일보다는 미처 하지 못한 일을 더 의식하게 된다. 위선자처럼 행동의 가면 뒤에 숨을 수도 없고 다른 그리스도인들과의 비교로 몸을 가릴 수도 없다.

개혁주의 신학자 그레이스햄 메이첸은 말했다. "율법을 낮게 보면 율법주의에 빠지고, 율법을 높게 보면 은혜를 구하는 자가 된다." 율법주의의 궁극적 결과는 하나님을 낮게 보는 것이다. 흔히 엄격한 교단이나 기독교 기관을 더 '영적'으로 보는 경향이 있다. 그러나 사실 밥 존스 대학과 휘튼 대학의 차이, 메노파와 남침례교의 차이는 거룩하신 하나님에 비하면 미미할 뿐이다.

비율을 감안할 때 지구 표면이 당구공보다 매끄럽다는 글을 읽은 적이 있다. 에베레스트 산 정상과 태평양 심곡의 차이도 지구상에 사는 우리한테나 거창해 보이지 안드로메다나 화성에서 보면 아무것도 아니다. 기독교 집단간의 사소한 행동 차이도 그런 것이라 생각한다. 거룩하고 완전하신 하나님께 비하면 에베레스트 산처럼 높기만 한 규율도 두더지가 파 놓은 흙두둑에 지나지 않는다. 내 힘으로 올라가서는 하나님의 인정을 얻어 낼 수 없다. 그것은 선물로 받아야 한다.

예수님은 하나님의 율법이 절대적이고 완벽해서 아무도 의에 도달할 수 없다고 명백히 선포하셨다. 하나님의 은혜는 너무 커서 우리 힘으로 도달하려 애쓸 필요가 없다. 율법주의자들은 자기가 하나님의 사랑을 받을 자격이 있음을 보이려다 복음의 핵심, 즉 하나님의 사랑은 자격 없는 자에게 주시는 선물이라는 사실을 놓치고 만다. 죄의 해답은 더없이 엄격한 행동 규정이 아니다. 죄의 해결책은 하나님을 아는 것이다.

4부

듣지 않으려는 세상을 위한 은혜의 꾸밈음

이야기 넷
해럴드 형

나는 첫돌 지나 한 달 후 아버지가 병으로 돌아가시는 바람에 아버지 없이 자랐다. 친절하게도 우리 교회의 어떤 남자가 형과 나를 보살펴 주었다. 우리는 그를 해럴드 형이라 불렀다. 우리가 시시하게 회전목마나 돌리고 있을 때도 그는 싫증내지 않고 놀이터에 같이 있어 주었다. 커가면서는 장기 두는 법도 가르쳐 주고 장난감 경주차 조립도 도와 주었다. 철없던 어린 시절 우리는 교회 사람들이 그를 좀 이상한 사람으로 보고 있다는 것도 전혀 몰랐다.

결국 해럴드 형은 우리 교회를 떠났다. 교회의 분위기가 너무 자유 분방하다는 것이었다. 루즈를 바르고 화장하는 여자들이 있긴 했다. 또한 그는 여러 성경 구절에 기초해 교회에서 악기를 사용하는 것을 좋지 않게 보았다. 그래서 자기 견해에 맞는 교회를 찾았다. 나는 해럴드 형의 결혼식에 갔었다. 음악 사용 금지는 본당에만 해당되는 것이라 중앙 통로로 문 밖까지 누런색 전기줄이 길게 늘어져 있었고 바깥 전축에서는 멘델스존의 "결혼 행진곡"이 지직거리며 흘러나왔다.

해럴드 형은 도덕과 정치에 강박 관념이 있었다. 미국도 개방 풍조 때문에 머지않아 하나님의 심판으로 망한다고 믿었다. 그는 서구 사회가 너무 익은 과일처럼 속에서부터 썩어 가고 있다는 공산주의 지도층의 말을 인용했다. 사실 그는 북미-유럽-일본 간 3자 협의회와 연방 준비 은행이 공산주의 공작에 놀아나고 있어 결국 미국 정부까지 넘어가게 될 것이라고 믿었다. 싸구려 종이에 인쇄하여 성조기 색으로 표지를 만든 존 버치 협회(John Birch Society, 반공 극우 단체) 문서를 내게 주는가 하면 『아무도 그것을 반역이라고 말하지 않는다』라는 책도 읽게 했다.

해럴드 형은 흑인을 미워했다. 걸핏하면 흑인은 멍청하고 게으르다면서 주변에서 일하는 변변찮은 흑인들 이야기를 했다. 당시 국회는 민권법 통과를 착수 중이었고 애틀랜타도 흑백 통합을 막 시작한 터였다. 전에는 여관도 식당도 백인 전용이 따로 있었고 가게도 흑백이 모두 갈 수 있는 곳은 없었다. 이제는 정부가 변화를 주도하고 나섰다. 해럴드 형은 이 변화를 공산주의 음모의 또 하나의 징후로 보았다. 법원에서 애틀랜타 학교 버스를 흑인과 백인이 같이 사용하라는 판결을 내린 것이 결정적인 불씨가 되었다. 아이들이 둘 있던 해럴드 형은 자기 아이들을 흑인 아이로 꽉 찬 버스에 태워 세속 인본주의자들이 운영하는 학교에 보낸다는 것을 상상조차 할 수 없었다.

해럴드 형이 이민에 대해 알아보기 시작했을 때 나는 농담인 줄 알았다. 그는 아직 백인 세력이 탄탄해 보이는 지역인 로디지아, 남아프리카공화국, 오스트레일리아, 뉴질랜드, 포클랜드 제도 등지에 자료 요청 편지를 보냈다. 지도를 자세히 보며 각 지역의 인종 구성도 살폈다. 그는 단순히 백인이 주름잡는 나라를 원한 것이 아니라 도덕성이 바로 된 나라를 찾으려 했다. 오스트레일리아는 백인 다수 국가이지만 미국 사회보다 더 개방적인 듯해 제외됐다. 반라 해수욕장이 있는가 하면 모두가 맥주를 마시는 곳이었던 것이다.

어느 날 해럴드 형은 남아공으로 이사를 간다고 했다. 소수권 백인이 권력을 잃으리라고는 누구도 감히 상상하지 못하던 때였다. 무엇보다도 그들은 총을 쥐고 있지 않은가. 유엔에서 흑인 차별을 비난하는 목소리가 조금씩 불거지고 있긴 했지만 남아공은 온 세계를 무시한 채 꿈쩍도 하지 않았다. 해럴드 형은 그게 좋았다.

그는 또한 남아공 정부에 종교가 중대한 역할을 하고 있다는 사실이 마음에 들었다. 여당은 개혁 교회에 깊이 의존하고 있었고 그 대가로 교회는 흑인 차별의 신학적 기반을 제공하고 있었다. 정부는 편향적 도덕을 강요하는 데 전혀 양심의 가책을 느끼지 못했다. 낙태는 불법이었고 인종간 결혼도 마찬가지였다. 세관에서는 "플레이보이" 같은 잡지를 규제했고 문제가 될 만한 영화나 책도 반입을 금했다. 해럴드 형은 말[馬]에 대한 동화 『검은 멋쟁이』(Black Beauty)가 제목 탓에 수년간 금서가 됐었다는 이야기를 하며 웃었다. 내용을 읽어 본 세관원은 단 한 명도 없었던 것이다.

해럴드 형이 부인 사라와 어린 두 아이와 함께 평생 살아온 유일한 나라에 안녕을 고하던 날 우리는 애틀랜타 공항에서 눈물의 이별을 했다. 그들은 남아공에 일자리도 없고 친구도 없고 거처도 아직 없었다. 그들은 그래도 백인은 언제나 대환영이니까 걱정 말라며 떠났다.

☙

해럴드 형은 늘 서명 같은 필체로 꾸준히 편지를 보내 왔다. 어느 작은 교회의 평신도 설교자가 된 그는 미국의 가족과 친구들에게 편지를 쓸 때 꼭 설교 노트 뒷면을 사용했다. 설교는 대개 12-14가지 요점으로 되어 있는데 각 요점마다 정확한 성경 구절이 딸려 있었다. 편지 앞뒷면이 모두 설교 같다 보니 어느 쪽이 편지인지 구분이 안 될 때도 있었다. 해럴드 형은 공산주의와 거짓 종교, 요즘 젊은이들의 부도덕성, 매사에 자기와 맞지 않는 교회와 사람들을 맹렬히 비난했다.

해럴드 형은 남아공에서 잘 사는 듯했다. 그는 미국도 배워야 할 것이 많다고 편지에 썼다. 자기 교회에서는 젊은 사람들이 설교 시간에 껌도 씹지 않고 쪽지도 돌리지 않고 귓속말도 주고받지 않는다 했다. 학교(백인 전용) 학생들은 선생님을 보면 자리에서 일어나 존경하는 태도로 말했다. 해럴드 형은 "타임"지를 구독했는데 미국에서 일어나는 사건들을 도저히 믿을 수 없었다. 남아공의 소수 집단은 언제나 제자리를 지켰고, 여성 운동이나 게이 권익 단체는 듣도 보도 못한 일이었다. 그는 정부가 하나님의 사자로서, 어둠의 세력에 맞서 의를 옹호해야 한다고 우리에게 말했다.

해럴드 형은 가족들 이야기를 쓸 때도 심기가 뒤틀린 비판적 어조를 버리지 않았다. 자기 아이들이 마음에 들지 않는 것 같았는데 특히 항상 제멋대로 결정해 문제만 일으키는 아들 윌리엄이 더했다.

해럴드 형의 편지를 한 통이라도 읽어 봤다면 누구라도 그를 괴짜 취급했을 것이다. 그러나 어린 시절 아름다운 추억 때문에 나는 한 번도 그의 편지를 문제시해 본 적이 없다. 나는 그가 겉으로는 괄괄하지만 그 속에는 어린 아들 두 명을 둔 과부를 성심껏 도와줄 수 있는 심성이 있음을 알았다.

해럴드 형이 이민 갈 때 나는 십대였다. 그 후 나는 대학과 대학원을 마치고 잡지 편집자로 취직해 전업 작가가 되었다. 그 기간 내내 해럴드 형은 꾸준히 편지를 보내 왔다. 아버지가 돌아가시고 이어 어머니가 돌아가셨지만 방문차라도 미국에 올 생각이 전혀 없었다. 내가 알기로 해럴드 형의 가족이나 친구 중에도 남아공으로 그를 찾아간 사람은 하나도 없다.

1990년대 들어 편지에 암울한 기운이 돌았다. 그때는 남아공에서 흑백이 권력을 공유할 수 있다는 개념이 처음 등장한 때였다. 해럴드 형은 현지 신문사에 보낸 서신 사본을 내게 보내 왔다. 미국 정부처럼 남아공 정부도 그를 배신하고 있었다. 그는 넬슨 만델라와 데스몬드 투투도 골수 공산주의자라는 증거가 있다고 말했다. 그는 경제 제재를 찬성하는 미국을 반역자라 부르는가 하면 도덕성 붕괴의 주요 원인으로 공산주의 공작을 꼽았다. 이미 변방에는 스트립쇼 클럽이 생기고 있었고 요하네스버그 시내에서는 인종이 다른 남녀가 쌍쌍이 손잡고 있는 모습이 눈에 띄었다. 편지의 어조는 갈수록 병적일 만큼 이성을 잃어 갔다.

1993년 나는 불안한 마음에 해럴드 형을 한번 찾아가 보기로 했다. 25년 동안 그에게 오직 비판과 반대의 말만 들어 왔었다. 그는 내가 쓴 책들에 대해서도 장황한 반박의 글을 보내 왔다. 특히 『하나님, 당신께 실망했습니다』를 보고는 너무 화가 나 더 이상 책을 보내지 말라고 했다. 그는 그 책—사실은 책이 아니라 제목—을 비난하는 데만 세 쪽에 달하는 편지를 보내 왔다. 책은 펼쳐 보지도 않고 제목에 심기가 뒤틀려 할 말이 많았던 것이다.

　그래도 업무차 남아공에 가는 길인데 어떻게 해럴드 형을 찾아가는 800킬로미터 길을 마다할 수 있으랴. 직접 대면하면 다를지도 몰랐다. 과거에 알던 형의 모습처럼. 혹 더 넓은 세상과 접할 필요가 있는지도 모르는 일이었다. 몇 달 전에 미리 들러도 되겠냐고 편지로 물었더니 즉각 편지의 어조가 한결 부드럽고 정감 있게 바뀌었다.

　해럴드 형이 사는 도시로 가는 유일한 비행기는 요하네스버그에서 아침 6시 30분에 출발하는 것이었다. 공항에 이를 즈음 우리 부부는 커피 기운에 정신이 없었다. 그렇잖아도 방문 자체에 신경이 예민해져 있는데다 카페인으로 인한 신경 과민까지 겹쳤다. 무슨 일이 벌어질지 전혀 알 수 없었다. 이제 성인이 된 해럴드 형의 아이들은 분명 남아공 억양으로 말할 것이다. 해럴드와 사라를 알아볼 수나 있을까? 그나저나 어려서부터 썼던 형이라는 호칭부터 바꿔야겠다는 생각이 들었다.

　내 평생 가장 괴상했던 날이 그렇게 시작됐다. 비행기가 착륙하여 내렸을 때 나는 즉각 사라를 알아보았다. 머리는 희어졌고 어깨도

나이 탓에 축 늘어져 있었지만 슬픈 듯 가녀린 얼굴은 예전 그대로였다. 사라는 나를 포옹한 뒤 아들 윌리엄과 약혼녀 비벌리에게 우리를 소개했다(딸은 멀리 살고 있어 함께 나오지 못했다).

윌리엄은 이십대 후반으로 친절하고 잘 생겼으며 미국의 열성 팬이었다. 약혼녀를 약물 중독자 재활 센터에서 만났다는 이야기도 스스럼없이 했다. 해럴드 형의 편지에 빠진 부분들이 분명 있었던 것이다.

윌리엄은 우리가 짐이 많을 줄 알고 낡은 폭스바겐 밴을 빌려 왔다. 중간 좌석은 빼고 없었기 때문에 윌리엄과 비벌리와 사라는 앞자리에 앉고 우리 부부는 엔진을 바로 밑에 끼고 있는 뒷자리에 뚝 떨어져 앉았다. 30도가 넘는 더운 날씨에 녹슨 바닥으로 엔진 매연이 새어 들어왔다. 설상가상으로 약물 중독 재활자들이 대개 그렇듯 비벌리와 윌리엄이 줄담배를 피워 대는 바람에 담배 연기가 그대로 뒤쪽으로 날아와 디젤 매연과 뒤섞였다.

윌리엄은 갖은 곡예에 급제동까지 해 가며 험악하게 차를 몰아 시내를 통과했다. 그는 그 와중에도 명소를 소개한다고 계속 뒤로 몸을 돌렸다.―"크리스천 바나드 박사 이야기 들어 보셨나요? 바로 저 집에 살았어요."―그럴 때마다 밴이 이리 기울었다 저리 기울었다 하는 통에 가방이 바닥에서 미끄럼을 탔고 우리는 다량의 커피와 비행기에서 먹은 아침을 꾹꾹 누르느라 초죽음이 되었다.

나는 해럴드 형이 어디 있는지 아직 묻지 않았다. 당연히 집에서 우리를 기다리고 있을 줄 알았다. 그러나 차를 세워도 문간엔 아무도 나타나지 않았다. "해럴드는 어디 있나?" 가방을 내리며 윌리엄에게 물었다. '형'자를 빼기로 한 것을 기억하며.

"예, 말하려고 했는데 기회가 없었어요. 저, 아빠는 감옥에 계세요." 그는 주머니를 뒤져 새 담배를 끄집어냈다.

"감옥?" 나는 정신이 번쩍 들었다.

"네. 이 때쯤 나올 예정이었는데 출소가 늦어져서요."

나는 추가 설명이 나올 때까지 멍하니 바라보고만 있었다. "그게…그러니까, 아빠가 가끔 화를 못 참아요. 그래서 홧김에 여기저기 편지를 쓰다 보니까…."

"나도 안다. 그런 편지라면 나도 몇 통 받아 봤으니까." 내가 말을 끊었다.

"그렇군요. 한 편지를 너무 많이 보내 문제가 됐어요. 차차 말씀드릴게요. 들어가시죠."

나는 이 상황을 이해하느라 한동안 더 서 있는데 윌리엄이 안으로 쑥 들어갔다. 나도 가방을 들고 작고 어두침침한 단층집으로 들어갔다. 안에는 베니스식 커튼과 차일을 두 겹으로 쳐 놓아 햇빛이 전혀 들지 않았다. 보기 좋게 낡고 편한 가구는 남아공 어느 집에서 보았던 것보다 한결 미국식이었다. 사라는 차 주전자를 올려놓았고 우리는 잠깐 의례적인 대화를 주고받았다. 정작 궁금했던 한 가지 주제만은 비켜 가면서 말이다.

나는 이내 심각한 방해거리가 있음을 알았다. 윌리엄은 진홍잉꼬, 코카틸 앵무새, 마코앵무, 앵무새 등 열대 조류를 키우고 있었다. 자기 아파트는 관리 사무실에서 애완 동물을 금하고 있어서 부모 집에 둔 것인데 새들은 새장도 없이 마음대로 날아다녔다. 알에서 깨어나기도 전부터 데려다 키운 탓에 소파 위 내 어깨에 와서 앉을 만큼 잘

길들여져 있었다. 나는 무지개빛 진홍잉꼬 한 마리가 내 혀를 쪼는 바람에 깜짝 놀라 찻잔을 떨어뜨릴 뻔했다.

"괜찮아요." 윌리엄이 웃으며 말했다. "초콜릿 먹는 걸 가르쳐 줬거든요. 초콜릿 사탕을 조금 씹다가 혀를 내밀면 와서 먹어요." 나는 입을 꼭 다물고 있었다. 그리고 아내의 표정을 보지 않기로 했다.

커피, 담배 연기, 폭스바겐 매연으로 속은 느글거리는데다 새가 내 혀를 집적거리며 어깨 위에 축축한 것을 떨어뜨리는 어두운 단층집에 앉아, 나는 해럴드 형의 숨겨진 부분에 대한 진상을 들었다. 해럴드는 주일이면 불과 유황에 대해 설교했고, 미국의 친구들에게 편지로 저주와 심판에 관한 장황한 이야기를 늘어놓았다. 그러나 그와 동시에, 내가 지금 앉아 있는 이 비좁고 곰팡내 나는 집에서 포르노 센터를 운영해 왔다. 불법으로 외국 출판물을 들여와 사진을 오려 "당신한테 이렇게 해주고 싶소"라는 글과 함께 남아공의 유명한 여자들한테 보낸 것이다. 그 중 한 명이었던 어느 텔레비전 뉴스 진행자가 너무 놀라 경찰에 알렸고, 타자기 추적 결과 혐의자가 해럴드로 좁혀져 경찰이 들이닥쳤다.

FBI 특별 기동대 팀이 집을 포위한 뒤 강제 진입해 서랍이며 옷장을 몽땅 뒤지던 날에 대해서는 사라도 차마 말을 잇지 못할 정도였다. 그들은 남편의 복사기와 타자기를 압수했다. 포르노를 감춰 둔 은닉처도 찾아냈다. 그리고 야구 모자를 푹 눌러 씌워 수갑을 채운 채 남편을 감옥으로 끌고 갔다. 그 사이 밖에는 텔레비전 뉴스 차량이 와 있었고 공중에는 헬리콥터 한 대가 날아다니고 있었다. "음란죄로 체포된 설교자" 사건은 저녁 뉴스에 나왔다.

사라는 이웃들과 눈 마주치기가 부끄러워 나흘 동안 집 밖에 나가지 못했다고 했다. 얼마 후 억지로 교회에 갔지만 더 창피만 당했다. 해럴드는 그 작은 교회의 도덕적 지주였기에 사람들은 뭐가 뭔지 혼란스러워했고 배신감마저 느끼고 있었다. 그 사람한테도 그런 일이 벌어질 수 있다면….

대략 사연을 듣고 나서 얼마 후 해럴드를 만날 수 있었다. 우리는 플라스틱 그릇에 점심 도시락을 싸 가지고 감옥으로 갔다. 경비는 엄하지 않았다. 거기 운동장에서 해럴드는 우리를 맞았다. 25년 만의 대면이었다. 우리는 끌어안았다. 예순을 넘긴 해럴드는 뼈만 앙상하고 머리는 훌렁 벗어지고 눈이 퀭한데다 안색마저 상한 우윳빛으로 좋지 않았다. 그를 크다고 생각했던 때가 있었다는 것이 믿기지 않을 정도였다.

보디 빌딩이나 일광욕에 시간을 들이고 있는 다른 죄수들에 비하면 그는 유령 같았다. 그에게선 뭔가 억누를 수 없는 슬픔 같은 것이 묻어났다. 온 세상의 눈앞에 벌거벗은 모습으로 드러난 그였다. 그는 숨을 곳이 없었다.

함께 있는 몇 시간 동안 그제서야 전에 알던 해럴드의 모습을 희미하게 볼 수 있었다. 나는 옛날 우리 이웃 사람들의 변화며 96년 애틀랜타 올림픽 준비 상황 이야기를 들려주었다. 친구며 가족들 이야기를 꺼내자 그의 표정이 밝아졌다. 그는 땅에서 왔다갔다하는 갖가지 새를 가리켜 보였다. 한 번도 본 적이 없는 남아공의 이국적인 새들이었다.

감옥에 온 경위에 대해서도 말이 나왔지만 깊은 이야기는 안 했다. 그는 솔직히 두려움을 털어놓았다. "이 곳에서 음란 사범들이 어떤 조치를 당하는지 들었다네. 그래서 수염도 기르고 모자도 쓴 거라네. 일종의 위장인 셈이지."

면회 시간이 끝나자 우리도 다른 면회객들과 함께 철조망 밖으로 나와야 했다. 나는 다시 해럴드를 껴안은 뒤 앞으로 다시는 못 보리라 생각하며 밖으로 걸어 나왔다.

며칠 후 비행기가 남아공을 떠날 때도 우리 부부는 여전히 충격에서 벗어나지 못하고 있었다. 해럴드를 편지로만 알던 아내는 낙타 털옷을 입은 선지자, 세상을 향해 "회개하라!"라고 외치는 세례 요한 같은 사람을 만날 줄 알았다. 나는 그런 이미지에 어린 시절 보았던 멋진 남자가 한데 어우러진 모습을 상상했었다. 천년 만년 가도 복역 중인 죄수를 만나리라고는 상상조차 못했던 것이다.

방문 후 해럴드가 보내 온 몇 통의 편지는 한결 겸손한 어조였다. 그러나 출소 후 그는 다시 격해지기 시작했다. 뭐가 어쨌냐는 듯 다시 교회에 나가는가 하면(교회는 그를 '제명한' 터였다) 타자기를 새로 사서 세상에 대해 더 많은 비판의 글을 보내기 시작했다. 나는 그가 이번 경험으로 그런 일을 중단하고 덜 교만해지고 도덕적으로 건전해지고 남들에 대해서도 좀더 동정심을 품게 되기를 바랐다. 그러나 몇 년이 지났는데도 그의 편지에서 겸손이라고는 손톱만큼도 찾을 수 없었다.

무엇보다 슬픈 것은 은혜의 조짐을 전혀 느낄 수 없었다는 것이다. 해럴드 형은 아는 것이 도덕밖에 없었다. 그는 세상을 순수 세력과 불순 세력으로 깨끗이 나누었고, 그 반경을 점점 좁혀 가다 자기

외에는 아무도 믿지 못하게 되었다. 그러다 결국엔 자기마저 못 믿게 되었다. 어쩌면 난생 처음 은혜 외에는 갈 곳 없는 처지가 됐는지도 모른다. 그러나 내가 아는 한 그는 은혜로 돌아서지 않았다. 오점이 있더라도 도덕이 훨씬 안전한 장소로 보였던 것이다.

12장

뒤섞인 향기

> 죄인은 뜨거운 정열이 넘치지만,
> 의인은 죄를 깨닫지 못한다.
> _ W. B. 예이츠

빌 클린턴 첫 임기 중 백악관을 방문한 자리에서 나는 현대 문화 전쟁과 거칠게 처음으로 대면을 했다. 초청 경위 자체에 씁쓸한 구석이 있었다. 나는 정치와는 거의 관련된 바 없고 글을 쓸 때도 그 주제는 대개 피한다. 그러나 1993년 말 나는 사회에 대한 복음주의 진영의 히스테리에 가까운 경고에 적잖은 우려감을 느꼈다. 나는 칼럼을 써서 다음과 같이 맺었다. "우리의 진정한 도전은 미국을 기독교화하는 것(언제나 이길 가망이 없는 싸움)이 아니라 갈수록 더 적대적인 세상 속에서 그리스도의 교회가 되려 노력하는 것이다."

'크리스채너티 투데이' 편집진이 붙인 칼럼 제목이 더 센세이션을 불러일으켰다. "클린턴이 적그리스도가 아닌 이유". 편지가 꽤 왔는데 대개는 빌 클린턴이 적그리스도라고 주장하는 사람들이 쓴 것이었다. 이 칼럼이 어쩌다가 대통령 책상까지 가게 되어 몇 달 후 클린턴이 복음주의자 열두 명을 조찬에 초대할 때 나도 거기 끼게 됐다. 내빈 중에는 교회나 기독교 기관 대표들도 있었고 그리스도인 학자들도 있었다. 나는 눈길을 끄는 칼럼 제목 덕에 초청된 셈이었다 (앨 고어가 "클린턴이 적그리스도가 아닌 이유"라는 제목을 보고 "빌, 자네가 좀 나서야 되겠네" 하고 말했다 한다).

"대통령은 정해 놓은 의제가 없습니다. 단순히 여러분의 관심사를 들으려는 것입니다. 각자 5분씩 주어질 것입니다. 대통령에게 하고 싶은 말은 무엇이든 하셔도 좋습니다." 누군가 우리에게 다짐을 주었다. 대통령이 복음주의 그리스도인들 사이에서 좋은 평판을 듣지 못하기 때문에 우리를 소집한 것임은 정치적 식견 없이도 금방 알아차릴 수 있었다. 클린턴은 서두에서 그런 마음을 약간 표명했다. "어떤 때는 내가 영적인 고아가 된 느낌이 듭니다."

한평생 남침례교인이었던 그는 워싱턴 시―그는 "여태 살아 본 곳 중 가장 세속적인 도시"라고 우리에게 말했다―에서 기독교 공동체를 찾기 어렵다는 것을 알았다. 대통령 가족이 교회에 가자 대중매체가 달라붙었다. 물론 이는 예배를 드리는 데 아무런 도움도 되지 않았다. 클린턴의 각료(물론 그가 지명한 자들) 중에 그와 동일한 이런 신앙 문제를 가진 사람은 거의 없었다.

게다가 보수 기독교 단체들도 클린턴과 연계를 끊었다. 대통령이 워싱턴 거리를 조깅하다 본 자동차 스티커 중에는 이런 것도 있었다. "빌 클린턴을 찍으면 하나님께 죄짓는 것이다." "구조대"(Operation Rescue, 반낙태 운동 단체)의 창설자 랜달 테리는 공식석상에서 클린턴 부부를 "아합과 이세벨"이라고 부르기도 했다. 클린턴이 속한 남침례교단도 대통령을 교적부에서 제명하지 않은 아칸소 주 교회를 징계해야 한다는 압력을 받고 있다.

한마디로 대통령은 그리스도인들로부터 별로 은혜를 경험하지 못했다. 대통령은 우리에게 말했다. "웬만한 비난과 적의는 그러려니 할 만큼 정계에 오래 있었지만 그리스도인들한테 받는 미움은 정말 뜻밖입니다. 왜 이렇게까지 나를 미워하는 겁니까?"

물론 그날 아침 접견실에 있던 사람들은 대통령이 왜 그리스도인들 사이에 그런 미움을 불러일으켰는지 잘 알고 있었다. 낙태와 동성애 권리에 관한 정책에다 특히 본인의 부도덕함에 대한 보고가 더해지면서 많은 그리스도인들이 그의 신앙 고백을 진심으로 보기 어렵게 된 것이다. 한 존경받는 그리스도인 지도자는 내게 딱 잘라 이렇게 말하기도 했다. "빌 클린턴의 신앙 고백이 진실이라면 그런 가치관을 지닐 수는 없네."

그날 조찬을 기사로 쓴 지 몇 달 후 백악관에서 다시 초청장이 왔다. 이번에는 잡지에 대통령 단독 인터뷰를 싣자는 것이었다. 인터뷰는 대부분 1994년 2월에 대통령 리무진 안에서 이루어졌다. 클린턴이 어느 도심 학교에서 연설을 마친 뒤 백악관으로 돌아오는 동안 '크리스채너티 투데이' 편집자 데이비드 네프와 내가 장시간 동행한 것이다. 대화는 대통령 집무실에서도 계속됐다. 리무진은 큰 차였지만 그래도 우리와 마주 앉은 탓에 클린턴은 시종 긴 다리를 굽히고 있어야 했다. 대통령은 가라앉아 있는 목청을 가다듬느라 종이컵으로 물을 몇 모금씩 마셔 가며 우리 질문에 답했다.

낙태 문제가 대화의 대부분을 차지했다. 데이비드 네프와 나는 어떻게 이 까다로운 질문을 꺼내야 할지 전략적으로 미리 준비해 갔으나 막상 상황이 되니 자연스럽게 나왔다. 마침 그날 우리 세 사람은 전국 조찬 기도회에 참석했다가 테레사 수녀가 미국의 낙태 성행에 대해 대통령을 대담히 경책하는 말을 들었다. 클린턴은 조찬 후 테레사 수녀를 따로 만났던 터라 우리와 그 주제로 또 이야기하는 것에 대해 불안한 빛을 보였다.

나는 "빌 클린턴 신앙의 수수께끼"라는 기사를 통해 먼저 대통령의 낙태관을 소개했고 내 친구가 제기했던 질문도 깊이 다루었다. 빌 클린턴의 신앙 고백이 진실이라면 그런 정책을 지지할 수 있을까? 나는 대통령의 어린 시절 친구들 및 지인들과의 대화를 포함하여 많은 연구를 했고 그 결과 증거는 분명해 보였다. 클린턴의 신앙은 정치적 이득을 위한 쇼가 아니라 존재의 절대적인 부분이었다. 대학 시절을 빼고는 그는 꾸준히 교회에 나갔고 빌리 그레이엄의 평생 후원자였으며 성경을 열심히 공부하는 사람이었다. 최근 읽은 기독교 서적에 어떤 것이 있느냐고 물었더니 리처드 마우와 토니 캠폴로의 책 제목을 이야기했다.

사실 나는 클린턴 부부를 신앙과 떼어서 이해한다는 것은 거의 불가능한 일임을 깨달았다. 평생 감리교인이었던 힐러리는 인간이란 남을 섬김으로써 선을 행하기 위해 이 땅에 보냄받은 것이라 믿고 있었다. 남침례교인 빌 클린턴은 부흥 운동 및 '앞에 나가' 죄를 고백하는 전통 속에서 자라났다. 물론 그도 주중에 잘못을 범하지만—누군 안 그러나?—주일이 오면 교회에 가 죄를 고백하고 새롭게 시작한다.

인터뷰 후 나는 클린턴 대통령과 그의 신앙에 대해 나름대로 균

형 잡힌 기사를 쓰려고 노력했다. 특히 테레사 수녀의 도덕적 절대 기준과 클린턴의 모호한 입장을 대조시켜 가며 낙태 문제에 상당 지면을 할애했다. 독자들의 질풍노도 같은 반응은 전혀 예상 밖이었다. 분노의 편지가 담긴 가방들을 내 우편함까지 끌고 온 우편 배달부가 그 무게 때문에 지쳐서 앞으로 회복될지 모르겠다.

어떤 사람은 이렇게 썼다. "클린턴이 성경 지식이 있다고? 성경이야 마귀도 알지! 당신이 속은 거요." 복음주의자들은 대통령을 만나지 말아야 한다고 주장한 편지도 많았다. 클린턴을, 자신의 목적을 위해 냉소적인 태도로 목사들을 이용했던 아돌프 히틀러에 견준 사람도 여섯 명이나 됐고, 우리 모습이 스탈린의 위협에 기죽은 교회 꼴이라 말한 이들도 있었다. 어떤 사람들은 세례 요한과 헤롯, 엘리야와 아합, 나단과 다윗 등 성경에 나타난, 죄를 지적하는 장면을 제시하기도 했다. 왜 대통령 얼굴에 삿대질이라도 해 가며 좀더 선지자처럼 처신하지 못했느냐는 것이다.

이렇게 쓴 사람도 있다. "필립 얀시는 어린아이가 화물 열차에 막 치이려는 광경을 보고도 태평스레 서서 사랑으로 비키라 말만 할 뿐이지 절대 고함을 질러 아이를 위험한 길 밖으로 밀어내지 않을 사람이다."

긍정적인 내용이 담긴 편지는 10퍼센트도 안 됐다. 악한 말투의 인신 공격은 전혀 생각지도 못한 것이었다. "얀시가 중서부 평지를 떠나 사람이 없고 적막한 콜로라도로 가더니 산소 공급 부족으로 분별력이 흐려진 것 같다"고 쓴 독자도 있다. 또 이런 말도 있다. "필립 얀시가 백악관 반역 조찬의 따끈따끈한 계란을 맛있게 먹었기를 바란다. 그가 잔털 투성이 얼굴에서 (등으로 흘러내리지 않도록) 노른자를 닦아 내느라 바쁜 중에도 클린턴 정부는 철저히 하나님을 거스르고 도덕과 무관한 정책을 계속 만들어 내고 있었기 때문이다."

잡지 일을 해 온 25년 동안 독자들의 엇갈린 반응은 받을 만큼 받아 보았다. 그럼에도 불구하고 이 산더미 같은 분노의 편지를 읽으며 나는 세상에서 '은혜'라는 말이 복음주의 그리스도인과 자동적으로 연결되지 않는 이유를 실감할 수 있었다.

∿ ∿ ∿

사도 바울의 서신은 대개 형식이 비슷하다. 그는 앞부분에서 "하나님의 은혜의 부요함" 같은 심오한 신학적 개념을 살펴본 후 있을 법한 반론에 답하는 시간을 꼭 갖는다. 그러고 나서야 실제적인 적용으로 들어간다. 그 부요함을 복잡한 일상 생활 속에 어떻게 옮겨 놓을지 알아보는 것이다. '은혜 받은' 사람은 남편으로서, 아내로서, 교인으로서, 시민으로서 어떻게 살아가야 할 것인가?

나도 똑같은 형식으로 우선 은혜를, 국가와 부족과 가계를 묶고 있는 비은혜의 사슬을 깨뜨릴 수 있는 놀라운 힘으로 제시했다. 거기에는 세상에서 가장 기쁜 소식이 담겨 있다. 우주의 하나님이 우리를 사랑하신다는 것이다. 파문의 향기를 발할 너무나 기쁜 소식이다. 그러나 내 일은 아직 끝나지 않았다. 실제적인 질문으로 돌아가야 할 시점이 온 것이다. 은혜가 그렇게 놀라운 것이라면 왜 그리스도인들은 더 많은 은혜를 드러내지 못하고 있나?

은혜의 향기를 발하도록 부름받은 그리스도인들이 반대로 비은혜의 역한 냄새를 풍기고 있으니 어찌 된 일인가? 이 질문의 답 중 하나는 1990년대 미국 상황에서 바로 나온다. 교회가 정치 문제에 너무 휩쓸린 나머지 비은혜의 법칙인 권력을 따라 움직이고 있다는 점이다. 교회의 소명이 상실될 위험은 정치 영역에서 가장 크게 나타나고 있다.

나는 빌 클린턴에 대한 기사를 쓰면서 이 점을 절실히 깨달았다. 일부 그리스도인들이 풍기는 냄새를 처음으로 짙게 한 자락 맡아 본 셈인데 결코 유쾌한 냄새는 아니었다. 나는 세상에서 그리스도인이 어떻게 보여지는지 더 깊이 주의를 기울이기 시작했다. 예컨대 "뉴욕 타임즈"지의 어느 격한 흥분조 사설은 종교 보수 세력의 정치 참여는 "공산주의가 민주주의에 가했던 위협보다 훨씬 큰 위협 요소가 된다"[1]고 경고하고 있다. 보수 그리스도인들이 이 말을 진실로 믿을 수 있을까?

문화의 일반적 흐름을 잘 보여 주는 것이 만화인 만큼 나는 만화에 그리스도인이 어떻게 그려져 있는지 눈여겨보았다. 한 예로 "뉴요커"지에는 값비싼 식당에서 손님에게 메뉴를 설명하는 웨이터 그림이 있고 이런 대사가 적혀 있다. "별표가 그려진 것은 종교 우익에서 권하는 것들입니다." 또 어느 종교 만화는 미국의 전통적 교회 건물 앞에 이런 팻말을 세워 놓았다. "반(反) 클린턴 제일 교회."

나는 그리스도인들이 정치에 관여해야 할 권리와 책임이 있음을 전적으로 지지한다. 노예 제도 폐지, 민권, 낙태 반대 등의 도덕전(戰) 선두 주자는 그리스도인들이었다. 대중 매체가 종교 우익의 '위협'을 심히 과장하고 있다는 것도 나는 안다. 내가 아는 정계 그리스도인들은 대중 매체가 그리는 이미지와는 거리가 멀다. 그럼에도 불구하고 최근 '복음주의 그리스도인'이라는 이름과 '종교 우익'이라는 명칭이 같은 뜻으로 사용되고 있는 경향에 적잖은 우려감을 느낀다. 만화에서 그리스도인은 타인의 삶을 통제하기 원하는 경직된 도덕주의자로 이미지가 굳어지고 있다.

일부 그리스도인들이 비은혜로 행하는 이유를 나는 안다. 바로 두려움 때문이다. 학교에서, 법정에서, 때로 국회에서 우리는 외부의 공격을 느낀다. 사회 부패상을 대변하는 도덕적 변화가 도처에서 일어나고 있다. 범죄, 이혼, 청소년 자살, 낙태, 마약 복용, 복지 수혜 아동, 사생아 출생 등의 범주에서 미국은 모든 선진국을 앞지르고 있다. 사회 보수 세력은 끝없는 가치관의 위협 속에 서서히 포위당한 소수파 신세를 절감하고 있다.

그리스도인은 어떻게 세속 사회에서 도덕적 가치관을 고수하면서도 동시에 은혜와 사랑을 보여 줄 수 있을까? 시편 기자는 말했다. "터가 무너지면 의인이 무엇을 하랴"(시 11:3). 나에게 편지를 보낸 사람들의 거친 말투 이면에는 분명 하나님의 자리가 거의 없는 세상을 향한 깊고도 온당한 우려가 있었을 것이다. 그러나 예수님이 바리새인들에게 지적하신 것같이 도덕적 가치관에 대한 관심만으로는 부족하다. 은혜가 빠진 도덕주의로는 문제가 풀리지 않는다.

텔레비전 쇼 프로그램 "60분"의 해설자 앤디 루니는 이렇게 말했다. "저는 분명 낙태에 반대합니다. 살인이라 봅니다. 그런데 저는 낙태 반대자들보다는 낙태 찬성자들을 더 좋아하니 딜레마입니다. 같이 저녁을 먹는다면 후자의 사람들을 택할 겁니다." 앤디 루니가 누구랑 저녁을 먹는지는 그다지 중요한 것이 아니지만, 그가 그토록 열렬히 생명을 예찬하는 그리스도인들로부터 하나님의 은혜를 느끼느냐 그렇지 못하느냐 하는 것은 아주 중요한 문제다.

비행기 옆 좌석에 앉은 사람들에게 "복음주의적인 그리스도인' 하면 맨 처음 생각나는 게 무엇입니까?" 하고 물으면 대개 정치 용어로 답해 온다. 그러나 예수님의 복음은 본래 정치 강령이 아니었다. 선거 표밭이다 문화 전쟁이다 하는 사이에 은혜의 메시지─그리스도인 본연의 핵심 표지(標識)─는 뒷전으로 밀려나고 있다. 권력의 회랑에서 은혜의 메시지를 전달하기란 불가능은 아닐지라도 참으로 어려운 일이다.

교회는 날로 더 정치성을 띠어 가고, 사회가 발전할수록 자비를 줄이고 도덕을 강조해야 한다는 소리가 들려온다. 동성애자를 욕하고 미혼모를 망신시키고 이민자를 핍박하고 집 없는 자를 괴롭히고 범법자를 벌하라. 나는 일부 그리스도인들로부터 워싱턴에서 엄중 법안만 충분히 통과시키면 나라를 살릴 수 있다는 생각을 보게 된다. "진정한 부흥의 유일한 길은 법을 개혁하는 것이다"[2]라고 주장한 유명한 신앙 지도자도 있다. 순서를 바꿀 수는 없을까?

1950년대와 1960년대 주류 교단들이 정치 문제에 신경 쓰느라 복음 전파를 뒷전으로 하자 교인 수가 반으로 줄면서 교회가 텅 비기 시작했다. 불만을 느낀 많은 교인들은 영적 필요를 채워 주는 메시지를 들으러 복음주의 교회를 찾아다녔다. 지금 복음주의 교회들이 보수파 정책을 지나치게 강조하다 교인들을 몰아내는 똑같은 실수를 범한다면 정말 아이러니가 아닐 수 없다.

∨ ∨ ∨

유치하고 고집스런 세속 좌익의 편협성에 대해서는 따로 책 한 권을 써야 할 것이다. 그러나 이 책에서 나의 관심사는 딱 한 가지다. 은혜는 어떻게 되는가? 도덕성에 대한 그리스도인들의 관심은 죄인을 향한 하나님의 사랑을 가로막는 것인가? 복음주의적 그리스도인들은 나의 유산이자 가족이다. 나는 그들 속에서 일하고 그들과 함께 예배드리며 그들을 위해 책을 쓴다. 만일 내 가족이 그리스도의 복음을 잘못 제시할 위험에 처한 것 같다면 내가 입을 열어야 한다. 사실 그것은 일종의 자기 비판이다.

대중 매체가 종교 우익을 왜곡하며 그리스도인 전반을 오해하고 있는 것은 사실이다. 그러나 잘못은 우리 그리스도인들에게도 있다. 우리 도시를 방문한 랜달 테리는 "유아 살해자, 동성애자, 콘돔 판매자 그리고 무식한 다원주의"에 관한 한 그리스도인들은 "타협을 용납하지 않는 열심당원"이 되어야 한다고 외쳤다.[3] 테리는 우리 지역구 국회의원을 두고 "뱀이요 마녀요 악한 여자"라 했다. "그리스도인은 영적 원반 팅기기나 하면서 노는 기독교 빈민촌의 어린애 같은 겁쟁이 짓을 끝내야 한다"고 그는 말했다. "미국의 현실인 도덕적 오물 구덩이"를 청소하여 미국을 다시 기독교 국가로 만들어야 한다는 것이었다. 그뿐 아니라 다른 나라들까지 기독교로 정복해야 한다고 했다.

랜달 테리가 주류 복음주의자의 전형은 아닐지 몰라도 그의 말은 대중에게 비은혜의 이미지를 심으며 지역 신문의 일면을 장식했다. 테리는 이런 말도 했다. "나는 여러분이 증오의 물결에 휩싸이기 바란다. 그렇다. 증오란 좋은 것이다.…우리에겐 성경적 의무가 있다.

하나님은 이 나라를 정복하도록 우리를 부르셨다."

한때 기독교 연맹(Christian Coalition)에서 일했던 랄프 리드는 보통 연설에 신중한 사람이다. 그러나 이것이야말로 그의 말 중 가장 자주 인용되는 말일 것이다. "밤의 어둠을 틈타 몰래 조용히 움직이는 것이 좋다.…나는 눈에 띄고 싶지 않다. 게릴라전 중이다. 나는 얼굴에 색칠하고 밤에만 돌아다닌다. 자기가 시체 운반용 부대에 들어가기 전까지는 아무도 모른다. 선거일 밤까지는 아무도 모른다."4

이런 공언이라면 남들도 대부분 나처럼 대충 에누리해 들을 것이다. 대중 앞의 쇼, 자극적 선전 문구 등에 익숙해 있으니까. 반대편 당에서 어떤 폭언으로 맞받아 칠지도 가히 짐작이 간다. 그러나 궁금한 것이 있다. 과거에 낙태를 했으나 지금은 후회하고 있는 젊은 여자라면 이 말이 어떻게 들릴까? 정체성 문제로 고민하는 동성애자에게 이 말이 어떻게 들릴지 나는 안다. 워싱턴 시에서 인터뷰를 많이 해봤기 때문이다.

처음 이 책을 쓰게 된 동기가 되었던 그 창녀의 말을 다시 생각해 본다. "교회요! 거긴 뭐하러 가요? 안 그래도 충분히 비참한데, 가면 그 사람들 때문에 더 비참해질 거예요!" 그리고 자석의 양극처럼 가장 냄새나는 자들 즉 도덕적 밑바닥 인생들을 끌어모았던 예수님의 삶을 다시 생각해 본다. 그분은 의인을 위해서가 아니라 죄인을 위해 오셨다. 그분의 처형을 요구한 것은 팔레스틴의 이름 날리는 죄인들이 아니라 바로 도덕주의자들이었다.

우리 동네에 사는 주(州) 공화당 관리가 종교 우익의 '비밀 후보들'(랄프 리드의 표현)이 당 장악을 노리고 있다며 내게 동료 공화당원들의 고충을 이야기한 적이 있다. 한 동료는 '은혜'라는 말을 자주 쓰면 곧 그런 비밀 후보로 봐도 좋다며 주의를 당부했다 한다. 그 관리는 은혜의 의미는 전혀 몰랐지만 비밀 후보들이 제호나 문서에 그 단어를 즐겨 쓰는 기관 내지 교회 출신임을 알게 되었다.

'마지막 최고의 단어'요 영어에 남은 아직 오염되지 않은 유일한 신학 용어인 은혜 역시 많은 단어들이 간 길을 가려는 것인가? 정계에서 은혜란 과연 정반대의 뜻이 되고 말았나?

다른 상황에서 던진 니체의 경고가 현대 그리스도인들에게 잘 적용된다. "용과 싸우다 스스로 용이 되지 않도록 조심하라."

∨ ∨ ∨

듀크 대학교 교목이자 감리교도인 윌리엄 윌리몬은 복음주의자들의 정치 집착 현상에 경고를 던진다.[5] "팻 로버트슨은 제시 잭슨이 되었다. 90년대 랜달 테리는 60년대 빌 코핀이다. 일반 미국인은 인간의 욕망 내지 도덕적 탈선에 대해 법률 제정 외에는 아는 답이 없다." 이것은 경험에서 나온 말이다. 윌리엄 자신의 교단도 한때 좀더 효과적인 국회 로비를 위해 국회 의사당 앞에 4층짜리 사무실 건물을 지은 일이 있다. 로비 효과는 보았지만 그 사이 교회의 일차 사명에 소홀하게 됐고 감리교 교회를 떠나는 교인 수는 수천에 달했다. 지금 윌리몬은 자기 교단을 향해 말씀 전파로 복귀할 것을 호소하고 있다. 복음주의자들을 볼 때마다 그가 접하는 것은 하나님이 아닌 정치에 대한 설교다.

나는 정치와 종교의 혼돈이야말로 은혜의 최대 장벽 중 하나라 믿는다. 루이스는 기독교 역사상 저질러진 범죄는 거의 모두 정교(政敎) 혼돈의 산물이라 말한 바 있다. 비은혜의 법칙으로 움직이는 정치는 은혜를 내 놓으면 권력을 주겠다며 우리를 유혹해 온다. 그리고 교회는 이 유혹에 저항하지 못한 때가 많다.

엄격한 정교 분리하에 살고 있는 우리는 역사상 이것이 얼마나 드문 일이며 또 그것이 어떻게 생겨난 것인지 잘 모를 수 있다. 토머스 제퍼슨이 사용한 "정교 분리의 벽"이라는 문구는[6] 그런 분리의 벽을 **환영한** 코네티컷 침례교인들에게 보낸 편지에 처음 등장한다. 침례교도, 청교도, 퀘이커교도, 여타 분파들은 교회와 정치가 분리된 곳을 찾아 미국까지 먼 길을 여행해 왔다. 다들 국가가 주도한 종교 핍박의 피해자가 되어 보았기 때문이다. 정치와 손잡은 교회는 은혜를 나타내는 것이 아니라 권력을 휘두르는 경향이 있었다.

마크 갈리가 "기독교 역사"지에 지적한 것처럼 20세기 말 그리스도인들의 불평은 교회가 연합하지 못하고 경건한 정치 지도자가 부족하며 대중 문화에 대한 기독교의 영향력이 약하다는 것이다. 이는 교회가 하나로 연합되어 있고 주요 정치 지도자를 그리스도인이 지명하고 모든 대중 문화에 신앙이 스며 있던 중세 시대에는 전혀 해당되지 않던 불평이다. 하지만 그 시대의 산물을 돌아보며 향수를 느낄 사람이 어디 있겠는가? 십자군은 동방으로 가면서 땅을 폐허로 만들었다. 신부들은 군병들과 나란히 행군하며 검 끝으로 온 대륙을 '회심시켰다.' 종교 재판소는 유대인을 추적하고 마녀 사냥을 하며 심지어 충직한 그리스도인들마저 잔인하게 넘겨주었다. 과연 교회는 사회의 '도덕 경찰'이 되었다. 은혜는 권력에 자리를 내주고 말았다.

사회 전반의 법 제정권이 교회에 속하게 되면 예수님이 경고하신 극단론에 빠지는 경우가 많다. 한 가지 예로 존 칼뱅의 제네바 경우만 생각해 보라. 관리들은 신앙 문제에 이의를 제기하는 자는 누구나 소환할 수 있었다. 교회 출석은 의무였다. 끼니마다 사용할 수 있는 접시 수와 적합한 옷 색깔까지 다 법으로 정해져 있었다.

칼뱅이 금했던 오락 일부를 윌리엄 맨체스터는 다음과 같이 기록하고 있다.

잔치 벌이기, 춤 추기, 노래 부르기, 그림, 동상, 성물, 교회 종, 풍금, 제단 촛불, '천박하고 불경한' 노래, 연극 출연 내지 관람, 립스틱 바르기, 보석이나 레이스 달기, '단정치 못한' 옷, 윗사람에 대한 불경한 말, 사치스런 오락, 욕, 도박, 카드 놀이, 사냥, 술 취함, 자식에게 구약 인물 이외의 이름을 붙여 주는 것, '부도덕하거나 불경한' 책.[7]

어떤 아버지는 아들의 세례명을 구약에 없는 클라우데라고 지은 죄로 나흘 간 옥살이를 했고, 어떤 여자는 머리 모양이 '부도덕' 경지에 이르러 같은 조처를 받았다. 추기경들은 회의를 거쳐 부모를 때린 어린아이의 목을 베었고 결혼하지 않은 여자가 임신하면 예외 없이 물에 빠뜨려 죽였다. 칼뱅의 의붓아들과 며느리는 각각 정부와 잠자리를 같이 하다 발각되어 처형당했다.

교회사의 이런 순간을 소개한 뒤 폴 존슨이 내린 결론은 이렇다. "교황의 시도든 혁명가의 시도든 이 땅에 완벽한 기독교 사회를 세우려는 시도는 오히려 적색 테러로 전락하는 경향이 있다."[8] 이는 그리스도인들이 정교 분리의 벽을 허물고 사회에 도덕성을 회복해야 한다는 목소리가 드센 이 때 우리가 명심해야 할 말이다. 레슬리 뉴비긴은 "이 땅에 천국을 끌어내리려는 노력은 언제나 지옥을 끌어올리는 결과만 낳는다"고 말했다.[9]

도덕을 짓밟는 문화 속에서 세속주의에 둘러싸여 사는 현대 미국인은 자신의 기원을 쉽게 망각할 수 있다. 나는 도덕적 다수파 전국 대표가 "이제 다른 편 뺨을 돌려대는 데도 지쳤습니다.…정말이지 지금까지 그것밖에 한 일이 없습니다"라며 자기 적들을 죽여 달라고 기도하는 것을 듣고 크게 놀랐다.[10] 또한 정부가 "공의의 율법을 저버리는 자들에게 하나님의 원수를 갚아 줄" 준비를 갖춘 "지구상의 하나님 나라의 경찰 부서"가 되고자 캘리포니아 주 어느 기독교 기관에서 정부 관리 선출 작업에 나섰다는 기사를 보고도 역시 놀라지 않을 수 없다.[11]

한때 미국도 칼뱅의 제네바 같은 엄격한 신정 국가가 될 기로에 선 적이 있다. 예컨대 코네티컷 법전에 이런 조항이 있다. "안식일에는 아무도 뛰거나 뜰 안을 걸을 수 없으며 경건하게 모임에 오가는 경우를 빼고는 어디든 다닐 수 없다. 안식일에는 여행, 요리, 침대 정리, 집 청소, 이발, 면도도 할 수 없다. 주일에 남편이 부인에게 혹은 부인이 남편에게 키스하면 과실을 범한 측은 법정 판결에 따라 처벌받는다." 메릴랜드를 인수한 성공회 세력은 의회에 참여하려는 주민은 천주교를 버리고 개종해야 한다는 법안을 통과시켰다. 뉴잉글랜드 몇몇 지역에서는 개인적 구원 체험을 간증할 수 있는 경건한 사람에게만 투표권을 제한하기도 했다.[12]

그러나 결국 식민지 열세 개 주는 국가 지정 교회란 없으며 전국 어디서나 종교의 자유를 누릴 수 있다는 데 의견 일치를 보았다. 이는 역사상 유례 없던 일로, 도박치고는 괜찮은 수입을 남겼다. 역사가 게리 윌스의 말처럼 기독교와 정부를 분리한 최초의 국가가 지구상 가장 종교적인 나라가 되었던 것이다.

∨ ∨ ∨

예수님은 예루살렘에 존재하면서도 유대와 사마리아와 땅 끝까지 퍼져 나갈 수 있는 새로운 차원의 나라를 세우러 오셨다. 한 비유에서 그분은 가라지("악한 자의 아들들"을 가리켜 하신 말) 뽑는 데 치중하는 농부는 잡초와 함께 알곡마저 죽일 수 있다고 경고하셨다. 그분은 심판의 문제는 진정한 심판자이신 하나님께 맡기라고 가르쳐 주셨다.

사도 바울은 교인들 개개인의 부도덕에 대해서는 할 말이 많았지만 이방 로마의 부도덕에 대해서는 특별한 언급을 하지 않았다. 현대 사회의 타락상이 우리 시대 그리스도인들의 눈에 거슬리는 것 못지않게 로마의 악습—노예 제도, 우상 숭배, 폭력 유희, 정치적 압제, 탐욕—이 당시 그리스도인들의 눈에 분명 거슬렸을텐데도 바울은 그런 악습에 대해 좀처럼 비난하지 않는다.

클린턴 대통령을 만나러 백악관에 갔을 때 나는 보수 그리스도인들 사이에서 그의 평판이 낙태와 동성애 권리라는 두 가지 이슈와 직결된 것을 잘 알고 있었다. 이것들이 그리스도인이 다루어야 할 중요한 도덕 문제라는 데는 나도 전적으로 동감한다. 그러나 신약 성경 어디에서도 그와 관련된 말씀은 찾아볼 수 없다. 두 가지 모두 당시에도 존재한 것이다. 오히려 그 양상이 지금보다 악했다. 로마 시민들은 산아 제한을 낙태에 의존하지도 않았다. 여자들은 일단 아이를 낳은 다음 길가에 버려 야수나 조류의 밥이 되게 했다. 로마인과 그리스인도 동성애를 행했다. 보통 나이 든 남자가 어린 소년을 성적 노예로 삼았다. 소아 남색인 것이다.

이렇듯 예수님 시대나 바울 시대에 이 두 가지 도덕 문제는 요즘 같으면 지구상 어느 문명 국가를 막론하고 당연히 죄가 될 그런 형태로 성행하고 있었다. 달 수가 차서 태어난 아기를 죽이도록 그냥 두는 나라는 없다. 아동과의 성관계를 법적으로 허용하는 나라도 없다. 예수님도 바울도 이런 통탄할 현실을 십분 알고 있었다. 그럼에도 불구하고 예수님은 둘 중 어느 것도 언급하신 일이 없고, 바울은 이성 간 성관계에 대해서만 몇 군데 이야기했을 뿐이다. 둘 다 주변 이방 나라가 아니라 하나님 나라에 초점을 두고 살았다.

이런 이유로 볼 때 교회가 나라의 도덕성 회복에 엄청난 에너지를 쏟아붓는 작금의 실태에 정말 의문이 생긴다. 우리는 이 세상에 속하지 않은 나라보다 이 세상 나라에 더 관심을 쏟고 있는 것은 아닌가? 오늘날 복음주의 교회에 대한 대중의 이미지는 사실상 예수님이 언급조차 하지 않으신 두 가지 이슈에 열을 올리는 모습에 의해 결정되고 있다. 미래의 역사가들이 1990년대 복음주의 교회를 돌아보며, 세상에 은혜의 향기를 전하는 일이나 지상 명령을 수행하기 위해서는 별로 한 일이 없으나 다만 "낙태와 동성애 권리의 도덕 전선에서 용감히 싸웠다"고 평한다면 우리 마음이 어떨까?

13장
뱀 같은 지혜

> 교회는 국가의 주인이나 노예가 아니라 국가의 양심이다.
> 교회는 국가의 길잡이와 비평자가 되어야지
> 결코 도구가 되어서는 안 된다.
> _ 마틴 루터 킹

1950년대에 내가 자랄 때만 해도 교장 선생님이 교내 방송으로 기도문을 읽는 것으로 하루가 시작됐다. 학교에서는 '하나님 다음으로' 국가에 충성을 맹세했고 주일 학교에서는 국기와 기독교기에 똑같이 충성을 맹세했다. 나는, 이런 미국의 그리스도인들이 "갈수록 기독교를 적대시하는 사회를 어떻게 '은혜로' 대할 것인가"라는 전혀 새로운 도전에 접하리라고는 꿈에도 생각하지 못했다.

미국 역사―적어도 정사(正史)―를 보면 교회와 정부는 최근까지만 해도 밀월 관계를 즐겼다. 미국을 교회의 정수를 지닌 나라라 부를 정도로 종교는 미국의 깊은 근간을 이룬다. "메이플라워 서약"에는 청교도의 목표가 "하나님의 영광과 기독교 신앙의 진보와 우리 왕과 나라의 영예를 위하여 착수된" 것이라 명시되어 있다.[1] 미국을 세운 이들은 민주주의가 실효를 거두려면 반드시 신앙이 있어야 한다고 보았다. 존 애덤스는 말했다. "우리 헌법은 도덕적, 종교적 국민에게만 맞도록 제정된 것이다. 그 외의 정부에는 부적합하다."²

역사를 보면 대법원 판결에도 기독교적 합의가 반영될 때가 거의 대부분이었다. 1931년에 대법원은 "우리는 종교적 자유의 동등한 권리에 따라 하나님의 뜻에 순종할 의무를 엄숙히 인정하는 기독교 국민"이라 선언했다.³ 많은 보수주의자들에게 악명 높은 대법원장 얼 워렌은 1954년 어느 연설에서 이렇게 말했다. "나는 성경과 성령이 처음부터 우리를 인도하는 수호신이 되어 왔다는 사실을 인식하지 않고는 아무도 우리 나라 역사를 읽을 수 없다고 믿습니다."⁴ 또한 그는 식민 시대의 모든 헌장이 '기독교 원리로 통치되는 기독교 국가'라는 한 가지 목표를 지향하고 있다고 덧붙였다.

우리는 날마다 기독교 유산을 일깨우는 것들 속에 살아가고 있다. 공무원(civil service), 법무성(ministry of justice) 등 정부 기관 용어 자체가 종교적 뉘앙스를 풍기고 있다. 미국인들은 재해에 재빨리 대처하고 장애인의 권익을 옹호하며 고장 난 차를 보면 멈춰서 도와주고 자선 사업에 수십억 달러를 내 놓는다. 이런 '몸에 밴 습관' 모두가 기독교의 뿌리에서 자란 국민 문화를 보여 준다. 해외에 나가 본 사람만이 이런 은혜의 꾸밈음이 모든 문화에 있는 것이 아님을 알 수 있다.

[물론 속을 들여다보면 역사는 사뭇 다른 이야기를 해준다. 이 '기독교' 국가에서 원주민 인디언들은 거의 씨가 말랐다. 여자들에게는 기본 권리가 주어지지 않았다. 남부의 '훌륭한 그리스도인들'은 양심의 가책 없이 노예를 부렸다. 남부에서 자란 나는 흑인들이 미국 초기 역사의 그 '경건한' 시기를 절대 향수에 차서 돌아보지 않는다

는 것을 잘 안다. "나도 그때 태어났다면 노예였을 것이다." 존 퍼킨스의 말이다. 이런 소수 집단에게 은혜의 메시지는 남 이야기였다.]

요즘 미국에서 교회와 정부를 혼동하는 사람은 거의 없다. 그 변화는 숨막힐 정도로 빨라 지난 30년 사이에 태어난 사람은 내가 말하는 기독교적 합의가 뭔지도 모를 지경이다. 충성을 맹세할 때 "하나님 아래서"라는 말이 덧붙여진 때가 불과 몇 십년 전인 1954년이고, "우리가 믿는 하나님 안에서"라는 문구가 국가 공식 표어가 된 때가 1956년이라니 정말 믿어지지 않는다. 그 후 대법원은 학내 기도를 금지시켰고 일부 교사들은 학생들이 종교적인 주제에 대해 작문하는 것을 막으려 했다. 영화와 텔레비전에서도 나쁘게 말할 때 외에는 그리스도인을 언급하는 일이 거의 없고, 공공 장소에서 종교적 상징물을 제거하라는 법정 판결은 일상사가 되었다.

종교 우익의 분노는 다분히 이런 문화적 반전이 너무 빠른 데서 오는 것이다. 초창기 복음주의 반낙태 운동가 중 하나인 해럴드 O. J. 브라운은 로우 대 웨이드 사건(낙태를 합법화한 대법원 최초의 판례—역주)은 자기를 포함해 많은 사람에게 그야말로 청천벽력 같았다고 말한다. 그때까지만 해도 그리스도인들은 대법원을 국가 전반의 도덕적 합의에서 결론을 도출해 내는 가장 신뢰할 만한 현자 집단으로 보았다. 그런 상황에서 느닷없이 폭탄이 터졌다. 온 나라를 둘로 갈라놓는 판결이 나온 것이다.

'죽을 권리' 확립, 결혼 재(再)정의, 포르노 옹호 등 보수 그리스도인들을 현기증 나게 한 법원 판결은 그 외에도 얼마든지 있다. 이제 그리스도인은 정부를 교회의 친구가 아니라 적으로 보게 되었다. 제임스 답슨의 말에 그런 느낌이 잘 담겨 있다. "오늘날 북미 전역을 강타하고 있는 것은 거대한 가치관의 내전과 다를 바 없다. 공존이 불가능한 천양지차의 세계관을 지닌 두 세력이 사회 구석구석에 스며들어 치열하게 싸우고 있는 것이다."⁵

문화 전쟁은 진행중이다. 역설적이게도 해마다 미국 교회가 다원주의 이교 사회에 포위된 소수 집단이라는 신약 교회의 상황에 점점 가까이 가고 있다는 것이다. 스리랑카, 티벳, 수단, 사우디 아라비아 등지의 그리스도인은 오랫동안 공공연하게 정부의 탄압을 받아 왔다. 그러나 신앙에 우호적인 역사를 지닌 미국의 그리스도인은 그것을 싫어한다.

˅ ˅ ˅

하나님과 점점 멀어지는 듯한 사회에서 그리스도인은 어떻게 은혜를 베풀 수 있을까? 성경에 나오는 인물들이 보인 반응은 너무나 다르다. 엘리야는 동굴에 숨어 지내며 아합의 이교 정부에 급작스런 공습을 했으나 동시대의 오바댜는 한편으로는 하나님의 참 선지자들을 숨겨 주면서도 당시 사회 체제 속에 들어가 아합 궁의 관리직을 맡아지냈다. 에스더와 다니엘은 이방 제국에 뽑혀 쓰였으나 요나는 다른 이방 나라에 심판을 외쳤다. 예수님은 한 로마 총리의 판결에 따르셨으나 바울은 가이사 황제에게까지 호소했다.

설상가상으로 성경에는 민주주의 시민을 위한 직접적 권고가 한 마디도 없다. 바울과 베드로는 독자들에게 권세에 복종하고 왕을 공경하라 했지만 민주주의에서는 시민인 우리가 바로 '왕'이다. 헌법상의 권리로 우리가 정부를 구성하므로 정부를 무시한다는 것은 있을 수 없는 일이다. 거기다 만일 국민 대다수가 그리스도인이라면 짐짓 '도덕적 다수파'로 자처하며 기독교식 문화를 만들지 못할 이유도 없지 않은가?

모종의 기독교적 합의가 미국을 휩쓸 때만 해도 이런 문제는 별로 급하지 않았다. 그러나 이제 신앙을 사랑하고 동시에 나라를 사랑하는 우리 모두는 그 사랑을 표현하는 최선의 방법을 정해야만 한다. 따라서 미래가 어떻게 되든 반드시 적용되어야 할 세 가지의 잠정적인 결론을 나누고자 한다.

첫째, 지금쯤이면 분명해졌겠지만 나는 하나님의 은혜를 베푸는 일이야말로 그리스도인이 핵심적으로 기여해야 할 부분이라 믿는다. 고든 맥도날드의 말처럼 교회가 할 수 있는 일은 세상도 다 할 수 있지만 한 가지 예외가 있는데 바로 세상은 은혜를 보일 수 없다는 것이다. 내 생각에 그리스도인들은 세상에 은혜 베푸는 일을 그다지 잘 해내고 있지 않다. 특히 우리는 신앙과 정치라는 영역에서 비틀거리고 있다.

예수님은 어떤 기관도 개인에 대한 당신의 사랑을 막는 일이 없게끔 하셨다. 유대교의 인종 및 종교 정책에 따르면 그분은 사마리아 여자와 말할 수 없었다. 도덕 배경까지 지저분한 여자는 더 말할 것도 없었다. 그러나 그분은 바로 그런 여자를 선교사로 택하셨다. 예수님의 제자 중에는 이스라엘 사람들에게 매국노로 통하던 세리도 있었고 열심당원 즉 셀롯인도 있었다. 예수님은 반문화 인사인 세례 요한을 칭송하셨다. 그분은 정통 바리새인인 니고데모를 만나셨고 로마 백부장도 만나셨다. 시몬이라는 또 다른 바리새인의 집에서 잡수셨고 '부정한' 자인 문둥병자 시몬의 집에서 음식도 드셨다. 예수님께는 어떤 범주나 꼬리표보다 사람이 훨씬 중요했다.

정치의 양극화 생리에 휩쓸려 맞은편에 있는 '적'을 향해 고함 치기란 참으로 쉬운 일임을 나는 안다. 그러나 예수님은 "원수를 사랑하라"(마 5:44)고 명하셨다. 윌 캠벨에게 그것은 자기 친구를 죽인 남부 백인 KKK단을 뜻했다. 마틴 루터 킹 주니어의 경우 그것은 자기에게 경찰견을 풀어 덤비게 한 백인 보안관을 뜻했다.

나의 원수는 누구인가? 낙태 지지자? 문화를 타락시키는 헐리우드의 제작자? 도덕적 원칙을 위협하는 정치가? 도심을 쥐고 흔드는 마약 거물? 아무리 동기가 좋아도 나의 정치 참여가 사랑을 몰아낸다면 나는 예수님의 복음을 잘못 이해한 것이다. 은혜의 복음이 아니라 율법에 사로잡혀 있는 것이다.

사회의 당면 이슈는 중요한 것이며 문화 전쟁은 불가피한 것이다. 그러나 그리스도인은 전쟁에 임하는 무기가 달라야 한다. 도로시 데이의 멋진 말인 '자비의 무기'를 써야 한다. 예수님은 우리를 구별 짓는 단 한 가지 표지(標識)가 있다고 하셨다. 정치적으로 옳은 것도 아니고 도덕적으로 나은 것도 아니다. 그것은 **사랑**이다. 이에 더하여 바울은 사랑이 없으면 무슨 일을 해도―믿음의 기적도, 신학적 지식도, 자기를 불사르는 희생도―다 소용없다고 했다(고전 13장).

현대 민주주의에는 새로운 예절 정신이 절실히 필요하다. 그리스도인들은 사랑, 희락, 화평, 인내, 자비, 양선, 충성, 온유, 절제 등 하나님의 성령의 '열매'를 보임으로써 그 길을 제시할 수 있다.

자비의 무기는 위력적이다. 앞서 백악관에 다녀와 분노의 편지를 산더미같이 받았다는 이야기를 했다. 그날 모임에 동석했던 그리스도인 지도자 중 두 명이 동료 그리스도인들이 보인 비은혜에 대해 대통령에게 사과할 필요를 느꼈다. 한 사람이 이렇게 말했다. "그리스도인들은 대통령과 그 가족에 대한 인신 공격의 죄악으로 복음의 진실성을 실추시켰습니다." 그 곳에서 우리는 또한 자주 인신 공격의 과녁이 되는 힐러리 클린턴에게서 다음과 같은 사연을 들었다.

전 국무장관 제임스 베이커의 아내이자 공화당원인 수잔 베이커가 초당파적 성경 공부 모임에 클린턴 여사를 초청했다. 여사는 '보수이자 자유이고 공화이자 민주이되 모두 예수님께 헌신된' 자들로 자처하는 여자들 모임에 가자니 왠지 미심쩍은 기분이 들었다고 솔직히 말했다. 경계 태세로 모임에 갔다. 공격에 맞서 자기 입장을 변호할 준비도 되어 있었다.

그러나 모임은 한 여자의 다음과 같은 말로 시작됐다. "클린턴 여사, 이 방에 있는 우리는 모두 당신을 위해 꾸준히 기도하기로 마음을 모았어요. 우리는 당신이 일부 그리스도인을 포함해 다른 사람들로부터 받은 대우에 대해 사과하고 싶어요. 우리는 당신을 나쁘게 말했고 명예를 훼손했고 그리스도인답지 않게 대했어요. 우리를 용서해 주겠어요?"

그날 아침 힐러리 클린턴은 다른 말에는 준비되어 있었지만 사과는 전혀 뜻밖이었다고 말했다. 모든 의심이 눈 녹듯 스러졌다. 후에 전국 조찬 기도회에서 힐러리 클린턴은 이 모임에서 받은 영적 '선물'에 대해 연설을 했다. 그러면서 자기 딸 또래 아이들을 위해서도 비슷한 모임을 시작할 수 있느냐고 물었다. 첼시 역시 '은혜가 충만한' 그리스도인을 많이 만나 보지 못했던 것이다.

∨ ∨ ∨

보수 종교 집단에서 온 편지가 "미국 민권 자유 연합"(American Civil Liberties Union)이나 "미국의 길을 위한 사람들"(People for the American Way) 등에서 온 편지와 흡사하다는 점이 나를 슬프게 한다. 양측 다 사람들의 병적 흥분에 호소하고 광적인 음모를 경고하며 적(敵)의 요인 암살에 가담하고 있다. 한마디로, 양측 모두 비은혜 정신을 가지고 있는 것이다.

다행히도 랄프 리드는 이런 방식을 공식적으로 포기했다. 그는 '늘 우리 언행의 특징이 되어야 하는 구속(救贖)의 은혜' 없이 했던 말에 지금은 후회하고 있다. 리드는 『적극적 신앙』에 이렇게 썼다. "우리가 성공하면 그것은 [마틴 루터] 킹의 모본을 따라 '그리스도인의 무기와 그리스도인의 사랑으로' 전투에 임해 우리를 미워하는 자를 사랑했기 때문이고, 우리가 실패하면 그것은 돈이나 방법의 실패가 아니라 가슴과 영혼의 실패다.…우리의 모든 언행은 하나님의 은혜를 따르는 것이라야 한다."[6]

랄프 리드가 마틴 루터 킹 주니어를 따른 것은 잘한 일이다. 대결하는 정치에 대해 킹에게서 배울 점이 많다. "잘못된 생각은 배격하되 그 생각을 품고 있는 사람을 배격해서는 안 된다"고 말한 킹은 감방에 앉아 적에게 조롱당하는 중에도 "원수를 사랑하라" 하신 예수님의 명령을 실천에 옮기려 애썼다. 그는 적을 설득할 수 있는 기반은 반쪽 진리나 과장이나 거짓말이 아니라 오직 진리뿐이라고 말했다. 킹의 기관에서 자원 봉사하는 사람은 누구나 8대 원리를 준수하겠다고 서약하는데 그 중 몇 가지는 이렇다. 예수님의 가르침과 삶을 날마다 묵상한다. 사랑으로 움직이고 사랑으로 말한다. 친구에게나 적에게나 기본적인 예의를 똑같이 지킨다.

킹 박사의 본을 따라 은혜의 방식으로 잘못을 지적하는 모습을 어느 공식석상에서 직접 본 일이 있다. 앞서 말했듯 클린턴 대통령을 인터뷰하던 날 아침 우리는 전국 조찬 기도회에 참석해 테레사 수녀의 말을 들었다. 놀라운 시간이었다. 테레사 수녀 양편으로 약간 높게 마련된 내빈석에 클린턴 부부와 고어 부부가 앉아 있었다. 노벨 평화상을 받은 83세의 가녀린 노수녀가 휠체어를 타고 나와 부축을 받아 일어섰다. 청중석이 잘 보이도록 테레사 수녀를 위해 특수 연단이 놓여 있었다. 그런데도 등이 휘어진 140센티미터의 노수녀에게는 마이크가 멀기만 했다. 하지만 그녀는 두드러진 억양으로 천천히 또박또박 말을 해서 그 소리가 온 강당에 가득 퍼졌다.

테레사 수녀는 미국이 '아프도록 준다'는 사랑의 본뜻을 상실할 위기에 처할 정도로 이기적인 나라가 됐다고 말했다. 가장 큰 증거는 낙태이며 그 결과가 만연된 폭력으로 나타나고 있다고 했다. "어머니가 자기 아기를 죽여도 그냥 두면서 어떻게 사람들에게 살인하지 말라고 할 수 있습니까?…낙태를 허용하는 나라는 국민에게 사랑을 가르치는 것이 아니라 그들이 원하는 것을 얻기 위해 폭력을 사용하는 것을 가르치는 것입니다."

테레사 수녀는, 폭력이 걱정이다, 인도나 아프리카 같은 곳의 굶주린 아이들이 걱정이다 하면서 어머니의 고의적인 선택으로 죽어가는 수백만의 생명은 안중에도 없으니 앞뒤가 맞지 않는 일이라고 말했다. 그러면서 임신했으나 아기를 원치 않는 여자들에게 해결책을 하나 내 놓았다. "그 아이를 나한테 주십시오. 내가 원합니다. 내가 돌보겠습니다. 낙태당할 아이라면 누구든 받아 그 아이를 사랑하고 그 아이로부터 사랑받을 다른 부부에게 넘겨줄 의향이 있습니다." 이미 테레사 수녀는 캘커타의 입양을 원하는 가정에 삼천 명의 아기를 연결시켜 준 바 있다.

테레사 수녀가 시종 들려주는, 자신이 섬겼던 이들의 가슴 뭉클한 사연에 깊이 감동받지 않는 사람은 없었다. 조찬 후 테레사 수녀는 클린턴 대통령을 만났는데 나중에 보니 클린턴도 그 대화에 깊은 영향을 받았음을 알 수 있었다. 인터뷰 중에도 테레사 수녀에게 들은 이야기를 몇 번이나 먼저 꺼내곤 했다.

테레사 수녀는 낙태 논쟁을 용감하고 단호하면서도 사랑으로 예의 바르게 생명이냐 죽음이냐, 사랑이냐 거부냐 하는 가장 단순한 도덕 문제로 압축할 수 있었다. 테레사 수녀의 제의에 이렇게 말할 회의론자도 있을 것이다. "테레사 수녀님, 복잡한 내막을 잘 모르시는군요. 낙태는 미국에서만도 매년 백만 건이 넘습니다. 그 아이들을 다 책임지실 수 있다는 말인가요?"

그러나 그녀는 테레사 수녀다. 하나님께 분명한 소명을 받아 평생을 그렇게 살아온 사람이다. 하나님이 백만 명의 아기를 보내신다 해도 테레사 수녀는 그 아이들을 살릴 길을 반드시 찾아낼 것이다. 희생적인 사랑이야말로 그리스도인의 은혜 무기고에 든 가장 강력한 화기라는 사실을 테레사 수녀는 알고 있었다.

전달하는 방식이나 내용은 선지자마다 다 다르다. 예컨대 엘리야라면 불의를 지적할 때 테레사 수녀보다 더 강성하게 나왔을 것이다. 그럼에도 불구하고 나는 클린턴 대통령이 재직중에 들은 낙태에 대한 모든 말 중 테레사 수녀의 말보다 가슴 깊이 파고 든 말은 없었을 거라는 생각을 떨칠 수 없다.

∨ ∨ ∨

두 번째 결론은 첫 번째 것과 상충되어 보일 수 있다. 즉 은혜의 방식에 따른다고 해서 교회가 정부와 완벽한 조화를 이루고 살게 되지는 않는다는 것이다. 전 잠비아 대통령 케네스 카운다의 말처럼 "한 국가에 무엇보다 필요한 것은 왕궁에 그리스도인 왕이 있는 것이 아니라 들리는 곳에 그리스도인 선지자가 있는 것이다."[7]

처음부터 기독교는 정부와 긴장 관계에 있어왔다. 창시자부터 정부에 의해 처형당하지 않았던가. 예수님은 제자들에게 세상이 그분을 미워한 것같이 그들도 미워할 것이라 경고하셨다. 예수님의 경우 세상은 곧 그분을 거스려 공모한 권세 잡은 자들이었다. 교회가 로마 제국에 퍼져 나가면서 예수님의 제자들은 "그리스도는 주(主)시다"[8]라는 슬로건을 내걸었는데 이는 모든 신민에게 "가이사[정부]는 주시다"라고 서약하게 한 로마 당국에 정면으로 맞서는 것이었다. 외나무 다리에서 원수를 만난 꼴이다.

초대 교인들은 정부에 대한 자신의 의무를 결정짓는 몇몇 규정을 만들었다. 예컨대 특정 직업을 금했다. 이교의 신(神) 역을 맡아야 했던 배우, 공립 학교에서 이교 신화를 가르쳐야 했던 교사, 인명을 오락가리로 삼는 검투사, 사람을 죽이는 군인, 경찰과 판사 등이 그 예다. 후에 순교자가 된 유스티아누스는 로마 제국에 대한 복종의 한계를 이렇게 밝혔다. "우리는 하나님만 경배하지만 다른 일에서는 국가가 인간들의 왕이요 통치자임을 인정하고, 국가가 왕의 권세와 아울러 공의의 판결도 함께 지니기를 기도하며 기꺼이 국가를 섬긴다."[9]

역사가 흐르면서 통치자 중에는 공의의 판결을 보인 자도 있고 그렇지 못한 자도 있다. 갈등이 생길 때 용감한 그리스도인들은 더 높은 권위에 호소하며 꿋꿋하게 나라에 맞섰다. 토마스 아 베케트는 영국 왕에게 이렇게 말했다. "우리가 속한 법정은 황제나 왕에게 명령을 내리는 일이 다반사라 우리는 어떤 위협도 두렵지 않습니다."[10]

타문화권에 복음을 들고 간 선교사들도 종종 특정 관습에 도전할 필요성을 느꼈는데 이는 곧 국가와의 정면 대결이 되었다. 인도 선교사들은 카스트 제도, 아동 결혼, 신부 화형, 과부 제물 등에 맞서 싸웠다. 남미에서는 인신공희를 막았고 아프리카에서는 일부다처제와 노예 제도에 반대했다. 신앙이란 개인의 경건에서 그치는 것이 아니라 사회 전반에 메시지를 준다는 사실을 그리스도인들은 알았던 것이다.

예컨대 신학적 근거를 아는 그리스도인들이 노예 폐지 운동을 시작한 것은 우연이 아니다. 데이비드 흄 같은 철학자들은 흑인을 열등하게 보았고, 사업가들은 흑인을 값싼 노동력으로 보았다. 그러나 용기 있는 일부 그리스도인들은 흑인에게서 사용 가치가 아니라 하나님이 지으신 인간 본연의 가치를 보았고 그것이 결국 노예 해방으로 이어졌다.

약점투성이지만 교회는 간헐적으로 부족하게나마 세상에 예수님의 은혜를 베풀어 왔다. 노예 제도를 종식시킨 것도 기독교였고 병원과 호스피스를 처음 지어 환자를 돌보기 시작한 것도 기독교였다. 초기 노동 운동, 여성 참정권, 금주법 실시, 인권 운동, 평등권 등도 같은 이유에서 나온 것이다.

미국에 대해 로버트 벨라는 "미국사의 주요 문제 중 종교 단체가 공적으로 큰소리를 내지 않은 것은 하나도 없다"고 말했다.[11] 최근 역사만 봐도 민권 운동의 일선 지도자들(마틴 루터 킹 주니어, 랄프 애버너티, 제시 잭슨, 앤드류 영)은 다 성직자였다. 그 설득력 있는 연설이 말해 준다. 흑인 교회는 물론 백인 교회들도 이 운동을 후원하고자 건물과 인력망과 사상과 자원 봉사자와 신학을 제공했다.

마틴 루터 킹 주니어는 후에 빈곤 문제, 월남전 반대 등으로 운동의 범주를 넓혔다. 정치 참여의 이슈가 보수적인 대의들로 바뀌면서 그리스도인의 정치 참여가 경계심을 불러일으키기 시작한 것은 극히 최근 일이다. 스티븐 카터가 『불신의 문화』에서 주장하듯 그런 경계는 권력자들이 새로운 정치 참여자들의 주장을 싫어한다는 사실만 더 입증해 줄 뿐이다.

스티븐 카터는 정치 참여에 대해 훌륭한 조언을 남겼다. 효과적인 참여를 이루려면 '은혜로운' 그리스도인들이 자기가 지지하거나 반대할 이슈를 지혜롭게 잘 골라야 한다는 것이다. 역사적으로 그리스도인들은 중도에 곁길로 빠지는 경향을 보였다. 노예 제도 폐지와 민권 운동을 주도한 개신교가 동시에 천주교, 이민, 프리메이슨 등을 반대하는 광적인 운동으로 빗나간 것도 사실이다. 교회의 정치 참여에 대한 현 사회의 우려는 다분히 이런 잘못된 운동에 기인한 것이다.

지금은 어떤가? 우리는 싸울 문제를 지혜롭게 고르고 있는가? 낙태, 성 문제, 생명과 죽음의 정의 등은 분명 주목할 가치가 있는 이슈다. 그러나 정계 복음주의자들이 제작한 각종 문서를 읽노라면 총기 소지권, 교육부 폐지, NAFTA 무역 협정, 파나마 운하 조약, 국회 임기 등의 문제를 피할 수 없다. 몇 년 전 전국 복음주의 협회 회장의 10대 사업에 '자산 매각 소득세 폐지'도 있었다는 말을 들었다. 보수 종교 집단 이슈가 보수 정치 집단 이슈와 똑같은 경우가 너무 많다. 우선순위가 영적인 데 있지 않은 것이다. 물론 복음주의자들도 다른 사람들처럼 모든 이슈에 대해 의견을 내세울 권리는 있지만 그것을 '기독교' 강령의 일부로 제시하는 순간 우리의 도덕적 고지를 포기하는 것이다.

60년대 중반 우리 시대의 위대한 윤리 개혁 운동인 '민권 운동'이 일기 시작할 때 복음주의자들은 대부분 뒷전에 가만히 앉아 있었다. 남부의 많은 교회들이 우리 교회처럼 변화에 극렬히 저항했다. 점차 빌리 그레이엄, 오랄 로버츠 같은 연사들이 동조하고 나섰다. 북미 오순절교나 남침례교 같은 복음주의 교단도 이제서야 흑인 교회와 연합에 나서고 있고 "프라미스 키퍼" 같은 대중 운동도 요즘 와서야 인종간 화해에 중점을 두고 있다.

랄프 리드의 고백처럼 최근 복음주의자들의 정치 참여가 불꽃처럼 타오르고 있지만 낙태나 남아프리카공화국의 불의, 기타 시급한 도덕 문제에 대한 관심은 없다니 부끄러운 일이다. 아니, 실은 카터 정부가 정치 참여에 새 불을 붙였다. 국세청에 사립 학교 사찰을 명하는 바람에 종교 사립 학교도 설립 목적이 인종 차별 고수에 있지 않음을 입증해야 했던 것이다. 교회와 정부 간의 벽을 침범한 이 일로 복음주의자들은 단단히 무장하고 거리로 나섰다.

그리스도인들은 정치에 관여하면서 예수님의 가르침과는 정반대로 '비둘기처럼 지혜롭고 뱀처럼 순결할' 때가 너무 많았다. 사회가 교회의 관여를 존중해 주기 원한다면 우리가 먼저 좀더 지혜로운 선택을 해야 한다.

❧ ❧ ❧

교회와 정부의 관계에 대한 세 번째 결론은 G. K. 체스터턴에게서 빌려 온 원리로, 교회와 정부가 친해지면 정부에는 좋지만 교회에는 나쁘다는 것이다.

나는 교회가 세상의 '도덕 해결사'가 되는 것에 대해 경고해 왔다. 사실상 정부는 그런 도덕 해결사가 필요하며 교회가 그 일을 자청하면 언제든 환영할 수 있다. 아이젠하워 대통령은 1954년 국민들에게 이렇게 말했다. "미국 정부는 깊은 신앙의 기초가 없는 한 의미가 없습니다. 단 신앙의 종류는 상관 없습니다."[12] 전에는 아이젠하워의 말을 그냥 웃어 넘겼다. 그러나 어느 주말에 이 말의 실상을 여지 없이 보여 주는 장면을 보았다.

나는 그리스도인 열 명, 유대교인 열 명, 이슬람 교도 열 명과 함께 뉴올리언즈에서 열린 포럼에 참석 중이었다. 마침 마르디 그라 축제(Mardi Gras, 사육제 마지막의 참회 화요일)가 고조에 달해 있었다. 떠들썩한 시내와는 거리가 먼 어느 천주교 수양회관에 머물고 있었지만 하루 저녁은 카니발 행렬을 구경하러 몇 명이서 프랑스 구역에 가 보았다. 끔찍한 장면이었다.

사람들이 거리를 가득 메우고 있어 우리는 인파에 휩쓸려 빠져나올 수 없었다. 젊은 여자들이 발코니에 걸터 앉아 "목걸이를 주면 가슴을 준다!"고 소리를 질렀다. 촌스런 플라스틱 목걸이 하나만 주면 티셔츠를 걷어 올려 알몸을 내 보였다. 비싼 목걸이에는 아예 옷을 전부 벗었다. 술 취한 남자들이 군중 속에서 십대 소녀 하나를 붙들고 "가슴 좀 보자!"며 고함치는 모습도 보였다. 소녀가 버티자, 남자들은 그녀의 웃옷을 벗긴 뒤 자기들 어깨 위에 올려놓고는 반항하며 소리치는 소녀를 거칠게 다루었다. 술 취함과 정욕에 폭력까지 가세된 사육제 난봉꾼들은 인간의 욕망을 외부에서 저지하지 않을 때 일어나는 현상을 유감없이 보여 주고 있었다.

이튿날 아침 우리는 수양회관으로 돌아와서 전날 밤 이야기를 서로 나누어 보았다. 열렬한 여권론자인 일부 여성들은 충격이 이만저만이 아니었다. 우리는 종교마다 사회 전반에 기여할 바가 있음을 깨달았다. 이슬람교든 기독교든 유대교든 종교 덕에 사회는 그런 동물적 행동이 꼴불견 정도가 아니라 죄악인 까닭을 이해할 수 있는 것이다. 종교는 죄악을 규정 짓고 사람들에게 그것에 대항할 도덕적 힘을 길러 준다. '국가의 양심'으로서 세상에 공의를 알려 주는 것이다.

세상적 의미에서는 아이젠하워의 말이 맞다. 사회는 종교를 필요로 하되 그 종류는 중요시하지 않는다. "이슬람 국가"(The Nation of Islam)라는 단체는 빈민가 청소를 돕는다. 몰몬교 덕에 유타 주는 범죄율이 낮고 가정 중심인 주가 됐다. 미국을 세운 이들은 민주주의에 종교적 기반이 필요함을 알았다. 하달된 명령이 아닌 자유 시민의 힘에 의존할 때 특히 그렇다.

몇 년 전 철학자 글렌 틴더는 '애틀랜틱'지에 "하나님 없이 선해질 수 있나?"라는 제목의 글을 써 큰 반향을 불러일으킨 바 있다. 그가 조목조목 내세운 결론은 한마디로 아니라는 것이다. 뭔가 초월적인 것—틴더의 말로 아가페 사랑—의 영향으로 자기가 아닌 타인에 대해 관심을 갖지 않는 한 인간은 쾌락과 이기주의로 흐를 수밖에 없다. 이 글이 철의 장막이 붕괴된 지(이는 하나님 없이 정의 사회를 세워 보겠다던 자들의 이상주의가 무너진 사건이다) 한 달 후에 발표된 것은 시간상 하나의 아이러니였다.

∨ ∨ ∨

교회와 정부가 친해지면 정부에는 좋을지 모르나 교회에는 나쁘다는 체스터톤의 말, 이 말의 끝부분을 잊으면 안 된다. 은혜의 최대 위험이 바로 여기에 있다. 교회의 숭고한 은혜의 메시지가 비은혜 법칙으로 움직이는 정부에 의해 점점 잠식당하고 마는 것이다.

권력에 만족할 줄 모르는 정부는, 교회를 지배하는 것이 정부에 더 유용하다고 결정하게 될 것이다. 이것이 가장 극적으로 나타난 것이 나치 독일이다. 끔찍하게도 복음주의 그리스도인들은 정부와 사회의 도덕성을 되찾겠다는 히틀러의 약속에 넘어갔다. 많은 개신교 지도자들이 처음에는 나치의 등장에 대해 하나님께 감사했다. 그것이 공산주의의 유일한 대안으로 보였던 것이다. 칼 바르트에 따르면 교회는 "진정한 확신과 더없이 지고한 소망 속에 히틀러 정부를 거의 만장일치로 환영했다."[13] 또다시 교회가 정부의 권력의 유혹에 걸려 넘어갔음을 깨달았을 때는 이미 너무 늦었다.

교회는 하나의 저항 세력 즉 정부의 막강한 위력에 대한 평형 세력으로 존재할 때 진가를 발휘한다. 정부와 친해질수록 메시지는 그만큼 희석된다. 국가 교회로 귀속될 때 복음은 변질된다. 알래스데어 매킨타이어는 아리스토텔레스의 고상한 윤리에는 악인에게 사랑을 베푸는 선인이 들어갈 자리가 없다고, 즉 은혜의 복음이 들어갈 자리가 없다고 일깨워 준다.

요컨대 정부는 언제나 예수님의 계명의 절대성을 희석시켜, 은혜의 복음의 정반대인 일종의 외형적 도덕으로 변질시키려 한다. 자크 엘룰은 신약의 가르침에는 소위 '유대-기독교 윤리' 따위란 존재하지 않는다고까지 말했다. 회심에 이어 "하늘에 계신 너희 아버지의 온전하심과 같이 너희도 온전하라"(마 5:48)라는 명령이 있을 뿐이다. 산상수훈을 읽고서 그런 법전을 시행하는 지상 정부를 한 번 상상해 보라.

정부는 주일에 상점과 극장 문을 닫게 할 수는 있으나 예배를 강요할 수는 없다. KKK단의 살인자들을 체포하여 처벌할 수는 있으나 증오는 치유할 수 없고 더욱이 사랑은 가르칠 수 없다. 이혼하기 어렵도록 법률을 제정할 수는 있으나 남편이 아내를, 아내가 남편을 사랑하게 할 수는 없다. 가난한 자들에게 보조금은 지급할 수 있으나 부자들로 하여금 동정과 정의를 베풀게 할 수는 없다. 간음은 금할 수 있으나 정욕은 막을 수 없고, 절도는 금할 수 있으나 탐심은 막을 수 없고, 사기는 금할 수 있으나 교만은 막을 수 없다. 정부가 장려할 수 있는 것은 선이지 거룩함이 아니다.

14장

한 점 푸르른 땅

> 신앙을 저버리면 행동이 작아진다.
> _ 에밀리 디킨슨

세인트헬렌스 화산이 폭발하자 뜨거운 열기에 토양은 녹아 버리고 두터운 재를 외투처럼 뒤집어 쓴 바위만 남았다. 산림청 학자들은 얼마나 오랜 세월이 흘러야 거기서 생명체가 자랄 수 있을지 의아해했다. 그러던 어느 날 폐허 속 땅 한 뙈기에 야생화, 양치류, 잔디 등이 뿌리를 튼튼히 박고 무성하게 자란 모습이 한 공원 직원의 눈에 띄었다. 등골이 오싹한 사실을 알게 된 것은 잠시 후였다. 풀이 자란 땅은 고라니 모양을 하고 있었다. 고라니가 재에 묻힌 자리에 유기물이 생겼고 식물은 거기서 싹을 틔운 것이다. 그때부터 삼림학자들은 죽은 야생 동물의 수를 헤아리는 보조 수단으로 풀이 무성한 곳을 찾아다녔다.

사회가 부패하기 시작한 지 오랜 후에도 이전 생활의 흔적은 계속 모습을 드러낸다. 인간은 로버트 벨라의 말처럼 '마음의 습관' 즉 과거의 도덕적 관습에 이유도 모른 채 집착한다. 세인트헬렌스 산의 황량한 산자락에 점점이 찍힌 동물 모양처럼, 제대로 심겨진 관습이 메마른 산야에 생명을 가져온다.

한 점 푸르른 땅에서 생명이 싹 튼 곳, 즉 소수의 헌신된 그리스도인들이 사회 전체에 은혜를 끼쳤던 곳의 한 예로 빅토리아 시대의 영국을 꼽을 수 있다. 그때는 식민지에 노예가 많고 아이들이 공장에 고용되며 도시는 지저분하기 짝이 없던 암울한 시기였다. 언제나 그렇듯 변화는 위에서 지시된 것이 아니라 아래서부터 시작되었다.

그 19세기 영국에는 500개에 가까운 자선 단체가 생겨났으며 그 중 최소 4분의 3이 복음주의적으로 운영되고 있었다. 찰스 시므온, 윌리엄 윌버포스 등 소수의 헌신된 그리스도인이 모여 만든 클래펌 당의 회원 중 다섯 명이 국회의원으로 뽑혔다. 윌버포스가 재임중 노예 제도 폐지에 주력한 반면 다른 사람들은 채무자의 수감 문제에 매달려 죄수 14,000명을 출소시키는 결실을 보기도 했다. 아동 노동, 공적 부도덕, 음주 등에 반대하며 교육 확산, 영세민 주택 문제, 장애인 지원 등의 운동을 주도한 이들도 있다. 수감 반대 세력은 이 '성인(聖人)들'을 조롱했으나 클래펌 당은 그 호칭을 자랑스럽게 여겼다.

그 시기에 윌리엄 부스는 아내가 성경 공부를 인도하는 동안 런던 동부 빈민가를 걷곤 했다. 건물 다섯 채 가운데 하나꼴인 술집에서 남자들은 온종일 집안 생계비를 탕진하며 빈둥거리고 있었다. 아이들도 올라서서 술을 주문할 수 있도록 카운터에 계단을 만들어 놓은 술집도 많았다. 이런 상황에 놀란 윌리엄 부스는 1865년 '기독교 선교관'을 열어 사회에서 무시당하는 '밑바닥 인생' 거두기에 나섰고 바로 그 비전에서 구세군이 나왔다(요즘 그런 이름의 기관이 생긴다고 생각해 보라!). 전통 교단들이 부스 주변에 모여드는 무리에 눈살을 찌푸리는 통에 부스는 이들 '은혜의 상급'을 수용할 교회를 따로 세워야 했다.

구세군이 자선 단체일 뿐 아니라 지역 교회이기도 하다는 사실을 모르는 이들이 많다. 그럼에도 불구하고 구세군보다 재정 후원금이 많이 들어오는 자선 단체는 없다. 효율성 조사만 하면 구세군이 1등으로 나온다. 가난한 자를 먹이고 집 없는 자를 재우며 중독자를 치유하는 사역은 물론 재난 현장에 가장 먼저 도착하는 것도 구세군이다. 운동은 계속 성장하여 현재 은혜의 병력 수가 백만 명에 달하고—세계 최대 상비군 중 하나—복무 국가도 100여 개국에 이른다. 윌리엄 부스의 한 덩이 누룩이 전 세계의 각 사회에 퍼진 것이다.

윌리엄 부스나 클래펌 당이 주도한 개혁은 마침내 공공 정책이 되기에 이르렀다. 정직과 근면과 순결과 자선으로 통하는 빅토리아 시대 정신은 온 사회에 퍼져 나갔고 영국은 주변 다른 국가들이 겪은 유혈 사태를 면할 수 있었다.

˅ ˅ ˅

유럽과 미국은 지금도 기독교 신앙의 도덕적 자산인, 넘치는 은혜에 의존하고 있다. 여론 조사에 따르면 미국인 대다수가 미래에 불안을 느끼고 있다(갤럽 조사 결과 미국의 도덕이 무너지고 있다고 답한 사람이 83퍼센트나 됐다). 훌륭한 저작으로 퓰리처상을 두 차례나 받은 역사가 바바라 터크만은 걸핏하면 큰일 난 듯 떠들어대는 종교 우파에 속한 사람이 아니지만, 도덕적 파산에 대해 우려를 나타낸다. 터크만은 빌 모이어즈에게 다음과 같이 말했다.

> 제가 걱정하는 것은 윤리 의식의 상실, 옳고 그름에 대한 판단력 및 거기에 준하는 삶의 상실입니다. 그런 모습을 항상 보게 됩니다. 신문을 펴기만 하면 공직자의 부정 부패에 대한 기사가 나옵니다. 사람들이 여기저기에서 동료에게 총을 겨누며 사람을 죽입니다.… 역사상 국가들은 물리적 이유나 적국의 위협보다 윤리 의식의 상실로 망한 것 아닐까요? 저는 분명 그렇다고 봅니다.[1]

기독교적 합의가 무너지고 사회에 신앙이 사라진 결과는 무엇일까? 생각할 필요도 없다. 금세기야말로 그 질문에 대한 답의 생생한 사례가 아닌가. 러시아를 생각해 보라.

공산 정부는 역사상 유례 없는 반종교적 광포로 러시아의 유산을 짓밟았다. 교회와 사원과 회당을 파괴하고 자녀에 대한 종교 교육을 금하고 신학교와 수도원을 폐쇄하고 성직자를 옥에 가둬 죽였다. 그러나 공산 국가의 종말은 만인이 아는 바다. 수천만 명의 목숨이 희생되고 사회적·도덕적 혼돈을 겪고 나서야 러시아 국민은 잠에서 깨어났다. 언제나 그렇듯 예술가들이 먼저 입을 열었다. 알렉산드르 솔제니친은 말했다.

> 반세기도 더 전에 어렸을 때 듣던 말이 기억납니다. 많은 노인들은 러시아에 닥친 대재난들을 이렇게 풀이하곤 했습니다. "인간이 하나님을 잊어버려 이런 일이 터진 것이다." 그 이후 러시아 혁명사 연구에 족히

50년을 바치면서 수없이 많은 책을 읽고 개인 증언도 무수히 모으고 혁명이 남긴 파편을 추스려 보려 나름대로 쓴 책도 8권이 됩니다. 그러나 지금 우리 국민을 육백만이나 삼켜 버린 몰락 혁명의 근본 원인을 한마디로 말해 보라 한다면 이 말을 반복하는 것보다 더 정확한 표현을 찾을 수 없습니다. "인간이 하나님을 잊어버려 이런 일이 터진 것이다."[2]

솔제니친이 이 말을 한 것은 1983년, 아직도 소련이 초강국이고 그는 온갖 공격에 시달릴 때였다. 그러나 1991년에 내가 러시아에 가서 직접 들었듯이 채 10년도 안 되어 러시아 지도층은 솔제니친이 옳았다며 그의 말을 인용하고 있었다.

나는 러시아에서 은혜에 굶주린 국민을 보았다. 경제는 물론 사실상 전 사회가 끝을 모르고 곤두박질치고 있었고 사람들은 저마다 남을 탓하기에 바빴다. 개혁가는 공산주의자를 비난하고 골수 공산주의자는 미국을 비난하고 외국인은 러시아의 열악한 노동 윤리와 마피아를 비난했다. 그러면 또 이쪽에서는 되받아서 비난하기가 예사였다. 러시아의 보통 사람들은 고개를 푹 숙이고 말을 잃은 채 눈빛이 허공을 맴도는 것이 꼭 매 맞은 어린아이 같았다. 이제 누구를 믿어야 하나? 매 맞은 어린아이가 질서와 사랑을 믿기 어렵듯 이들 역시 우주를 뜻대로 주관하시며 자신을 뜨겁게 사랑하시는 하나님을 믿는 데 어려움을 겪고 있었다. 은혜가 좀처럼 믿어지지 않는 것이다. 그러나 러시아의 비은혜의 사슬을 끊을 것이 은혜말고 무엇이 있겠는가?

러시아를 떠날 때 나는 앞으로 바뀌어야 할 많은 것들에 대해 현기증과 동시에 강한 희망을 느꼈다. 맨살만 남은 황폐한 도덕의 땅에서 사체의 모양을 따라 자라나며 황무지를 쓰다듬는 한 점 푸르른 땅, 즉 생명의 싹을 본 것이다.

지금은 예배의 자유를 누리고 있는 보통 사람들에게 들은 이야기다. 그들은 대부분 **할머니**한테 신앙을 배웠다. 교회를 말살하던 정부도 할머니들은 무시했다. 노파들이 마루나 쓸고 촛불이나 팔며 전통에 매달리다 죽게 내버려두자고 생각한 것이다. 그러나 아이들의 요람을 흔든 것은 바로 주름살투성이인 할머니의 손이었다. 지금 교회에 다니는 젊은이들 중에는 할머니가 잠자리에서 들려주던 찬송과 이야기를 통해 하나님을 처음 배웠다고 말하는 이들이 많다.

모스크바 기자들을 울린-기자가 우는 것은 처음 봤다-그 모임을 나는 영영 잊지 못할 것이다. "국제 감옥 선교회" 대표 론 니클이 감옥 지하 교회-지금은 러시아의 여러 범죄자 정착지에서 날로 성장하고 있는-이야기를 할 때였다. 70년간 감옥은 진리의 터전, 즉 하나님의 이름을 안심하고 말할 수 있는 유일한 장소였다. 솔제니친 같은 사람들이 하나님을 발견한 곳은 교회가 아니라 감옥이었다.

론 니클은 내게 내무부 장관을 지낸 한 장군 이야기를 해주었다. 나이 든 신도들한테 성경 이야기를 들은 장군은 성경에 호감은 가졌으나 믿음의 대상이 아니라 박물관 소장품 정도로 알았다. 그러나 최근의 사건을 계기로 다시 생각하게 됐다. 1991년 말 보리스 옐친은 중앙과 지방의 공산당 사무실 일체 폐쇄를 명했다. 철거 감독은 내무부 소관이었다. 장군은 "사무실 폐쇄의 직접 피해자인데도 폐쇄에 반대한 당간부가 한 명도 없었다"며 70년 동안이나 계속된 교회 파괴 및 신앙 일소 운동과 너무 다르다고 했다. "이념은 사라졌지만 그리스도인 신앙은 살아 남았다. 지금 교회는 무섭게 재기하고 있다. 이런 모습은 처음이다."

　1983년 부활절 아침에는 예수 전도단 일행이 겁 없이 붉은 광장에 러시아어로 "그리스도는 살아나셨다!"라고 적힌 현수막을 걸어 올렸다. 나이 든 러시아인 몇 명이 무릎을 꿇고 울었다. 곧 군인들이 찬송을 부르는 불순 세력을 둘러싸 현수막을 찢고 감옥으로 끌고 갔다. 그 시민 불복 행위가 있은 지 10년도 안 된 어느 부활 주일, 사람들이 붉은 광장에 가득 모여 전통을 따라 인사를 주고받았다. "그리스도는 살아나셨습니다!", "그분은 정말 살아나셨습니다!"

∨　∨　∨

모스크바에서 시카고로 돌아오는 장거리 비행은 러시아에서 목격한 사실을 깊이 묵상할 수 있는 좋은 기회가 되었다. 거기서 나는 마치 이상한 나라의 앨리스가 된 기분이었다. 정부는 돈이 궁하다면서도 공산당 정권에 의해 파괴되거나 손상된 교회당 복구 지원비로 수십억 루블을 책정하고 있었다. 우리는 소련 국회 및 KGB와 같이 기도했다. 그리고 러시아 정부 청사 안에서 성경을 파는 것도 보았다. 「프라우다」지 편집진은 우리에게 신문 1면에 실릴 종교 칼럼을 청탁했고 교육 관계자들은 십계명에 근거한 교육 과정을 의뢰해 왔다.

　나는 하나님이 움직이고 계시다는 강한 인상을 받았다. 영적인 의미가 아니라 글자 그대로 하나님이 짐을 싸서 이사하고 계시다는 뜻이다. 서유럽은 하나님에 별 관심이 없고 미국은 하나님을 변두리로 밀어내고 있다. 어쩌면 하나님 나라의 미래는 한국, 중국, 아프리카, 러시아 같은 곳에 속한 것일지 모른다. 하나님 나라는 왕의 뜻에 따르는 신민이 있는 곳에 꽃 피게 되어 있다. 오늘 미국의 실상은 과연 그런가?

하나님의 '이사'를 예견하며 나는 미국인으로서 슬픔을 느낀다. 그러나 동시에 나의 궁극적 충성이 미국이 아니라 하나님 나라에 있음을 어느 때보다 분명히 깨닫는다. 예수님의 제자들은 사랑하는 예루살렘이 전소되는 모습을 보았다. 로마나 스페인이나 이디오피아로 이주하면서 그들은 분명 눈물로 뒤돌아 보았을 것이다. 『신국론』(분도출판사)에서 그리스도인의 이중 시민권을 설명한 아우구스티누스도 로마 함락기를 지나왔고 죽음의 침상에서 자기 고향 북아프리카 히포가 화염에 휩싸이는 것을 지켜보았다.

얼마 전, 젊었을 때 중국에서 사역한 노령의 선교사와 대화한 일이 있다. 그는 공산주의 점령과 함께 추방당한 6,000명 선교사 중 하나였다. 러시아와 마찬가지로 중국 공산주의도 교회 잔멸에 열을 올렸다. 당시만 해도 중국 교회는 아직 선교 운동의 작은 열매에 지나지 않았다. 정부는 가정 교회를 금하고 부모가 자녀에게 종교를 가르치는 것을 불법화했으며 목사와 성경 교사를 옥에 가둬 고문했다.

추방당한 선교사들은 속수무책으로 가슴만 치고 있었다. 중국 교회는 그들 없이 어떻게 될까? 선교사가 이끌던 신학교와 성경 대학, 문서와 교육 과정, 성경 인쇄 능력이 없어도 교회가 살아 남을 수 있을까? 40년 동안 선교사들은 중국의 상황에 대해 좋고 나쁜 많은 소문을 들었다. 그러나 1980년대 들어 다시 중국의 문이 열릴 때까지는 아무도 확실한 것을 알 수 없었다.

지금은 저명한 중국 전문가가 된 노령의 선교사에게 지난 40년간 달라진 것이 무엇인지 물어보았다. "내가 중국을 떠날 때 그리스도인 수는 적게 잡아 75만 명쯤 됐지요. 지금은? 여러 수치가 많이 나와 있지만 3,500만 명으로 보면 안전할 겁니다." 분명 교회와 성령은 선교사 없이도 잘 해냈다. 현재 중국 교회는 미국에 이어 세계에서 두 번째로 큰 복음주의 단체다.

어느 중국 전문가에 따르면 중국의 부흥은 교회 역사상 수적으로 가장 큰 부흥이라 한다. 묘한 일이지만 정부의 억압이 오히려 교회에 유리하게 작용한 것이다. 권력 구조로부터 완전히 차단된 중국 그리스도인들은 교회 본연의 사명인 예배와 전도에 힘썼을 뿐 정치 문제에는 별로 관여하지 않았다. 법을 바꾸는 일이 아니라 삶을 바꾸는 일에 집중한 것이다.

∨ ∨ ∨

러시아에서 돌아오면서 나는 미국 국회 의사당과 대법원 건물의 대리석 및 화강암 벽 안에서 일어날 일은 별로 걱정되지 않았고 미국 전역에 흩어진 교회의 나무 벽 안에서 일어날 일이 더 걱정되었다. 미국의 영성 회복은 위에서 내려오지 않을 것이다. 그런 일은 분명 풀뿌리에서 시작하여 위로 올라갈 것이다.

솔직히 인정하거니와 미국에 돌아와 보니 러시아와 세계가 미국의 그리스도인들로부터 은혜를 배울 수 있다는 희망의 근거는 별로 없었다. 랜달 테리는 국영 라디오 방송을 통해 수많은 농부의 농토와 가옥과 가축을 앗아 간 중서부 홍수가 미국이 반낙태 운동을 지지하지 않은 데 대한 하나님의 심판이라고 외치고 있었다. 이듬해인 1992년 대선은 분열이 극에 달했다. 종교 우익이 사상 처음 전국 규모로 세력 행사에 나선 것이다. 그리스도인들의 관심은 은혜보다 권력에 있는 것 같았다.

1992년 대선 직후 나는 린든 존슨 대통령의 손녀이자 상원의원 척 랍과 린다 랍의 딸인 루신다 랍과 함께 패널에 참가한 적이 있다. 그 가족은 올리버 노스를 욕하는 살벌한 데모를 겪은 직후였다. 우익 그리스도인들은 거기서 랍 일가를 감시했다. 루신다는 내게 말했다. "나는 우리가 그리스도인인 줄 알았어요. 우린 빌리 그레이엄 설교를 자주 들으며 자랐고 교회 활동도 항상 열심이었어요. 우린 진짜 신자예요. 그런데도 데모하는 사람들은 우리를 지옥에서 온 악마라도 되는 것처럼 대했어요."

함께 참가했던 패널 주제는 '문화 전쟁'이었다. 자유주의 민주당 쪽으로 기우는 사람들이 다수 모였고 강경파 유대교가 더러 있었다. 나는 명목상 복음주의 그리스도인으로 그 자리에 뽑혔다. 루신다 랍 외에 토론자로 온 사람은 웰리슬리 대학 총장과 아니타 힐의 개인 변호사는 물론 디즈니 방송사 사장과 워너 브라더스사 사장도 있었다.

답변을 준비하려 복음서를 훑어보며 재차 확인한 것은 예수님이 얼마나 비정치적이었나 하는 점이었다. P. T. 포사이스의 말처럼 "복음서가 가장 깊게 또 자주 언급한 문제는 이 세상의 사회 문제가 아니라 영생과 오는 세상의 사회 윤리다."[3] 오늘날 대선 후보가 발표될 때마다 그리스도인들은 어떤 후보가 백악관에 들어갈 '하나님의 사람'인지를 놓고 입씨름을 벌인다. 예수님 당시로 돌아가 생각해 봐도,

예수님이 티베리우스와 옥타비우스와 줄리어스 시저를 놓고 누가 제국을 이끌 '하나님의 사람'인지 고심하는 모습은 상상이 안 된다.

나는 발언할 차례가 되자 내가 따르는 1세기의 팔레스틴 유대인 그분도 문화 전쟁에 가담하셨다고 말했다. 그분은 경직된 기성 종교와 이교 제국에 맞서셨다. 평소 껄끄럽던 두 세력도 그분을 제거할 음모에는 뜻이 맞았다. 그분의 반응은? 그분은 싸우지 않고 대신 적들을 위해 목숨을 내주며 그 선물이 자기 사랑의 증거라고 하셨다. 죽기 전 그분은 마지막으로 이같이 말씀하셨다. "아버지여, 저들을 사하여 주옵소서. 자기들이 하는 것을 알지 못함이니이다"(눅 23:34).

패널이 끝나자 이름만 대면 알 만한 어느 텔레비전 명사가 나를 찾아와 말했다. "할 말이 있습니다. 당신의 말이 제 심장을 찔렀습니다. 저는 당신을 싫어할 준비가 되어 있었습니다. 본래 우익 그리스도인들을 싫어하는데다 당신도 그들 중 하나라 생각했던 겁니다. 제가 그 사람들에게서 받는 우편물, 아마 상상도 못할 겁니다. 저는 예수를 따르지 않습니다. 저는 유대교인입니다. 그러나 예수가 적을 용서했다는 당신 이야기를 듣고 내가 그 정신과 얼마나 먼지 깨달았습니다. 저는 적들, 특히 우익 그리스도인들과 싸울 줄만 알지 용서를 모릅니다. 예수의 정신에서 배울 게 많습니다."

그 명사의 삶 속에서 느리지만 확연하게 은혜의 역류가 일기 시작했다.

∽ ∽ ∽

예수님이 보이신 천국은 일종의 비밀 세력 같은 것이다. 이리떼 속의 양떼, 밭에 감추인 보화, 가장 작은 씨앗, 가라지 속에 자라는 알곡, 밀가루 반죽에 넣은 작은 누룩, 고기에 뿌린 소금—모두가 사회 속에 침투해 들어가 안에서 밖으로 변화시키는 운동을 일으킴을 암시하고 있다. 햄 한 덩어리를 보존하는 데 소금이 한 삽이나 필요하지는 않다. 조금만 있으면 된다.

예수님이 남기고 가신 추종 세력은 거창한 다수가 아니다. 한 줌의 소금으로도 차차 세계 최강 제국까지 품을 수 있음을 아셨기 때문이다. 로마의 위대한 유산—법전, 도서관, 원로원, 군대, 도로, 수로, 기념 시설—은 점점 망해 갔지만 예수님께 작은 천국을 배운 적은 무리는 흥왕하여 지금도 건재하고 있으니 얼마나 기이한 일인가.

쇠렌 키르케고르는 자신을 간첩이라 말했다. 한 세계에 살되 최고의 충성을 다른 세계에 바치는 그리스도인의 행동은 과연 간첩과 같다. 우리는 외국인이요 성경의 표현으로 나그네다. 나는 전체주의 국가에 가 보고서야 그 말의 의미를 새삼 깨달았다.

오랜 세월 동유럽 반체제 인사들은 비밀리에 만났고 암호를 사용했으며 공중 전화도 삼가고 지하 신문에 가명으로 글을 실었다. 그러나 1970년대 중반 들어 이들은 이런 이중 생활에 엄청난 손해가 따름을 깨달았다. 항상 불안하게 어깨 너머를 살피며 비밀리에 일하느라 두려움에 쫓기면서 살아가는 그것이야말로 그들의 적인 공산주의 세력이 노리던 바였다. 이들은 의식적으로 전략을 바꾸기로 했다. "어떤 대가가 따르더라도 자유인처럼 행동한다." 폴란드와 체코의 반체제 인사들은 이같이 결정했다. 밀고자가 있는 것을 알면서도 공공 장소에서 모이기 시작했다. 교회 건물이 자주 사용됐다. 필요한 경우 기사에 주소와 전화 번호까지 적어 실명으로 서명했고 가두에서 드러내 놓고 신문을 돌렸다.

실로 그들은 자신이 지향하는 사회의 모습대로 행동하기 시작한 것이다. 언론의 자유를 원하거든 자유로이 말하라. 진리를 사랑한다면 진리를 말하라. 당국은 어떻게 대처할지를 몰랐다. 탄압할 때도 있었고—거의 모든 반체제 인사가 옥살이를 했다—대책 없이 분통만 터뜨리며 지켜볼 때도 있었다. 이런 강공 작전 덕에 반체제 인사들은 서로 그리고 서방과 연계하여 일하기가 한결 쉬워졌고, 암울한 '수용소 군도'에 상응하는 광명한 '자유 군도'가 생겨났다.

놀랍게도 우리는 이 반체제 세력이 승리하는 모습을 볼 수 있었다. 손으로 베껴 쓰는 번잡한 지하 출판물에 목소리를 담던 죄수, 시인, 신부의 초라한 대안 나라가 난공불락의 성채 같던 나라를 무너뜨린 것이다. 나라마다 당국의 선전을 능가하는, 종종 그에 상충되는 진리를 때로는 조용히, 때로는 큰소리로 주창하며 저항 세력 역할을 해낸 것은 교회였다. 폴란드 천주교인들은 "우리는 당신들을 용서한다!"라고 외치며 정부 청사 앞을 지나갔다. 동독 그리스도인들은 촛불을 들고 기도하며 거리를 행진하여 끝내 베를린 장벽이 썩은 댐처럼 무너져 내린 그 밤을 맞이했다.

일찍이 스탈린은 폴란드 어느 마을에 공산주의의 장래를 실제로 증명해 보이고자 노와 후타(Nowa Huta) 즉 '신도시'를 지었다. 그는 한 번에 온 나라를 바꿀 수는 없지만 차후 건설할 세계의 맛보기로 번쩍이는 철강 공장, 큼직한 아파트, 충분한 공원, 널찍한 도로 등을 갖춘 신도시 하나는 지을 수 있다고 말했다. 나중에 노와 후타는 도시 하나 제대로 바꿀 수 없는 실패한 공산주의의 상징으로 전락해 결국 폴란드 자유 노조의 본산이 되었다.

이 세속 사회에서 그리스도인들이 똑같은 방식을 사용해 성공하면 어떨까? "세상 속의 그리스도인은 참된 본향의 거류민이다."[4] 본회퍼의 말이다. 그리스도인들은 도처에 참된 본향을 닮은 천국의 식민지를 세우는 일에 더 분발해야 할 것이다. 교회가 더 좋은 길이 보이는 창문 대신, 주변 세상을 그대로 비추는 거울을 들고 있을 때가 얼마나 많은지 모른다.

세상이 악명 높은 죄인을 멸시하면 교회는 그를 사랑할 것이다. 세상이 가난하고 고통 받는 이에게 도움을 끊으면 교회는 압제받는 자를 거둘 것이다. 세상이 사회의 밑바닥 인생을 모욕하면 교회는 하나님의 화해의 사랑을 전할 것이다. 세상이 이익과 자기 만족을 구하면 교회는 희생과 봉사에 힘쓴다. 세상이 복수를 요구하면 교회는 은혜를 베푼다. 세상이 갈라지면 교회는 연합한다. 세상이 적을 짓밟으면 교회는 원수를 사랑한다.

적대적인 세상 속의 천국 식민지, 적어도 그것이 신약 성경이 말하는 교회의 비전이다. D. L. 무디는 "백 사람 중 하나가 성경을 읽으면 나머지 아흔아홉은 그리스도인을 읽는다"라고 말했다.

〰 〰 〰

공산주의 국가의 반체제 인사처럼 그리스도인들도 살아가는 법칙이 다르다. 본회퍼는 유별나고 이례적이라는 뜻에서 우리를 '특이한' 사람이라 썼다. 이는 예삿일이 아니다. 예수님이 십자가에서 돌아가신 것은, 선량한 시민이거나, 남들보다 좀더 착하게 살아서가 아니다. 당시 권세 잡은 자들은 예수님과 제자들을 전복 세력으로 정확히 보았다. 그들이 로마나 예루살렘보다 높은 권세의 명령에 따랐기 때문이다.

전복 세력인 교회가 현대 미국에서는 어떻게 보일까? 미국이 지상에서 가장 종교적인 나라라는 말이 있다. 그 말이 사실이라면 거기서 한 가지 두려운 질문이 나온다. 달라스 윌라드는 이렇게 표현했다. "소금이 많을수록 고기에 미치는 영향도 커야 하는 것 아닌가?"

특이한 사람으로서 그리스도인들은 분명 주변 세상보다 높은 기준의 개인 윤리를 보여야 한다. 그러나 한 가지 예만 보자. 여론 조사가 조지 바나에 따르면 이혼율의 경우 현대 미국의 거듭난 그리스도인(27퍼센트)이 불신자(23퍼센트)보다 높고 그 중에서도 근본주의자로 자처한 집단(30퍼센트)이 가장 높다. 사실 이혼율이 가장 높은 6개 주 중 4개가 소위 성경 지대(Bible Belt, 미국 남부의 신앙이 두터운 지역으로, 근본주의를 중심으로 한다—편집자 주)에 들어 있다. 현대의 그리스도인들은 독특하기는커녕 남들과 똑같거나 더 나쁜 경향을 보이고 있다. 개인 윤리 수준이 주변보다 높지 않은 한 도덕적 방부제 역할은 요원한 일이다.

그러나 설사 그리스도인의 윤리 수준이 최고에 달한다 해도 그것만으로는 복음을 충족시킬 수 없다. 바리새인들의 윤리는 흠잡을 데 없지 않았던가. 예수님은 그리스도인의 표지를 한 단어로 축약하여 말씀하셨다. "너희가 서로 사랑하면 이로써 모든 사람이 너희가 내 제자인 줄 알리라"(요 13:35). 교회가 전복 세력이 될 수 있는 가장 확실한 길은 이 한 가지 명령에 일관성 있게 순종하는 것이다.

정치가 교회에 덫이 된 이유는 권력이 사랑과 공존할 수 없기 때문일 것이다. 권력자들은 아군 목록과 적군 목록을 따로 뽑은 뒤 아군에게는 상을 주고 적군에게는 벌을 준다. 그리스도인의 계명은 원수까지 사랑하는 것이다. 닉슨 정부에서 권력 정치의 수완을 유감 없이 발휘했던 척 콜슨은 정치가 현대 사회의 문제를 해결할 수 있다고는 믿지 않는다고 털어놓았다. 교회가 세상에 사랑을 가르칠 수 없다면 사회 변화를 위해 아무리 애써도 부질없는 일이다.

콜슨은 권력의 법칙 대신 사랑의 계명에 순종한 한 그리스도인의 감동적인 사례를 소개한 바 있다. 닉슨 대통령은 불명예스럽게 하야한 후 산 클레멘트 자택에 돌아가 사실상 외톨이가 되어 지냈다. 처음에는 찾는 이도 거의 없었다. 자기 명예마저 더럽혀 가며 닉슨과 같이 있으려는 정치가가 없었던 것이다. 입바른 말로 자주 닉슨의 주장에 맞서던 그리스도인 상원위원 마크 해트필드만이 예외였다. 콜슨은 그에게 어쩌자고 위험을 무릅쓰고 산 클레멘트에 드나드는 거냐고 물었다. 해트필드는 답했다. "닉슨 씨에게 누군가 사랑하는 사람이 있음을 알리고 싶었소."

빌리 그레이엄은 클린턴 부부와 만나고 취임식 때 기도해 주었다고 비난을 받았다. 그레이엄 역시 사랑의 계명은 정치적 차이를 뛰어넘는 것임을 믿었기에 정책과 상관 없이 해리 트루만 이후 모든 대통령을 섬겨 온 것이다. 나는 사적인 자리에서 그레이엄 목사에게 어떤 대통령과 가장 많은 시간을 보냈는지 물어보았다. 놀랍게도 그는 정치적으로 자신과 큰 차이를 보였던 린든 존슨을 꼽았다. 존슨은 죽음에 대한 두려움으로 "항상 주변에 목사를 원하는 것 같았다." 그레이엄에게는 정책보다 사람이 훨씬 중요했다.

냉전의 절정기였던 브래즈네프 시절 빌리 그레이엄은 러시아를 방문해 정부 및 교회 지도자들을 만났다. 미국 보수주의자들은 러시아인들에게 예의와 존경을 표하는 그를 비난했다. 인권 탄압 및 종교 자유 박탈을 질책하며 좀더 선지자다운 면모를 보였어야 한다는 것이다. 교회를 50년이나 후퇴시켰다고 비난한 사람도 있었다. 그레이엄은 그 말을 듣고 고개 숙여 답했다. "실은 교회를 2,000년 전으로 되돌리려 힘써 왔는데, 정말 부끄럽습니다."

정치는 사람들 사이에 선을 긋는다. 반대로 예수님의 사랑은 그 선을 끊고 은혜를 베푼다. 그리스도인들이 정치에 가담하지 말아야 한다는 말은 아니다. 가담하되 정치의 법칙이 사랑의 계명을 대신하게 해서는 안 된다는 말이다.

로널드 사이더는 말했다.

급진적인 페미니스트들이 복음주의 남자들의 이야기를 들으며 처음 드는 생각이, 이 남자들은 결혼 서약을 지키고 예수님의 십자가 희생을 본받아 아내를 섬기기로 유명한 사람들이구나 하는 것이라면 그 영향이 어떨까 생각해 보라. 동성애자들이 복음주의자 이야기를 들으며 처음 드는 생각이, 이 사람들은 사랑으로 에이즈 환자 보호소를 운영하며 최후까지 그들을 자상하게 보살펴 주는 사람들이구나 하는 것이라면 그 영향이 어떨까 생각해 보라. 언행 일치의 작은 훌륭한 모본과 희생적 섬김은 수백만 마디의 입바른 진실의 말에 버금 가는 것이다.[5]

내 친구 중에 임신 상담소에서 일하던 여자가 있다. 독실한 천주교 신자인 친구는 내담자들을 선도해 낙태를 피하게 하고 아이를 길러 줄 양부모를 찾아 주는 일을 했다. 상담소가 어느 유명한 대학교 옆에 있다 보니 낙태 찬성 데모대의 감시 표적이 되는 일이 잦았다. 눈 내리고 추운 미시간 주의 어느 겨울 날 친구는 빵과 커피 심부름을 보내며 상담소를 막아 선 시위대가 모두 먹을 수 있도록 충분한 양을 사 오게 했다. 음식이 도착하자 친구는 직접 가지고 나가 '원수'에게 주었다.

그러면서 말했다. "이 문제에 대해 우리 입장이 서로 다른 건 알아요. 하지만 저는 여전히 학생들을 존중해요. 이렇게 밖에 하루 종일 서 있으려면 얼마나 춥겠어요. 드시고 기운을 돋우면 좋을 것 같아서요."

시위대는 충격 때문에 입을 열지 못했다. 대부분 마시지는 않으면서도(독이라도 탔단 말인가?) 중얼중얼 고맙다고 말하며 커피만 쳐다보고 있었다.

그리스도인도 권력의 세계에 들어설 수 있으나 그로 인해 사랑을 뒷전으로 할 수는 없다. 마틴 루터 킹 주니어는 말했다. "사랑 없는 권력은 무모한 남용에 빠진다. 최선의 권력은 사랑으로 정의의 요구를 시행하는 것이다."

ˇ ˇ ˇ

프리드리히 니체는 기독교 교회가 '약하고 천하고 못난 것들 편에' 선다고 비난했다. 권력과 경쟁 위주의 진화 법칙을 와해시키는 연민의 종교를 질책한 것이다. 니체는 은혜의 파장을 향해 손가락질을 했

다. 그리고 그 파장의 근원은 '십자가의 하나님'에게 있다고 했다.[6]

　니체의 말이 맞다. 예수님의 비유를 보면 부한 자와 몸 성한 자는 혼인 잔치에 좀처럼 들지 못하는 듯하나 가난한 자와 약한 자는 달려 들어간다. 고금을 막론하고 그리스도인들은 다윈설과는 가장 거리가 먼 것을 사랑의 대상으로 택했다. 테레사 수녀의 동료 수녀들은 며칠 아니 몇 시간 후면 죽을 비참한 노숙자들에게 사랑을 쏟는다. 라르쉬 운동 창시자 장 바니에는 집에 17명의 보조자를 고용해 정신 지체자들을 돕고 있다. 평생 말을 하거나 손을 움직일 가망이 전혀 없는 이들이다. 천주교 노동자 운동의 도로시 데이는 무료 식당이 어리석은 발상임을 인정하며 이렇게 말했다. "우리를 찾아와 길게 늘어선 가난한 이들에게, 커피 값을 무시하고 용감한 낭비로 좋은 커피와 최고급 빵을 베푸는 것은 얼마나 기쁜 일인가."[7]

　그리스도인이 약한 자들을 섬기는 것은 그들이 섬김 받을 자격이 있어서가 아니라, 하나님이 정반대 대우를 받아 마땅한 우리에게 그 사랑을 베푸셨기 때문이다. 그리스도는 하늘에서 **내려**오셨으며, 제자들이 명예와 권력을 꿈꿀 때마다 가장 큰 자는 곧 섬기는 자임을 일깨워 주셨다. 권력의 사다리는 위로 가지만 은혜의 사다리는 아래로 임한다.

　나는 기자로 일하다 보니 은혜를 베푸는 그리스도인들의 놀라운 사례를 많이 접하는 특권을 누릴 수 있었다. 이 사람들은 정치 참여자들과 달리 신문에 나지 않는 경우가 많다. 이들은 복음의 방부제로 문화의 맛을 내며 신실히 섬기는 자들이다. '세상의 소금' 없는 현대 미국, 생각만 해도 몸서리가 쳐진다.

"정의와 자비의 세상을 비전으로 품은 소수 무리의 힘을 절대 과소 평가하지 말라."[8] 로버트 벨라의 말이다. 비행기 옆 좌석에 앉은 이들에게 "복음주의적인 그리스도인이 어떤 사람이라 보십니까?" 하고 물을 때 바로 이런 사람들이 떠올랐으면 좋겠다.

나는 아내가 호스피스 원목으로 일하고 있어 호스피스 운동을 잘 안다. 런던 세인트 크리스토퍼 호스피스에서 현대 호스피스 운동 창시자 시슬리 손더스를 만나 인터뷰한 일이 있다. 사회 사업가이자 간호사였던 손더스는 죽어가는 환자들을 대하는 의료진의 모습에 기가 질렸다. 한마디로 의료진은 그들이 실패의 상징인 양 거들떠 보지도 않았다. 죽어가는 이를 돌보는 일은 전통적으로 교회의 일곱 가지 자비 사역 중 하나였기에 그리스도인인 손더스는 그런 태도에 거부감을 느꼈다. 아무도 간호사 말을 들으려 하지 않자 손더스는 사람들이 찾아와 존엄성을 유지하고 고통 없이 죽을 수 있는 곳을 세우기 위해 다시 의대에 가서 의사가 되었다. 현재 호스피스는 미국 내에 있는 2,000개를 포함하여 40개국에 존재하고 있으며 그 중 반은 기독교에 기반을 두고 있다. 손더스는 그리스도인이야말로 죽어가는 자들에게 신체적, 정서적, 영적 조화를 이룬 최상의 간호를 베풀 수 있다는 것을 처음부터 믿었다. 손더스는 호스피스 간호를 케보키안 박사 및 그의 "죽을 권리" 운동에 대한 손색없는 대안으로 내세우고 있다.

12단계 프로그램을 바탕으로 주중 어느 밤이든 미국 전역의 교회 지하실, 재향 군인 회관, 거실 등에서 모이는 수많은 집회를 빼놓을 수 없다. AA를 창시한 그리스도인들은 이 모임을 기독교 기관으로 국한할 것인지 기독교 원리를 따라 세우되 누구나 올 수 있게 할 것인지 선택의 기로에 섰었다. 결국 후자를 택했고 지금은 수백만 명의 미국인이 알코올, 마약, 섹스, 음식 등에 대한 중독의 치유 방안으로 이 프로그램―'더 높은 힘'(Higher Power)에 대한 의존 및 후원 공동체에 기반을 둔―을 찾고 있다.

지금도 남부 특유의 코맹맹이 소리로 말하는 앨라배마 주 출신 백만장자 사업가 밀라드 풀러도 있다. 돈은 많았으나 불행했던 그는 결혼에 실패한 후 조지아 주 아메리커스에 가 클레런스 조단과 "코이노니아 공동체"에 빠져들었다. 오래지 않아 풀러는 모든 재산을 처분하여 지구상 모든 이는 집다운 집에 살 자격이 있다는 단순한 전제 하에 기관을 하나 설립했다. 현재 "국제 해비타트 운동"에는 세계 각지에 집을 짓겠다는 자원 봉사자가 수천 명씩 몰려들고 있다. 풀러가 저의를 의심하는 어느 유대인 여자에게 자기 일을 이렇게 설명해 주었다고 한다. "부인, 우리는 전도하려 하지 않습니다. 그리스도인이 아니어도 우리가 지은 집에 사실 수 있고 또 지으실 수 있습니다. 그러나 분명한 사실은, 저와 많은 자원 봉사자들이 이 일을 하는 이유는 예수님의 말씀에 순종하기 때문입니다."

워터게이트 사건으로 감옥에 갇혔다가 출소할 때는 상향 욕구 대신 하향 욕구를 가지고 나온 첵 콜슨도 있다. 그가 설립한 "감옥 선교회"는 현재 80여 개국에서 활동중이다. 콜슨의 '천사 프로젝트' 덕에 200만이 넘는 미국 죄수 가족이 크리스마스 선물을 받았다. 교인들이 굶주리는 죄수들에게 갓 구운 빵과 스튜가 담긴 통을 들고 오는 나라도 있다. 브라질 정부는 한 감옥의 감독권을 아예 "감옥 선교회"에 넘겨주어 그리스도인 재소자들이 자체 운영하게 했다. 후마이타 감옥에는 직원이 둘밖에 없는데도 폭동이나 탈옥의 문제가 전혀 없고 출소자 재범율도 브라질 전역이 75퍼센트인 반면 이 곳은 4퍼센트밖에 되지 않는다.

제3세계 국가들의 많은 어린이들이 입천장이 갈라져도 치료를 받지 못하고 평생 그냥 사는 모습에 충격을 받은 정형외과 의사 빌 매기도 있다. 이 아이들은 웃을 수 없고 입술이 항상 비웃는 것처럼 비뚤게 벌어져 있어 사람들의 웃음거리가 되곤 한다. 매기는 아내와 함께 '미소 작전'이라는 프로그램을 개발했다. 베트남, 필리핀, 케냐, 러시아, 중동 등지에 의사들과 후원 인사들이 한 비행기 가득 타고 가서 아이들의 얼굴 기형을 고쳐 주기로 한 것이다. 그들은 현재까지 36,000명 이상을 수술해 주어서 아이들의 미소를 유산으로 남기고 있다.

인도에서 알고 지내던 의료 선교사들, 특히 나병 환자들을 섬긴 이들도 생각난다. 비은혜에 척도가 있다면 천민 계급 출신 나병 환자들보다 더 멸시 받는 집단은 이 세상에 없다. 더 이상 내려갈 곳이 없다. 나병 치료의 중대한 진전은 거의가 기독교 선교사들의 산물이다. 나병 환자들을 직접 만지며 간호하려는 사람이 그들밖에 없기 때문이다. 현재 나병이 약물로 완전히 통제가 가능하고 전염성도 최소에 그치게 된 것은 이런 신실한 종들의 사역에 힘입은 바 크다.

그리스도인들이 세운 "세계를 위한 빵"라는 구제 단체도 있다. 이들은 월드비전의 경쟁 단체를 만드는 것이 아니라 세상의 가난한 자들을 위해 국회 로비 활동을 하는 것이 기아를 돕는 최선의 길이라 믿었다. 워싱턴 시의 에이즈 환자 보호소 "요셉의 집"도 있다. 35개 대도시에서 도심 프로그램을 운영하는 팻 로버트슨의 "축복 사역원"도 있다. 낙태하지 않고 산달이 될 때까지 기다릴 임산부들에게 사랑의 가정에서 후원을 베푸는 제리 폴웰의 "아기 구원 가정"도 있다. 모두가 설립자들의 정치적 견해에 비해 세간의 관심을 훨씬 덜 받는 프로그램이다.

루소는 교회가 풀 수 없는 충성의 딜레마를 안고 있다고 했다. 주된 관심이 내세에 있는 그리스도인들이 어떻게 훌륭한 이 세상 시민이 될 수 있는가? 앞에 열거한 사람들을 비롯하여 무수히 많은 사람들이 루소의 말을 무색하게 하고 있다. 루이스의 말처럼 내세를 가장 강하게 의식하고 산 사람들이 이 세상에서도 가장 훌륭한 그리스도인이 되어 왔다.

15장
중력과 은혜

> 인간은 부러진 채 태어나 고침을 받으며 살아간다.
> 하나님의 은혜가 접착제다.
> _ 유진 오닐

시몬느 베이유의 삶은 그녀가 33세로 죽기 전 환한 불꽃처럼 타올랐다. 유대계 프랑스 지성인 베이유는 노동자 계급과 같아지고자 일부러 농장과 공장을 일터로 정했다. 히틀러 군대가 프랑스에 들어오자 베이유는 런던으로 피난 가서 "프랑스 자유민"에 합세했다. 본래 결핵이 있던데다 나치 점령하에서 고생하는 동포들의 배급량 이상은 먹지 않아 영양실조까지 겹쳐 거기서 죽었다. 그리스도를 따랐던 베이유는 유일한 유산으로 여러 공책과 일기에 하나님을 향한 순례 여정을 빽빽히 기록해 놓았다.[1]

베이유는 중력과 은혜라는 두 개의 거대한 힘이 우주를 지배한다고 결론지었다. 중력으로 한 물체는 그 자체 속으로 우주를 점점 더 흡수함으로써 계속 몸집을 불리기 위해 다른 물체들을 끌어당긴다. 인간 내부에도 이와 똑같은 힘이 작용한다. 인간도 확장하고 획득하여 중요성을 키우려 한다. 아담과 하와의 반역도 '하나님과 같이 되려는' 욕망 때문에 발생한 것이 아닌가.

베이유의 결론은 인간의 정서가 뉴턴의 법칙 같은 고정 법칙에 따라 움직인다는 것이다. "영혼의 모든 **자연적** 움직임은 물리적 중력의 법칙과 유사한 법칙에 의해 지배된다. 은혜만이 유일한 예외다." 인간은 대부분 자기 사랑이라는 중력 반경에 묶여 있어 "은혜가 지나갈 통로를 막아 버린다."

베이유가 이런 기록을 남기고 있던 때와 비슷한 시기에 또 다른 나치 피난민 칼 바르트는 자기에게는 예수님의 용서와 은혜의 선물이 예수님의 기적보다 더 놀랍다고 털어놓았다. 기적은 우주의 물리적 법칙을 뛰어넘는 것이지만 용서는 도덕적 법칙을 뛰어넘는 것이다. "악의 한복판에서 선의 시작이 감지된다. 은혜의 단순성과 포괄성을 누가 능히 헤아릴 것인가?"[2]

정말 누가 능히 헤아릴 것인가? 이 책도 실은 어마어마하게 커서 한 눈에 볼 수 없는 성당을 휙 둘러보듯 은혜의 주변을 돌아본 것에 지나지 않는다. 은혜란 무엇이 그리 놀라운 것이며, 왜 그리스도인은 은혜를 더 많이 베풀지 못할까? 그런 질문으로 시작한 이 책을 이제 마지막 질문으로 끝내려 한다. 은혜 충만한 그리스도인은 어떤 모습일까?

아니, 질문을 바꾸는 것이 좋겠다. 은혜 충만한 그리스도인은 어떻게 세상을 볼까? 그리스도인의 삶의 중심은 윤리나 규율이 아니라 새로운 시각에 있다고 믿는다. 자기 계발이나 확장 따위로는 어떻게 해도 하나님을 기쁘시게 할 수 없는 죄인으로서 자신을 보기 시작할 때 곧 영적 '중력'의 힘을 벗어나는 것이다. 그래야만 외부의 도움―은혜―을 찾아 하나님께 갈 수 있고, 놀랍게도 거룩하신 하나님이 흠 투성이인 나를 벌써 사랑하고 계심을 깨달아 알 수 있다. 이웃을 대할 때도 하나님이 사랑하시는 죄인으로 볼 때 역시 중력의 힘을 벗어나게 된다. 은혜 충만한 그리스도인은 '은혜의 렌즈'로 세상을 보는 사람이다.

∨ ∨ ∨

친구 목사 하나가 예수님이 다소 엄하게 말씀하신 마태복음 7장을 그날의 지정 본문으로 공부하고 있었다. "그날에 많은 사람이 나더러 이르되 주여 주여 우리가 주의 이름으로 선지자 노릇하며 주의 이름으로 귀신을 쫓아내며 주의 이름으로 많은 권능을 행하지 아니하였나이까 하리니 그때에 내가 그들에게 밝히 말하되 내가 너희를 도무지 알지 못하니 불법을 행하는 자들아 내게서 떠나가라 하리라."

"내가 너희를 도무지 알지 못하노니." 그 부분이 그의 눈에 확 들어왔다. 분명 예수님은 "**너희가 나를** 도무지 알지 못하노니"나 "너희가 아버지를 도무지 알지 못하노니"라고 하지 않으셨다. 친구는 하나님께 나를 알리는 것이야말로 인간의 중요한 과제 중 하나, 아니 가장 중요한 과제라는 것을 깨달았다. 선행으로 충분하지 않다―"우리가 주의 이름으로 선지자 노릇하[지]…아니하였나이까"―하나님과의 관계는 완전한 노출에 기반을 두어야 한다. 가면을 벗어야 한다.

토머스 머튼은 "하나님의 필요성을 알기 전에는 하나님을 찾을 수 없다"고 했다.[3] 강력한 신앙적 배경에서 자란 사람에게는 이런 인식이 쉽게 오지 않을 수 있다. 내가 다닌 교회는 완벽주의 성향이 있어서 교인 모두 아나니아와 삽비라처럼 영적으로 꾸미려는 유혹을 받았다. 나중에 알고 보면 일주일 내내 치고 받고 싸운 집인데도 주일이면 언제 그랬느냐는 듯 웃는 얼굴로 차에서 내렸다.

어린 나도 주일 아침이면 하나님과 주변 성도들이 보라고 멋지게 차려 입고 예쁜 짓만 골라 가며 했다. 교회가 정직해도 되는 곳임을 전혀 몰랐다. 이제 은혜의 렌즈로 세상을 보니 불완전이야말로 은혜의 선결 조건임을 깨닫는다. 빛은 갈라진 틈으로만 새어든다.

최상의 가면으로 외관을 깨끗이 해야 한다는 교만한 유혹은 아직도 나를 찾아온다. 루이스는 말했다. "거울인 우리에게 밝은 구석이 있다면 그 밝음은 오직 우리를 비추는 햇빛에서 온 것이다. 이를 인정하기는 쉽지만 계속 의식하며 살기란 거의 불가능하다. 분명 우리에게도 타고 난 밝음이 조금은—아무리 조금일지라도—있을 것이다. 분명 우리는 그렇게까지 피조물일 리가 없다." 이어 루이스는 말한다. "은혜란 하나님이 필요함을 어린아이처럼 순전히 즐겁게 받아들이는 것이요 기쁨으로 완전히 의존하는 것이다. '즐거운 거지'가 되는 것이다."[4]

피조물이요 즐거운 거지인 우리는 의존으로 하나님께 영광을 돌린다. 상처와 흠집은 은혜가 흘러드는 틈이다. 불완전하고 모자라고 연약하고 유한한 것이 이 땅을 사는 인간의 운명이요 그 운명을 받아들일 때에만 우리는 중력의 힘을 벗어나 은혜를 받을 수 있다. 그래야만 하나님께 가까이 갈 수 있다.

묘하게도 하나님은 '성인'보다 죄인을 가까이 하신다(여기서 성인이란 외관상 신앙이 좋은 이들을 말한다. 진정한 성인은 자신의 죄인됨을 결코 잊지 않는다). 어느 강사가 영성을 설명하며 이렇게 말했다. "하늘에 계신 하나님은 우리를 한 사람씩 줄에 매달아 붙들고 계십니다. 우리가 죄를 지으면 줄이 끊어집니다. 그러면 하나님은 매듭을 지어 다시 묶으시고 자연히 우리는 하나님께 더 가까워집니다. 우리는 죄를 지어 계속 줄을 끊지만 그럴 때마다 하나님은 다시 묶어 우리를 더 가까이 끌어당기십니다."[5]

∨ ∨ ∨

나 자신을 보는 시각이 바뀌자 이번에는 교회가 달라 보이기 시작했다. 교회가 은혜에 굶주린 이들의 모임으로 보인 것이다. 회복 중인 알코올 중독자들처럼 우리도 공통으로 인정하는 연약함을 안고 있다. 중력은 우리를 유혹해서 자력으로 할 수 있음을 믿으라고 하지만 은혜가 그 오류를 정정해 준다.

책 서두에 썼던 창녀의 말을 다시 한 번 생각해 본다. "교회요! 거긴 뭐하러 가요? 안 그래도 충분히 비참한데, 가면 그 사람들 때문에 더 비참해질 거예요." 교회는 자신을 비참하게 느끼는 이들에게 피난처가 되어야 한다. 신학적으로, 그것이 우리의 입장권이다. 하나님은 그분의 역사를 이루시기 위해 겸손한(정확히 말해 겸손하게 된) 자들을 필요로 하신다. 남들보다 잘났다는 기분과 우월감을 풍기고 싶은 유혹을 주는 것은 중력이지 은혜가 아니다.

복음서를 읽는 사람들은 예수님이 죄인, 버림받은 사람들과 편안히 잘 지내시는 모습에 놀란다. '죄인'과도 함께 지내 보고 소위 '성인'과도 함께 지내 본 나로서는 예수님이 전자의 무리와 그토록 많은 시간을 보내신 이유를 알 것 같다. 죄인과 같이 있는 게 더 좋으셨던 것은 아닐까. 죄인은 자신에 대해 정직하고 전혀 가식이 없었기 때문에 예수님이 그들을 상대하실 수 있었다. 반면 성인은 잘난 척하며 예수님을 비난하고 도덕의 덫으로 걸고넘어지려 했다. 결국 예수님을 체포한 것은 죄인이 아닌 성인들이었다.

예수님이 바리새인 시몬의 집에서 저녁 식사를 하시던 장면을 생각해 보라. 시카고의 그 창녀와 다를 바 없는 여자가 예수님께 향유를 붓고 머리카락으로 그 발을 씻었다. 이런 도발적인 행동에 시몬은 분개했다. 감히 자기 집에 발을 들여놓을 자격도 없는 여자가 아닌가! 그 긴장된 분위기 속에서 예수님이 보이신 반응은 이렇다.

> 그 여자를 돌아보시며 시몬에게 이르시되 이 여자를 보느냐? 내가 네 집에 들어올 때 너는 내게 발 씻을 물도 주지 아니하였으되 이 여자는 눈물로 내 발을 적시고 그 머리털로 닦았으며 너는 내게 입맞추지 아니하였으되 그는 내가 들어올 때로부터 내 발에 입맞추기를 그치지 아니하였으며 너는 내 머리에 감람유도 붓지 아니하였으되 그는 향유를 내 발에 부었느니라. 이러므로 내게 네게 말하노니 그의 많은 죄가 사하여졌도다. 이는 그의 사랑함이 많음이라. 사함을 받은 일이 적은 자는 적게 사랑하느니라(눅 7:44-47).

나는 스스로 이런 질문을 해 본다. 때때로 교회가 용서받은 여인의 자세 대신 바리새인 시몬의 자세를 취하는 것은 왜일까? 나는 왜 자주 그럴까?

한 세기 전에 출간된 소설 『테론 웨어의 저주』에서 본 바람직한 교회상이 두고두고 잊혀지지 않는다. 회의론자 의사가 근본주의자 목사와 천주교 신부에게 말한다. "외람된 말일지 모르나—두 분을 편견 없이 본다 해도 어디까지나 겉모습만 본 것이므로—제 논리로 교회란 신앙 고백에 의해 이미 교회를 도울 만큼 선량한 자들이 아니라 정말 교회의 도움이 필요한 자들을 위해 존재해야 합니다." 이 회의론자가 보기에 바른 교회란 은혜가 철철 흘러 넘치는 곳이다. "매일 오는 사람도 있고 한 해에 한 번 오는 사람도 있고 세례 때 왔다가 장례 때 오는 사람도 있지만 일단 여기 오면 누구나 같습니다. 전문 강도도 흠 없는 성인과 조금도 다르지 않습니다. 가식적인 모습으로 오면 안 된다는 한 가지 조건이 있을 뿐입니다."[6]

은혜가 '철철' 흘러 넘치는 이런 교회상은 내게 특별히 심금을 울리는 바가 있다. 시카고에 있는 우리 교회 지하실에서 모이던 AA 모임 때문이다. AA가 시설을 빌릴 수 있는 교회는 많지 않다. 장소를 어지럽히는 경향이 있다는 아주 실제적 이유 때문이다. AA 회원들은 약물 중독과 알코올 중독이라는 귀신을 퇴치하기 위해 담배와 커피라는 하급 귀신의 힘을 빌리는데, 그 과정에서 생기는 벽과 커튼의 그을음이며 바닥과 탁자의 커피 자국을 달갑게 보는 교회가 많지 않다. 내가 다니던 교회는 어쨌든 AA에 문을 열기로 했다.

친구 따라 강남 간다고, 회복 단계에 있는 알코올 중독자 친구가 있어 가끔 AA에 가 본 일이 있다. 처음 따라갔다가 여러모로 신약 교회를 닮은 AA의 모습에 깜짝 놀랐다. 유명한 텔레비전 방송인과 이름난 몇몇 백만장자가 실직자들 및 바늘 자국을 감추려 팔뚝에 반창

고를 붙인 아이들과 스스럼없이 한데 어울려 있었다. 동정어린 경청, 따뜻한 반응, 수많은 포옹 등이 어우러진 '나눔의 시간'은 소그룹의 교과서를 보는 듯했다. 소개는 이런 식이었다. "저는 탐이라고 합니다. 알코올 중독자 그리고 약물 중독자입니다." 즉시 모두가 그리스 합창마냥 한 목소리로 외친다. "안녕, 탐!" 이어 중독과의 싸움에 대한 참석자 각 사람의 경과 보고가 있었다.

시간이 흐르면서 나는 AA가 완전 정직과 완전 의존이라는 두 가지 원리로 움직이고 있음을 보았다. 주기도문—'하루 단위' 삶에 대한 예수님의 압축 요약—에 나타난 원리와 정확히 일치하는 것이다. 사실 만날 때마다 주기도문을 함께 외우는 AA 모임도 많이 있다.

"저는 탐입니다. 전에 알코올 중독자였지만 지금은 치료되었습니다." AA는 이런 말을 절대 용납하지 않는다. 설사 30년간 술을 입에 대지 않았어도 여전히 자신을 알코올 중독자라고 밝혀야 한다. 자신의 연약함을 부인할 때 곧 그 연약함의 피해자가 되기 때문이다. 이런 말도 있을 수 없다. "저도 알코올 중독자지만 저기 있는 누구만큼 심하지는 않습니다. 저 사람은 코카인 중독자거든요." AA의 땅은 평평하다.

루이스 메이어는 말했다.

그 곳은 지위가 무의미한, 내가 아는 유일한 곳이다. 아무도 남을 속이지 않는다. 다들 한때 인생을 망쳤다가 다시 잘해 보려는 이유로 모인 사람들이다.…교회 모임을 비롯하여 각종 단체 모임도 많이 가봤지만 AA에서 만난 그런 사랑은 본 적이 없다. 짧은 한 시간 동안 높고 강한 자들은 내려오고 낮은 자들은 올라간다. 그 결과로 나타나는 평준화, 그것이 이들이 사용하는 형제라는 말의 뜻이다.[7]

AA 프로그램은 동료 전사들 및 더 강한 능력에 대한 완전 의존을 '치료제'로 요구한다. 내가 참석한 모임 사람들은 대부분 '하나님' 대신 '더 강한 능력'이라는 말을 사용했다. 그들은 드러내 놓고 하나님의 용서와 힘을 구했고 주변 친구들의 도움을 청했다. 이들이 AA에 온 것은 거기 은혜가 '철철' 흐르고 있다고 믿었기 때문이다.

교회 본당과 지하실을 잇는 계단을 오르내리면서 주일 아침과 화요일 저녁의 아래층과 위층의 차이를 생각해 본 적이 있다. 화요일 저녁에 모이는 이들 중 주일에 나오는 사람은 소수에 지나지 않았다. 지하실을 빌려 주는 교회의 호의는 고맙지만 교회는 왠지 마음이 편치 않다는 것이 내가 얘기해 본 AA 회원들의 말이다. 자기들은 근근이 지탱하고 있는데 위층 사람들은 아무 문제가 없어 보였다. 그들은 청바지에 티셔츠 차림으로 철제 의자에 꾸부정히 앉아 원하는 대로 욕도 해가며 뿌연 담배 연기 속에 있는 것이 더 편했다. 꼿꼿한 등받이 의자가 있는 스테인드 글라스 예배당이 아니라 바로 거기가 그들이 속한 곳이었다.

지하실 모임이 신앙의 가장 중요한 몇 가지 교훈 면에서 우리의 스승임을 교회가 깨닫는다면 얼마나 좋을까? 그들은 완전 정직으로 시작해 완전 의존으로 끝났다. 은혜가 철철 흐르는 유일한 곳이 AA였기에 목마른 이들은 매주 '즐거운 거지'가 되어 찾아왔다.

교회에서 설교를 하고 나서 성만찬 집전을 도운 일이 몇 번 있다. 낸시 메어즈는 성찬에 대해 이렇게 말했다. "내가 거룩하고 경건하고 깨끗한 모범 신자라서 참예하는 것이 아니다. 영혼이 중증 저혈당 때문에 골골거리는, 의심과 불안과 분노 투성이의 문제 신자이기에 참예하는 것이다."[8] 나는 설교 후에 굶주린 영혼들의 영양 공급을 도왔다.

참예하기 원하는 이들은 앞으로 나와 조용히 반원형으로 선 다음 우리가 빵과 포도주를 건네 주기를 기다렸다. "그대를 위해 찢기신 그리스도의 몸." 내가 앞에 선 사람이 떼도록 빵을 들고 먼저 말한다. 그러면 내 뒤에 선 목사가 공유의 잔을 들고 이렇게 말한다. "그대를 위해 흘리신 그리스도의 피."

아내가 이 교회에서 봉사했고 나 또한 오랜 기간 교사로 일했기 때문에 나는 앞에 선 이들 중 몇 명의 사연을 잘 알았다. 지푸라기 같은 머리에 구부정하게 서 있는 노인부 소속 마벨은 전에 창녀였다. 마벨이 속에 감춘 어두운 비밀을 털어놓기까지 아내는 꼬박 7년을 매달려야 했다. 50년 전 마벨은 외동딸을 팔아 넘겼다. 가족들한테 오래 전에 버림을 받은데다 임신까지 하자 수입이 끊겼고 또 엄마 노릇도 제대로 못할 것 같아 아기를 미시간 주의 어느 부부에게 판 것이다. 마벨은 자신을 용서할 수 없었다. 그런 마벨이 볼에 둥글게 연지를 칠한 얼굴로 성찬 대열에 끼어 은혜의 선물을 받고자 손을 내밀고 서 있었다. "마벨, 그대를 위해 찢기신 그리스도의 몸…."

마벨 옆에는 교회 노인부 출신 중 유일하게 결혼식을 치른 주인공 거스와 밀드레드가 있었다. 결혼하면 동거하는 것보다 복지 연금

이 매달 150달러 깎이는데도 거스는 초지일관이었다. 인생의 빛인 밀드레드와 같이 살 수만 있다면 가난쯤이야 상관없다는 것이었다. "거스와 밀드레드, 그대를 위해 흘리신 그리스도의 피…."

다음은 인류에 대한 지독한 공포가 월남전 참전으로 더 깊어진 분노의 흑인 청년 아돌푸스 차례였다. 사람들은 아돌푸스가 무서워서 교회를 떠나곤 했었다. 한번은 내가 여호수아서를 가르치고 있는데 아돌푸스가 손을 번쩍 들더니 큰소리로 떠들었다. "M-16 소총만 있다면 이 방에 있는 너희 백인 녀석들을 다 쏴 죽이고 말겠어." 교인 중 연세 높으신 의사 한 분이 그를 따로 데리고 나가 주일 예배 전에는 약을 먹고 오라고 단단히 주의를 주었다. 그는 그가 단순히 분노 때문이 아니라 굶주림 때문에 오는 것임을 알았기에 교회는 묵묵히 그를 받아 주었다. 어쩌다 버스도 놓치고 차편도 제공되지 않을 때면 혼자 8킬로미터씩 걸어서 교회에 올 때도 있었다. "아돌푸스, 그대를 위해서 찢기신 그리스도의 몸…."

이어서 나는 시카고 대학에 재직중인 점잖은 독일인 부부 크리스티나와 라이너에게 미소를 보냈다. 둘 다 박사인 이들은 독일 남부 경건주의 단체 출신이다. 이들은 내게 모라비아 운동이 전 세계에 미친 영향을 들려주며 자기네 고향 교회는 아직도 그 영향 아래 있다고 했다. 그런 그들이 지금은 평생 순종해 온 말씀으로 시련을 겪고 있었다. 아들이 1년간 인도 캘커타에 있는 최악의 빈민가에 거할 계획으로 막 선교 여행을 떠난 것이다. 크리스티나와 라이너는 이런 희생을 늘 소중히 여겨 왔으나 막상 아들 차례가 되니 모든 것이 달라 보였다. 아들의 건강과 안전이 걱정됐다. 크리스티나는 얼굴을 두 손에 파묻었다. 손가락 사이로 눈물 방울이 뚝뚝 떨어졌다. "크리스티나와 라이너, 그대를 위해 흘리신 그리스도의 피…."

그 다음은 뇌종양 제거 수술로 머리카락이 전부 빠진 머리에 터번을 두르고 온 사라. 그 다음은 누가 말만 걸어도 움찔할 정도로 말을 더듬는 증세가 심한 마이클. 그 다음은 얼마 전 네 번째로 결혼한 괄괄하고 뚱뚱한 이탈리아 여자 마리아. "이번은 다를 거예요. 그냥 알아요."

"그리스도의 몸…그리스도의 피…." 이런 사람들에게 철철 넘치는 은혜 외에 무엇을 줄 수 있으랴. 교회가 베풀 것으로 '은혜의 수단'보다 나은 것이 무엇이 있으랴. 깨어진 가정들, 연약한 개인들. 여기에 은혜가? 그렇다. 바로 여기다. 어쩌면 위층의 교회도 아래층 AA 모임과 별반 다르지 않았는지 모른다.

ᐯ ᐯ ᐯ

신기하게도 은혜의 렌즈는 교회 바깥 사람들도 같은 관점으로 보게 한다. 나 자신이나 교회 안의 사람처럼 그들 역시 하나님이 사랑하시는 죄인이다. 집 나간 자식이 되어 아주 먼 곳을 헤매는 자들도 있겠지만 그럼에도 불구하고 아버지는 그들이 돌아오면 기쁨과 축하로 맞으려 서서 기다리고 계신다.

사막의 점성가나 현대 예술가 및 사상가들은 은혜를 다른 데서 찾으려 하나 그것은 허사다. "말하기 부끄럽지만, 세상에 필요한 것은 기독교의 사랑이다." 버트런드 러셀의 말이다. 세속 인본주의 소설가 마가니타 라스키는 죽기 얼마 전 텔레비전 인터뷰에서 이렇게 말했다. "그리스도인들한테 제일 부러운 것은 용서입니다.… 날 용서해 줄 사람이 없습니다." X세대라는 말을 만들어 낸 더글라스 커플랜드는 『하나님을 좇는 삶』에서 이런 결론을 내렸다. "나에게는 하나님이 필요하다. 그것이 내 비밀이다. 상처투성이인 나는 더 이상 혼자 힘으로 살아갈 수 없다. 남한테 주는 것도 내 힘으로는 더 이상 안 된다. 하나님이 도와주셔야 한다. 친절을 베푸는 것도 내 힘으로는 더 이상 안 된다. 하나님이 도와주셔야 한다. 사랑하는 것도 내 힘으로는 안 된다. 하나님이 도와주셔야 한다."

나는 이런 갈망을 고백한 자들을 자상하게 대하시는 예수님의 모습에 놀란다. 요한복음에는 예수님이 우물가에서 여인과 나눈 즉흥적인 대화가 기록되어 있다. 당시는 남자가 먼저 이혼을 제의하던 때였다. 이 사마리아 여인은 다섯 남자한테 버림받은 여자였다. 예수님은 여자의 복잡한 삶을 지적하시는 말로 시작하실 수도 있었다. 그러나 그분은 "여자여, 남편도 아닌 남자와 살다니 그게 얼마나 부도덕한 짓인지 아느냐?"라고 말씀하지 않으셨다. 그분의 말씀은 사실상 이런 것이었다. '네가 몹시 목마르구나.' 예수님은 지금 긷는 물로는 결코 만족을 얻을 수 없다고 말씀하시며 여자에게 갈증을 영원히 씻어 줄 생수를 주셨다.

나는 도덕적으로 찬동할 수 없는 사람을 만날 때면 예수님의 이 정신을 되살리려 애쓰며 혼자 중얼거린다. '이 사람은 몹시 목마른 사람일 거야.' 헨리 나우웬 신부와 대화한 적이 있다. 샌프란시스코의 여러 에이즈 환자 사역 단체를 방문하고 막 돌아온 그는 환자들의 슬픈 사연에 깊은 동정을 품게 됐다. "다들 너무나 사랑을 원하고 있습니다. 사랑에 갈급해 죽을 정도입니다"라고 그는 말했다. 그는 그들을 엉뚱한 물을 찾고 있는 목마른 자들로 본 것이다.

나는 죄인들이나 '나와 다른' 사람들 앞에서 혐오감에 몸을 사리려는 유혹이 들 때면 예수님의 지상 생활은 어땠을까 떠올려 본다. 완전하고 죄 없으신 예수님은 주변 사람들의 행동에 대해 얼마든지 혐오감을 품을 수 있었다. 그러나 그분은 내로라하는 죄인들도 정죄가 아닌 자비로 대하셨다.

은혜를 맛본 사람은 길 잃은 영혼들을 더 이상 '저 악한 자들' 내지는 '내 도움이 필요한 가련한 자들'로 보지 않는다. 그들에게서 '사랑할 만한' 부분을 찾을 필요도 없다. 은혜가 가르쳐 준 것은 하나님이 우리 모습 때문이 아니라 당신 자신을 인해 사랑하시는 분이라는 것이다. 자격 조건 따위는 해당 사항이 못 된다. 독일 철학자 프리드리히 니체는 자서전에서 자기는 모든 인간의 가장 깊은 내면 특히 "인품의 바닥에 숨은 넘치는 오물"의 "냄새를 맡을" 수 있다고 했다.[9] 니체는 비은혜의 화신이었다. 우리의 소명은 그 반대의 것, 즉 남아 있는 숨은 가치의 냄새를 맡는 것이다.

영화 "질긴 잡초"에 보면 잭 니콜슨과 메릴 스트립이 연기한 두 인물이 술에 취한 채 눈밭에 누워 있는 늙은 에스키모 여자를 우연히 발견하는 장면이 나온다. 곤드레만드레 취한 두 사람이 여자를 어떻게 할지 이야기를 주고 받는다.

"술에 취했나, 아니면 부랑자인가?" 니콜슨이 묻는다.

"부랑자예요. 평생 그랬죠."

"그 전에는?"

"알래스카 창녀였고요."
"평생 창녀는 아니었겠지. 그 전에는?"
"몰라요. 어린애였겠죠."
"어린애라면 대단한 거지. 부랑자도 아니고 창녀도 아니지. 대단한 거야. 안으로 데려갑시다."

두 방랑자는 에스키모 여인을 은혜의 렌즈로 보고 있다. 사회의 눈으로는 부랑자요 창녀에 지나지 않던 여자가 은혜의 눈으로 보니 한 여자 아이, 즉 망가진 형상일 망정 하나님의 형상대로 지음받은 한 사람이 된 것이다.

기독교에는 "죄는 미워하되 죄인은 사랑하라"는 원리가 있다. 말처럼 쉽지 않은 일이다. 그리스도인들이 예수님의 훌륭한 본을 따라 이것만 다시 실천하면 하나님의 은혜의 통로라는 소명을 성취하는 데 성큼 다가갈 것이다. 루이스는 죄를 미워하는 것과 죄인을 미워하는 것을 시시콜콜 구분한다는 것이 오랫동안 이해가 안 갔다고 한다. 어떻게 사람은 미워하지 않으면서 그 사람이 한 일만 미워할 수 있단 말인가?

그러나 내가 평생 그렇게 해 온 대상이 한 사람 있음을 오랜 후에야 알았다. 바로 나였다. 내 비겁함과 속임수와 탐욕은 지독히 미워했어도 나 자신은 계속 사랑한 것이다. 거기엔 전혀 어려움이 없었다. 그런 행동을 미워한 것도 실은 나를 사랑했기 때문이다. 자신을 사랑했기에 자신이 그런 일이나 하는 존재임이 밝혀지는 것이 슬펐던 것이다.[10]

루이스는 그리스도인이 죄를 미워하는 일에는 타협이 있을 수 없다고 말한다. 내 속의 죄를 미워하는 것과 같은 방식으로 남의 죄도 미워해야 한다. 상대의 그런 행동을 안타까이 여기며 언제 어디선가 어떻게든 회복되기 바라는 마음으로 말이다.

∨ ∨ ∨

찬송가 "나 같은 죄인 살리신"에 관한 빌 모이어즈의 다큐멘터리 비디오에는 런던 웸블리 스타디움에서 찍은 장면이 나온다. 대부분 록 밴드인 다양한 음악 그룹이 남아프리카공화국의 변화를 축하하려 모였는데, 무슨 이유에서인지 제작진은 오페라 가수 제시 노먼을 마지막 순서로 짜 놓았다.

비디오는 스타디움의 떠들썩한 군중 장면과 제시 노먼의 인터뷰 장면을 왔다갔다 한다. 도열한 스피커 굉음으로 '건즈 앤 로우지즈' 같은 그룹들이 장장 열두 시간 동안 군중의 귀를 때려 이미 술과 마약에 취한 팬들의 흥분을 고조시켰다. 군중은 앵콜을 외쳐 댔고 록 그룹들은 기꺼이 응했다. 그 시간에 제시 노먼은 분장실에 앉아 모이어즈와 함께 "나 같은 죄인 살리신"에 대한 이야기를 나누고 있다.

물론 이 찬송가는 야비하고 잔인한 노예 무역상 존 뉴턴이 쓴 것이다. 물에 빠져 죽을 뻔한 폭풍 속에서 그는 처음 하나님을 찾았다. 그의 변화는 서서히 찾아왔기에 그는 회심 후에도 계속 노예 무역에 열심이었다. "귀하신 주의 이름은 참 아름다워라"라는 찬송도 아프리카 어느 항구에서 노예 선적을 기다리며 쓴 것이다. 그러나 후에 그는 그 직업을 버리고 목사가 되어 윌리엄 윌버포스와 힘을 합해 노예 제도 폐지를 위해 싸웠다. 존 뉴턴은 자신이 건짐받은 수렁을 평생 잊지 않았다. 그는 은혜를 영영 잊지 못했다. "나 같은 죄인 살리신…"이라는 가사는 그야말로 그의 가슴 깊은 곳에서 나온 것이다.

비디오에서 제시 노먼은 빌 모이어즈에게, 뉴턴이 오랜 옛날 노예들이 부르던 곡조를 빌려 이 찬송을 썼을지 모른다고 말한다. 자기가 구속 받았듯이 노래를 구속했다는 것이다.

이윽고 노먼이 노래할 차례가 된다. 물결치는 아프리카 다시키를 입은 기품 있는 흑인 여인 노먼이 무대 위를 걸어 나간다. 원형 조명 하나만 노먼을 따른다. 악단도 없고 악기도 없다. 제시뿐이다. 누군가 '건즈 앤 로우지즈' 음악을 더 듣자고 외친다. 다른 사람들의 외침이 뒤를 잇는다. 무대가 볼품없어진다.

제시 노먼이 혼자서 아카펠라로 아주 천천히 노래를 시작한다.

나 같은 죄인 살리신 주 은혜 놀라워.
잃었던 생명 찾았고 광명을 얻었네.

그날 밤 웸블리 스타디움에서 놀라운 일이 벌어진다. 쉰 목소리로 외쳐 대던 칠만 명 팬들이 노먼이 부르는 은혜의 아리아 앞에 돌연 침묵에 잠긴다.

"큰 죄악에서 건지신 주 은혜 고마워…." 노래가 2절에 이르자 군중은 완전히 소프라노 가수의 손안에 들어와 있다.

3절에 이르자 수천 명의 팬들이 오래 전에 들었던 거의 잊혀진 가사를 기억 속에서 더듬으며 노래를 따라 부른다. "이제껏 내가 산 것도 주님의 은혜라."

거기서 우리 영원히 주님의 은혜로
해처럼 밝게 살면서 주 찬양하리라.

제시 노먼은 후에 그날 밤 웸블리 스타디움에 무슨 권능이 임했는지 모르겠다고 고백한 바 있다. 나는 알 것 같다. 세상은 은혜에 목말라 있다. 은혜가 임할 때 세상은 그 앞에서 침묵에 잠긴다.

감사의 말

어떤 책의 감사의 말에 등장하는 사람들의 이름을 읽다 보면, 오스카 시상식에서 유치원 보모부터 3학년 때의 피아노 선생님에게까지 감사를 늘어놓는 배우들의 수상 소감이 생각난다.

3학년 때 피아노 선생님이 고맙기야 나도 마찬가지지만 책 한 권을 쓰는 데는 호화로운 들러리말고 정말 없어서는 안 될 사람들이 몇 있게 마련이다. 이 책의 최종 원고는 초고와는 완전히 다른데, 주로 더그 프랭크, 해럴드 피켓, 팀 스태포드, 스코트 호우지, 할 나이트의 비평 덕이다. 다들 글쓰기와 은혜에 일가견이 있는 사람들이라 도움을 청했는데 돌아온 반응은 과연 그대로였다. 이들에게 진 빚이 크다.

원고 내용 중 매우 민감한 사안들에 대해서는 해럴드 마이라를 위시해 '크리스채니티 투데이'의 동료 필진이 도와주었다.

딱하게도 편집을 맡은 존 슬로운은 초고뿐 아니라 수차례의 교정

원고까지 손보아 주었다. 편집 일이란 대개 눈에 잘 띄지 않기 마련인데 최종 결과물을 보니 존의 세심한 손길이 확연히 돋보인다.

편집 끝손질을 해준 존더반 출판사의 밥 허드슨에게도 감사한다.

감사의 마음은 이 책의 주제인 은혜와도 잘 맞는다. 도와준 친구들을 떠올리면 불현듯 풍요로운 느낌, 과분한 것을 받았다는 생각이 든다.

또한 명서신 로마서를 통해 은혜에 대해 가르쳐 주고(내가 아는 모든 것은 여기서 배운 것이다) 이 책의 전체 윤곽까지 정해 준 사도 바울에게도 감사해야 한다. 이 책은 로마서의 전개 과정을 그대로 따른 것이다.

(이 책에 나오는 이야기는 모두 실화지만 기밀 유지를 위해 더러 인명과 지명을 바꾸기도 했음을 밝힌다.)

주

프롤로그 마지막 최고의 단어
1_ D. Ivan Dykstra, *Who Am I? and Other Sermons*(Holland, Mich.: Hope College, 1983), p. 104에서 인용.
2_ Georges Bernanos, *The Diary of a Country Priest*(Garden City, N.Y.: Doubleday/Image, 1974), p. 233. 『어느 시골 신부의 일기』(민음사).
3_ David Seamands, "Perfectionism: Fraught with Fruits of Self-Destruction", in *Christianity Today*(April 10, 1981), pp. 24-25.
4_ 사석에서 나눈 대화.
5_ Stefan Ulstein, *Growing Up Fundamentalist*(Downers Grove, Ill.: InterVarsity Press, 1995), p. 72.

이야기 하나: 바베트의 만찬
1_ Isak Dinesen, *Anecdotes of Destiny and Ehrengard*(New York: Random House/Vintage, 1993)에 실린 단편 소설. 『바베트의 만찬』(문학동네).

1. 은혜 없는 세상
1_ George Herbert, "The Church Militant", in *The English Poems of George Herbert*(Totowa, N.J.: Rowman and Littlefield, 1975), p. 196.

2_ Paul Tournier, *Guilt and Grace*(New York: Harper & Row, 1962), p. 23. 『죄책감과 은혜』(IVP).

3_ Erma Bombeck, *At Wit's End*(N. P.: Thorndike Large Print Edition, 1984), p. 63.

4_ William James, *The Varieties of Religious Experience*(New York: The Modern Library, 1936), p. 297. 『종교적 경험의 다양성』(한길사).

5_ St. John of the Cross, *Dark Night of the Soul*(Garden City, N.Y.: Doubleday/Image, 1959). 『어둔 밤』(기쁜소식).

6_ Anthony Hecht, "Galatians", in *Incarnation*, ed Alfred Corn(New York: Viking, 1990), p. 158.

7_ Helmut Thielicke, *The Waiting Father*(San Francisco: Harper & Row, 1959), p. 133. 『기다리는 아버지』(컨콜디아사).

8_ Benjamin Franklin, *Autobiography*(New York: Buccaneer Books, 1984), pp. 103, 114. 『프랭클린 자서전』(김영사).

9_ Jeanne McDowell, "True Confessions by Telephone", in *Time* (October 3, 1988), p. 85.

10_ Lewis B. Smedes, *Shame and Grace*(San Francisco: HarperCollins, 1993), pp. 80, 31.

11_ Nicholas D. Kristof, "Japanese Say No to Crime: Tough Methods, at a Price", in *The New York Times*(March 14, 1995), p. 1.

12_ Ernest Hemingway, "The Capitol of the World", in *The Short Stories of Ernest Hemingway*(New York: Scribner, 1953), p. 38.

13_ Paul Johnson, *Intellectuals*(New York: Harper & Row, 1988), p. 145에서 인용. 『지식인의 두 얼굴』(을유문화사).

14_ Peter Greave, *The Second Miracle*(New York: Henry Holt and Company), 1955.

2. 사랑에 애타는 아버지

1_ Scott Hoezee, *The Riddle of Grace*(Grand Rapids: Eerdmans, 1996), p. 42에서 인용.

2_ Henri J. M. Nouwen, *The Return of the Prodigal Son*(New York: Doubleday/Image, 1994), p. 114. 『탕자의 귀향』(포이에마).

3_ Søren Kierkegaard, *Training in Christianity*(Princeton: Princeton University Press, 1947), p. 20. 『그리스도교 훈련』(종로서적).

3. 은혜의 색다른 계산법

1. Frederick Buechner, *Telling the Truth* (San Francisco: Harper & Row, 1977), p. 70. 『진리를 말하다』(비아토르.)
2. C. S. Lewis, "On Forgiveness", in *The Weight of Glory and Other Addresses* (New York: Collier Books/Macmillan, 1980), p. 125. 『영광의 무게』(홍성사).
3. C. S. Lewis and Don Giovanni Calabria, *Letters* (Ann Arbor, Mich.: Servant Books, 1988), p. 67.
4. Miroslav Volf, *Exclusion and Embrace* (Nashville: Abingdon Press, 1996), p. 85. 『배제와 포용』(IVP).
5. Frederick Buechner, *The Longing for Home* (San Francisco: HarperCollins, 1996), p. 175. 『하나님을 향한 여정』(요단출판사).
6. Dorothy L. Sayers, *Christian Letters to a Post-Christian World* (Grand Rapids: Eerdmans, 1969), p. 45. 『도그마는 드라마다』(IVP).
7. Ernest Kurtz, *The Spirituality of Imperfection* (New York: Bantam, 1994), pp. 105-106에 실린 기사. 『불완전함의 영성』(살림).
8. John Donne, *John Donne's Sermons on the Psalms and the Gospels* (Berkeley: University of California Press, 1963), p. 22.

이야기 둘: 끊지 못한 사슬

1. Kenneth E. Bailey, *Poet & Peasant* (Grand Rapids: Eerdmans, 1976), pp. 161-164, 181. 『중동의 눈으로 본 예수님의 비유』(이레서원).

4. 비본성적 행위

1. William L. Shirer, *Love and Hatred: The Stormy Marriage of Loe and Sonya Tolstoy* (New York: Simon & Schuster, 1994), pp. 26, 65-67.
2. W. H. Auden, "September 1, 1939", in *Selected Poems* (New York: Vintage Books/ Random House, 1979), p. 86.
3. Elizabeth O'Connor, *Cry Pain, Cry Hope* (Waco, Tex.: Word Books, 1987), p. 167.
4. Charles Williams, *The Forgiveness of Sins* (Grand Rapids: Eerdmans, 1984), p. 66.
5. Louis I. Bredvold, ed., *The Best of Dryden* (New York: T. Nelson and Sons, 1933), p. 20.
6. Gregory Jones, *Embodying Forgiveness: A Theological Analysis* (Grand Rapids: Eerdmans, 1995), p. 195.

7_ Dietrich Bonhoeffer, *The Cost of Discipleship*(New York: Macmillan, 1959), pp. 134-135. 『나를 따르라』(대한기독교서회).
8_ Helmut Thielicke, *Waiting*, 앞의 책, p. 112.
9_ Henri Nouwen, Return, 앞의 책, pp. 129-130.

5. 왜 용서인가?

1_ "Colorful Sayings of Colorful Luther", in *Christian History*, vol. 34, p. 27에서 인용.
2_ Gabriel García Márquez, *Love in the Time of Cholera*(New York: Alfred A. Knopf, 1988), pp. 28-30. 『콜레라 시대의 사랑』(민음사).
3_ François Mauriac, *Knot of Vipers*(London: Metheun, 1984). 『사랑의 사막 독사뭉치』(을유문화사).
4_ Mary Karr, *The Liar's Club*(New York: Viking, 1995).
5_ Lewis B. Smedes, *Shame*, 앞의 책, pp. 136, 141.
6_ Kathryn Watterson, *Not by the Sword*(New York: Simon & Schuster, 1995).
7_ Victor Hugo, *Les Miséables*(New York: Penguin, 1976), p. 111. 『레미제라블』(동서문화사).
8_ Lewis B. Smedes, "Forgiveness: the Power to Change the Past", in *Christianity Today*(January 7, 1983), p. 24.
9_ Simone Weil, *Gravity and Grace*(New York: Routledge, 1972), p. 9. 『중력과 은총』(이제이북스).

6. 복수

1_ Simon Wiesenthal, *The Sunflower*(New York: Schocken, 1976). 『해바라기』(뜨인돌).
2_ Joseph Klausner, *Jesus of Nazareth: His Life, Times, and Teaching* (London: George Allen & Unwin, 1925), p. 393.
3_ Lewis B. Smedes, *Forgive and Forget*(San Francisco: Harper & Row, 1984), p. 130. 『용서의 기술』(규장).
4_ Romano Guardini, *The Lord*(Chicago: Regnery Gateway, 1954), p. 302. 『주님』(바오로딸).
5_ Helmut Thielicke, *Waiting*, 앞의 책, p. 62.
6_ Mark Noll, "Belfast: Tense with Peace", in *Books & Culture* (November/December 1995), p. 12.
7_ Elizabeth O'Connor, *Cry Pain*, 앞의 책, p. 50.
8_ Lance Morrow, "I Spoke…As a Brother", in *Time*(January 9, 1984), pp. 27-33.

7. 은혜의 무기고

1_ Walter Wink, *Engaging the Powers*(Minneapolis: Fortress, 1992), p. 275. 『사탄의 체제와 예수의 비폭력』(한국기독교연구소).
2_ Ian Buruma, *The Wages of Guilt: Memories of War in Germany and Japan* (New York: Farrar, Straus and Giroux, 1994). 『아우슈비츠와 히로시마』(한겨레신문사).
3_ *Response*, a publication of the Simon Wiesenthal Center in Los Angeles에서 인용.
4_ Elton Trueblood, *The Yoke of Christ*(Waco, Tex.: Word, 1958), p. 37.
5_ Walter Wink, Engaging, 앞의 책, p. 191.
6_ Michael Henderson, *The Forgiveness Factor*(Salem, Ore.: Grosvenor Books USA, 1996), p. xix.
7_ David Garrow, *Bearing the Cross*(New York: William Morrow, 1986), pp. 81, 500, 532.
8_ Laurens van der Post, *The Prisoner and the Bomb*(New York: William Morrow and Company, 1971), p. 133.

이야기 셋: 사생아의 집

1_ Will D. Campbell, *Brother to a Dragonfly*(New York: The Seabury, 1977), pp. 220-224.

8. 불량품 사절

1_ Herman Wouk, *This Is My God*(New York: Little, Brown and Company, 1987), p. 111.
2_ Sheldon Isenberg and Dennis E. Owen, "Bodies, Natural and Contrived: the Work of Mary Douglas", in *Religious Studies Review*(Vol. 3, No. 1, 1977), pp. 1-17에서 인용.
3_ Jacob Neusner, *A Rabbi Talks with Jesus*(New York: Doubleday, 1993), p. 122.
4_ John Timmer, "Owning Up to Baptism", in *The Reformed Journal* (May-June 1990), p. 14에서 인용.
5_ Miroslav Volf, *Exclusion*, 앞의 책, p. 74.

9. 은혜로 치유된 눈

1_ Paul Tournier, *The Person Reborn*(New York: Harper & Row, 1966), p. 71.
2_ Helmut Thielicke, *How the World Began*(Philadelphia: Muhlenberg, 1961), p. 62.

『세상이 어떻게 시작되었는가』(컨콜디아사).
3_ Helmut Thielicke, *Christ and the Meaning of Life*(Grand Rapids: Baker, 1975), p. 41.『그리스도와 삶의 의미』(대한기독교서회).
4_ Helmut Thielicke, *Waiting*, 앞의 책, p. 81.

10. 허점

1_ Robert Hughes, *The Fatal Shore*를 바탕으로 한 라디오 인터뷰.
2_ W. H. Auden, "For the Time Being", in *The Collected Poetry of W. H. Auden* (New York: Random House, 1945), p. 459.
3_ Stephen Brown, *When Being Good Isn't Good Enough*(Nashville: Nelson, 1990), p. 102에서 인용.『율법 아래에 있다고 느낄 때』(두란노).
4_ C. S. Lewis, *Letters to an American Lady*(Grand Rapids: Eerdmans, 1967), p. 71. 『루이스가 메리에게』(홍성사).
5_ C. S. Lewis, *The Problem of Pain*(New York: Macmillan, 1962), p. 122.『고통의 문제』(홍성사).
6_ Helen Vendler, "Books", in *The New Yorker*(March 13, 1989), p. 107에서 인용.
7_ Paul Tournier, *Guilt*, 앞의 책, p. 112.
8_ C. S. Lewis, *Mere Christianity*(New York: Macmillan, 1960), p. 60.『순전한 기독교』(홍성사).
9_ Paul Tournier, *Guilt*, 같은 책, pp. 159-160.
10_ Walker Kaufmann, *The Faith of a Heretic*(Garden City, N.Y.: Doubleday, 1961), pp. 231-232에서 인용.
11_ Walter Trobisch, *Love Yourself*(Downers Grove, Ill.: InterVarsity Press, 1976), p. 26.『너 자신을 사랑하라』(생명의 말씀사).
12_ François Mauriac, *God and Mammon*(London: Sheed & Ward, 1946), pp. 68-69.
13_ Clifford Williams, *Singleness of Heart*(Grand Rapids: Eerdmans, 1994), p. 107에 인용된 본회퍼의 말.『마음의 혁명』(그루터기하우스).
14_ Nancy Mairs, *Ordinary Time*(Boston: Beacon Press, 1993), p. 138.
15_ Kathleen Norris, *The Cloister Walk*(New York: Riverhead, 1996), p. 346에서 인용.『수도원 산책』(생활성서사).

11. 은혜 기피증

1_ Leo Tolstoy, "An Afterword to 'The Kreutzer Sonata'", in A. N. Wilson, *The Lion and the Honeycomb: The Religious Writings of Tolstoy* (San Francisco: Harper & Row, 1987), p. 69.

2_ Walter Wink, *Naming the Powers*(Philadelphia: Fortress, 1984), p. 116에서 인용.
3_ Henri Nouwen, *Return*, 같은 책, p. 71.
4_ Hans Küg, *On Being a Christian*(Garden City, N.Y.: Doubleday, 1976), p. 242. 『왜 그리스도인인가』(분도출판사).
5_ Karen Armstrong, *A History of God*(New York: Alfred A. Knopf, 1974), p. 276 에서 인용. 『신의 역사』(동연).
6_ Robert Farrar Capon, *Between Noon and Three*(San Francisco: Harper & Row, 1982), p. 148.

12. 뒤섞인 향기

1_ "Government Is Not God's Work", in *New York Times*(August 29, 1993).
2_ Rodney Clapp, "Calling the Religious Right to Its Better Self", *Perspectives*(April 1994), p. 12에서 인용.
3_ Virginia Culver, "2000 hear Terry hit 'baby killers'", in *The Denver Post* (July 30, 1993), p. 4B.
4_ Jim Wallis, *Who Speaks for God?*(New York: Delacorte, 1996), p. 161에서 인용.
5_ "Been there, preached that", in *Leadership*(Fall 1995), p. 76.
6_ Robert Booth Fowler, *Religion and Politics in America*(Metuchen, N.J.: Scarecrow, 1985), p. 234에서 인용.
7_ William Manchester, *A World Lit Only by Fire*(Boston: Little, Brown and Company, 1993), p. 191. 『불로만 밝혀지는 세상』(이론과 실천).
8_ Paul Johnson, *A History of Christianity*(New York: Atheneum, 1976), p. 263. 『기독교의 역사』(포이에마).
9_ Lesslie Newbigin, *Foolishness to the Greeks*(Grand Rapids: Eerdmans, 1986), p. 117. 『헬라인에게는 미련한 것이요』(IVP).
10_ Walter Wink, *Engaging*, 앞의 책, p. 263에서 인용.
11_ Rodney Clapp, *Perspectives*, 같은 기사, p. 12.
12_ Brennan Manning, *Abba's Child*(Colorado Springs: NavPress, 1994), p. 82에서 인용. 『아바의 자녀』(복있는사람).

13. 뱀 같은 지혜

1_ 1994년 뉴욕 Pierpont Morgan Library에서 있은 Paul Johnson의 "하나님과 미국인"이라는 강연문에 인용된 글.
2_ John R. Hower Jr., *The Changing Political Thought of John Adams* (Princeton: Princeton University Press, 1996), p. 185에서 인용.

3― Richard John Neuhaus, *The Naked Public Square*(Grand Rapids: Eerdmans, 1986), p. 80에서 인용.
4― Earl Warren, "Breakfast at Washington", in *Time*(February 14, 1954), p. 49.
5― James Dobson, "Why I Use 'Fighting Words'", in *Christianity Today*(June 19, 1995), p. 28.
6― Ralph Reed, *Active Faith*(New York: The Free Press, 1996), pp. 120, 165.
7― Tom Sine, *Cease Fire*(Grand Rapids: Eerdmans, 1995), p. 284에서 인용.
8― Christopher Schonborn, "The Hope of Heaven, The Hope of Earth", in *First Things*(April 1995), p. 34.
9― Robert E. Webber, *The Church in the World: Opposition, Tension, or Transformation?*(Grand Rapids: Zondervan, 1986)에서 인용.
10― Jacques Maritain, *The Things That Are Not Caesar's*(London: Sheed & Ward, 1930), p. 16에서 인용.
11― Robert N. Bellah, et al., *The Good Society*(New York: Vintage, 1992), p. 180.
12― Pual Johnson, *The Quest for God*(New York: HarperCollins, 1996), p. 35에서 인용.
13― Paul Johnson, *History*, 앞의 책, p. 483에서 인용.

14. 한 점 푸르른 땅

1― *Bill Moyers: A World of Ideas*, ed. Betty Sue Flowers(New York: Doubleday, 1989), p. 5에 인용된 말.
2― 1993년 템플턴상 수상 연설 일부.
3― Donald Bloesch, *The Crisis of Piety*(Colorado Springs: Helmers and Howard, 1988), p. 116에서 인용. 『경건의 위기』(소망사).
4― Dietrich Bonhoeffer, *Cost*, 앞의 책, p. 136.
5― Bob Briner, *Deadly Detours*(Grand Rapids: Zondervan, 1996), p. 95에서 인용.
6― Friedrich Nietzsche, *The Anti-Christ*(New York: Penguin, 1968), pp. 115-118. 『안티 크리스티』(이너북).
7― Dorothy Day, *The Long Loneliness*(San Francisco: HarperCollins, 1981), p. 235. 『고백』(복있는사람).
8― John Stott가 강연에 인용한 말.

15. 중력과 은혜

1― Simone Weil, *Gravity*, 앞의 책, pp. 1, 16.
2― Karl Barth, *The Word of God and the Word of Man*(New York: Harper & Row, 1957), p. 92.

3_ Thomas Merton, *No Man Is an Island*(New York: Harcourt, Brace and Company, 1955), p. 235.
4_ C. S. Lewis, *The Four Loves*(London: Geoffrey Bles, 1960), p. 149. 『네 가지 사랑』(홍성사).
5_ Ernest Kurtz, *Spirituality*, 앞의 책, p. 29에서 인용.
6_ Harold Frederic, *The Damnation of Theron Ware*(New York: Penguin, 1956), pp. 75-76.
7_ Brennan Manning, *The Gentle Revolutionaries*(Denville, N.J.: Dimension, 1976), p. 66에서 인용.
8_ Nancy Mairs, *Ordinary Time*, 앞의 책, p. 89.
9_ Clifford Williams, *Singleness*, 앞의 책, p. 126에서 인용.
10_ C. S. Lewis, *Mere*, 앞의 책, pp. 105-106.

옮긴이 윤종석은 서강대학교 영어영문학과를 졸업하였으며 미국 골든게이트 침례신학교에서 교육학을, 트리니티 복음주의신학교에서 상담학을 공부했다. 『교회, 나의 고민 나의 사랑』 『남자는 무슨 생각을 하며 사는가?』 『하나님이 축복하시는 삶』 『하나님의 음성』 『모자람의 위안』 『세계관은 이야기다』 『베푸는 삶의 비밀』 『작아서 아름다운』(이상 IVP), 『재즈처럼 하나님은』(복있는사람), 『팀 켈러의 내가 만든 신』(두란노) 등 다수의 책을 번역하였다.

놀라운 하나님의 은혜?

초판 발행 1999년 8월 18일 | 초판 40쇄 2008년 10월 29일
개정판 발행 2009년 2월 17일 | 개정판 14쇄 2019년 11월 4일
재조판 발행 2020년 2월 14일 | 재조판 4쇄 2025년 4월 30일

지은이 필립 얀시
옮긴이 윤종석
펴낸이 정모세

편집 이성민 이혜영 심혜인 설요한 박예찬
디자인 한현아 서런나 | 마케팅 오인표 | 영업·제작 정성운 이은주 조수영
경영지원 이혜선 이은희 | 물류 박세율 정용탁 김대훈

펴낸곳 한국기독학생회출판부 | 등록번호 제2001-000198호(1978.6.1)
주소 04031 서울시 마포구 동교로 156-10
대표 전화 (02) 337-2257 | 팩스 (02) 337-2258
영업 전화 (02) 338-2282 | 팩스 080-915-1515
홈페이지 http://www.ivp.co.kr | 이메일 ivp@ivp.co.kr
ISBN 978-89-328-1730-9

ⓒ 한국기독학생회출판부 1999, 2009, 2020

책값은 뒤표지에 있습니다.
무단 전재와 복제를 금합니다.